妈！这是我的人生

令人又哭又笑的母女成长实录

王食欲 永爱 著

人民邮电出版社

北京

图书在版编目（ＣＩＰ）数据

妈！这是我的人生 ：令人又哭又笑的母女成长实录 /
王食欲，永爱著. -- 北京 ：人民邮电出版社，2023.4
ISBN 978-7-115-60106-3

Ⅰ．①妈… Ⅱ．①王… ②永… Ⅲ．①青少年教育－
家庭教育 Ⅳ．①G782

中国版本图书馆CIP数据核字(2022)第179436号

◆ 著　　　　　王食欲　永　爱
　　责任编辑　徐竞然
　　责任印制　周昇亮
◆ 人民邮电出版社出版发行　　北京市丰台区成寿寺路 11 号
　　邮编　100164　　电子邮件　315@ptpress.com.cn
　　网址　https://www.ptpress.com.cn
　　天津千鹤文化传播有限公司印刷
◆ 开本：880×1230　1/32
　　印张：14　　　　　　　　　2023 年 4 月第 1 版
　　字数：336 千字　　　　　2023 年 4 月天津第 1 次印刷

定价：69.80 元

读者服务热线：（010）81055296　印装质量热线：（010）81055316
反盗版热线：（010）81055315
广告经营许可证：京东市监广登字 20170147 号

本书送给金桔小朋友

愿你的人生

如夏日的花园般繁茂绚烂

前 言

市面上回忆录式的图书大多是功成名就的人写下的。我每次看完这些书后，总是对作者感到敬佩，但很难参照这些作者的成长轨迹。他们的非凡，除了映衬我的普通以外，好似不能再给我带来别的冲击了。有时我站在书店一排排的书架前，会想：要是有一个像我一样的普通人写一本关于个人成长的书就好了！比起那些名人，我似乎更能从和我相似的人身上得到共情、找到参考。没想到，我竟然真的得到了机会。在人民邮电出版社编辑的邀请下，我决定撰写一本书，分享我作为一个普通"Z 世代"女孩的成长历程。

2021 年春天，我在《Vista 看天下》杂志上发表了一篇名为《北京第一代"鸡娃"自述：鸡了 20 年，还是归于平凡》的文章。这篇文章也在公众号"Vista 成长实验室"上同步发表，短短两天阅读量便突破 10 万次。我妈妈永爱也看到了这篇文章，她主动写了姊妹篇《鸡娃鸡到最后，却被娃反鸡》来回应我。这篇文章同样成了那段时间许多人朋友圈内广为流传的文章。

在文章中，我描述了自己的成长经历：四五岁起就学乐器、美术和体育项目，以此当作升学路上的加分特长；一进入小学，每次考试成绩公布日简直就是我的世界末日；中学时更是要在周末去上压得人喘不过气的补习班……你能想象到的"鸡娃教育方案"，有不少我都体验过。

我的成长经历和许多"95后"的经历十分相似，因此引起了广泛共鸣。我和妈妈的两篇文章被人民邮电出版社的编辑徐竞然看到了。她邀请我们母女撰写一本关于"95后"、"鸡娃教育"反思的书，希望我们能把这两篇阅读量超过10万次的公众号文章背后的故事展开谈谈。

面对编辑的邀请，一开始我还有些犹豫。因为我和一些"95后"差不多，自幼忙于求学，从几岁到十几岁，披星戴月。我在想，这有什么好写的呢？大家不都是这样吗？但在和编辑探讨了一个下午后，我意识到这本书必须要写。那些曾在"鸡娃"道路上前赴后继的家长朋友们，或许你们也想知道，当你们正在"鸡娃"时，孩子们在想些什么；又或者未来当你们回想起自己"鸡娃"的经历时，又会带有怎样的心情。但很遗憾，现实世界没有读心术或时光机，因此不妨从我这个"过来人"的故事里参考一二。

与出版社签订合同的当天傍晚，我去了一趟书店，考察了一下市面上卖得火热的亲子教育类图书。让我特别失望的是，许多由"虎妈""狼爸"或"名师"撰写的图书，都在鼓励年轻的父母加入"鸡娃"教育的"内卷"浪潮。焦虑，似乎成了这些图书很好的营销手段。

我翻了翻这些被摆在书店中最佳位置的图书，发现不论作者如何包装他的观点，其核心价值体系还是期待孩子们成为"尖子生"。我并不是想高高在上地批判他们，而是想表达：我曾亲身经历过"内卷"教育，我曾笃信并努力实践过这些作者所提倡的观点，我甚至获得过一些阶段性的升学胜利，但十分显然地，我没有成为所谓的"尖子生"。因此，当二十几岁的我再看到这样的图书时，我不得不思考：这就是教育的全部吗？

北京四中的前任校长刘长铭曾说："教育是一个缓慢而优雅的过程。"以工业流水线般整齐划一、高效生产的方式对孩子进行"鸡娃"教育，恐怕会让孩子在成长过程中失去教育最重要的一块拼图——发现自己最独特的地方，找到自己人生的支点，为自己的职业生涯做好定制化准备。

我们像勤奋的小牛一般耕耘，试图犁遍知识田野上的每一块土壤。但仅埋头耕作并不能让我们看清前路。即使成为田野上最健壮的小牛，孩子们似乎也找不到自己前进的方向。学习如此，未来的职业生涯也是如此。如果说步入社会就像一场马拉松，在比赛开始前，所有人都鼓励我们：只要你努力，就一定可以当冠军！可是，当比赛的枪声响起时，你才骤然发现，脚下原本清晰的赛道实际非常模糊。如果不知道终点在哪里，又该向什么方向努力奔跑呢？

人生目标的不确定性很容易让年轻人陷入迷茫。

社会环境、社会结构和经济利益分配的急剧变化使年轻人产生了不容忽视的焦虑心态。应对这样的群体性社会焦虑，教育部中小学心理健康教育专家指导委员会秘书长俞国良教授认为，应加强青少年群体的心理健康与生涯教育。

我第一次听到"生涯教育"这个词是在伦敦大学学院教育研究院攻读硕士的时候。在听到这个词的瞬间，我的第一反应就是，这不正是我从小到大的教育中缺失的最重要的那块拼图吗？

"生涯教育"这一概念是由美国教育总署署长西德尼·P. 马兰（Sidney P. Marland）在 1971 年提出的。生涯教育旨在引导青少年进行深刻的自我认知，将注意力从升学焦虑转向对个人职业和生涯发展的思考。

大部分家长沉迷于"鸡娃"，他们认为只要让孩子学习好知识、掌握好技能，孩子步入社会后就能万事大吉了。但实际上，不考虑个人职业和生涯发展的教育方式是十分盲目的。但家长完全可以在家庭教育中为孩子的生涯教育做补充。

举一个例子，你的孩子原本在音乐方面充满天赋或饱含热情，但由于学校偏好招收数学成绩优秀的学生，于是你取消了孩子的音乐课，送 Ta（本书用 Ta 指代他 / 她）去上数学课。后来你发现你的孩子不喜欢数学，或者在这方面缺乏天赋，为了符合统一制定的招生标准，你不得不让 Ta 花费大量的时间重复地进行数学训练。最终，孩子有可能被"鸡"了出来，考上心仪的学校，但更有可能浪费了音乐天赋。更让人遗憾的是，孩子原本可以走上以音乐为支点的愉快的人生之旅，但因你的一时心急，Ta 的人生便被改变了。

当然，我能够理解，升学一直是教育界的热门话题。在"升学文化"的影响下，家长对孩子都"过度负责"了。可是，一味地追求升学，忽视生涯教育，真的能培育出幸福的孩子吗？

其实，我和当下的每一位家长、每一位孩子一样，都曾面临过升学与生涯教育的选择。作为北京最早的一批"95 后鸡娃"之一，我的教育之路堪称坎坷。我赶上了第一批小升初电脑划片和学区房的热潮。紧接着，我进入一所民办外国语学校念初中，感受到了生源水平对学校教学产生的巨大影响。3 年的挑灯夜读，让我得以加入北京四中的 "道元培养计划"。高中期间，我接受了全国最好的高中之一的素质教育，其课程丰富程度令我瞠目结舌，也让我倍感压力。3 年后，我没有像四中的其他同学一样出国留学或者冲刺"清北"。我选择了一条看起来"离经叛道"的路：我考入了北京电影学院导演系，开始学习拍摄电影。

我在成长过程中经历过许多不同的升学考验：实验班、特长加分、艺考、高考、休学、大学生创业、出国留学……这一系列经历经常让我迷失。我不知道哪条路才是正确的，也不知道选择了另一条路会不会后悔。我被迫踏上了荆棘丛生的自我认知之旅。兜兜转转地在各个专业与各个行业里消磨了十几年后，我才发现，教育并没有对错。而意志的力量是十分强大的，就算我受到了再多来自家庭、社会的阻力，我也一定会走上我想要的道路。最终，我决定去实现我 5 岁时的生涯理想——成为一名创作者。

在人生的马拉松当中，生涯教育有着指南针一般的重要地位。它教会我们如何"观星测距"，如何寻找方向。毕竟，精致的"鸡娃"教育只能让我们成为"体能"优秀的"赛跑选手"，并不能让我们找到属于自己的"赛道"和方向。坚定的生涯理想可以让我们自信地用自己的步伐和速度奔赴属于我们的目的地。

在创作本书的过程中，我邀请了我的妈妈参与写作。我们母女采用了"双盲写作"的手法：只制定话题，而不事先讨论大纲。因此，在完稿前，我根本不知道我妈妈写了什么，她也不知道我写了什么。最终的结果出乎意料，面对同一件事，我们的观点和视角居然完全不同，甚至彼此矛盾。不过，这或许也是亲子教育最有意思的地方：你认为你了解你的孩子或父母，但其实你并不像自己想象的那样了解他们。

我的妈妈几乎参与了我成长的每一个关键节点。她对我的性格、处事方式也产生了深远的影响。我希望在本书中为读者客观地展示亲子教育的双视角。各位读者既可以看到我作为受教育的子女的想法，也能看到作为家庭教育者的我的妈妈的反思。我们这对"虎妈"和"鸡娃"的母女组合，以本书抛砖引玉，诚恳地尝试为新手父母、成长过程中的青少年、教育领域的从业者及关注者提供真实、多维的生涯教育借鉴。

用我妈妈的话来总结："我对女儿的教育只是个案，是无数教育案例之一。现在看来，它并不成功，甚至有很多失败之处。这段教育经历不可复制，但以人为镜，可以明得失。如果能在孩子的教育上对读者有所启发，就是我们写作本书最大的意义了！"

另，本书根据真实故事创作。为保护当事人隐私，姓名及少数细节进行了模糊化处理。

王食欲

除了祝你成功，更想祝你幸福

从加上王食欲的联系方式，到说服王食欲成为我们的作者，一切就发生在 24 小时之内！

最初的起源是那篇朋友圈热文——《北京第一代"鸡娃"给大家讲讲内卷教育的切肤之痛》，朋友将这篇文章转发给我，我一下子被故事深深吸引，也对故事的主人公王食欲产生了很大的兴趣。

我们都出生在 1995 年的夏天，往后推算起来，我们也在同一年参加中考、高考……只不过她经历的是被加速的"鸡娃人生"，而我则是被"放养长大"。阅读这位同龄人的故事，我内心的弹幕仿佛闪过一个个"天哪，还能这样吗？"那是一种复杂的感觉，就好像我有时会设想：倘若自己曾踏上一条完全不同的受教育之路，那现在的我会是什么样呢？教育究竟是以一种怎样的方式塑造一个人的？

带着这样的趣味，我尝试走进王食欲的世界。我发现，虽然走了截然不同的路，但我们依然有很多相似之处：我们都意识到自己的身体里藏着一根"绷得很紧的弦"；我们都在选择未来职业方向时迷茫过但也朦朦胧胧坚定着；我们都认为自己肩负着巨大的责任与使命，即使我们也同时感受着自己的渺小……然而，撇开这些表面的浮萍，在人生之海的深处，还藏着一个共同的问题等待我们回答，那就是：一个人究竟要怎样度过这一生？除了追逐所谓世俗意义上的成功，这还意味着该如何追寻、建造并守护属于自己的幸福与快乐。

我想，也许不仅我与王食欲，我们这一代人，以及接下来更年轻的"Z世代"，甚至每个人都面临着类似的问题，于是我们策划了这部作品。

除了缘分使然，我们之所以能达成合作，还因为对这部作品有着相似的理解。

第一，我们希望这本书要真实，真实自有力量。在这部非虚构作品中，作者王食欲和她的母亲永爱以第一人称的方式讲述了自己的养育与成长经历，就早教、升学、同学友谊、职业选择、爱与家庭等十二个热门话题展开双盲写作。

第二，我们希望这本书要有趣，不必说教式地给出许多教育建议，毕竟这样的事已经有很多人做过了！我们精心设计了双盲写作，只制订话题，两位作者各自写作。在完稿前，她们彼此都不知道对方会写什么，于是面对同一件事，她们的观点和视角居然完全不同。作为看到这种"矛盾冲突"的第一人，我看到了亲子教育中很有意思的地方：你认为你了解你的孩子或父母，但其实你并不像自己想象的那样了解他们。

第三，我们希望这本书要有用。最直观的有用是帮助家长们调整自己的育儿方式。"不能让孩子输在起跑线上"这朵积雨云大概率在每位家长的心头都飘荡过。但"鸡娃"究竟是为了什么？"鸡娃"到最后，娃和家长又会发生什么？想弄清这件事，总要亲身尝试，不过现实世界可没有时光机，尝试后再想改变也常常为时已晚。所以，不妨听听孩子是怎么想的。千万别小看"小孩子懂什么"，小孩子什么都知道。当"小孩子"王食欲长大后再回望，事实证明，她对 5 岁的事情都印象深刻，正是那些小时候的耳濡目染串起了她人生的草蛇灰线。

除此之外，这本书也适合和我们差不多大的朋友们阅读，你既可能从食欲的故事里看到很多似曾相识，也可能在母亲永爱的故事里触景生情，那是一个女性的成长，一个女性在妈妈角色之外的很多面，妈妈也是第一次当妈妈，不是吗？如果你想起了自己成长里开心的事，记住它！如果有什么不开心的、失去的、错过的，尝试自我治愈吧。我们在一个故事为人子女，也可能在另一个故事里为人长辈，总之，我们还有机会再踏入一条相似的河流，从伞下的人变成撑伞的人。

第四，我们希望这本书要有生命力。感谢两位作者的写作，食欲作为职业选手，文笔不必多夸，令我们惊喜的是永爱阿姨的写作，她不是简单地敲下一个个句子，而是仿佛捧出她的心来讲述。虽然从商业角度，本书最直接的目标读者是家长朋友们，尤其是妈妈们。但我发自内心地期望妈妈们能够收获一些育儿指南之外的东西。我也发自内心地期望年轻读者、对社会文化感兴趣的读者们关注到这本书，我们所记录的一对母女的故事，是当代教育的一个切面，那从这个切口望进去，可能还能窥见时代的印记。

第五，我们希望这本书要有意义。当然，有意义是一个很虚无缥缈的词汇。坦诚来讲，在与王食欲相遇的时候，她已经是一个颇有名气的写作者，而我还是个初出茅庐的编辑，要感谢她的理解、尊重与信赖，促成了此次合作；也要感谢我的领导和同事们，帮助我将本书推向神秘莫测的市场。在出版这本书的过程中，我那个一生的母题——"一个人究竟要怎样度过这一生？"已经得到了启发。期望本书能引发您在阅读过程中的一点会心一笑，甚至一点感动，一点思考，那实在是对我们的最高鼓励！

徐竞然

这本书让我们照见自己

2021 年，我在豆瓣上读到一篇题为《北京第一代「鸡娃」给大家讲讲内卷教育的切肤之痛》的文章，当时就被作者王食欲的故事所吸引。

在"鸡娃""内卷"讨论不绝于耳的当下，市面上充斥着各种关于教育方法、育儿攻略的图书，却鲜有"当事人"现身说法的真实范本，向大家展示鸡娃教育的"买家秀"。我想，兴许大家都可以看看鸡娃女孩王食欲的成长故事。

一年以后，这个一闪而过的念头变成了眼前这本书。

就像助产士看着鲜活生命的诞生一样，我手捧这本书，难掩心中的感动和惊喜——感动于食欲和母亲永爱的真诚书写，惊喜于她们的故事大大超越了我最初的期待。

抱着对"内卷教育"探讨的初衷，食欲和永爱母女俩展开了双盲视角的有趣写作。但，这并不仅仅是一个关于"教育"的故事。剥开教育的外壳，是更多丰富且引人深思的主题：自我认知、个人成长、小镇青年在大城市的发展、亲密关系的选择、女性的困境和自我觉醒、自我价值与职业发展等等。

而这其中最让我意外的是，永爱的书写。在她的身上，我看到了一个女性"选择成为母亲，又选择成为自己"的过程：

作为小镇做题家，她靠自己的努力到了一线城市；作为妻子和母亲，她在家庭和孩子身上倾注了全部时间和精力，甚至忘却了自己。在"鸡娃"的过程中，她又和女儿一同成长，女性的自我意识从她的身体中又一次醒来。年届中年，临近退休之时，她找到了自己热爱的写作，拿起笔写下了自己和女儿的故事。

她的笔触细腻而生动，就如她本人给我留下的印象一样，温柔而有力量，感性又不失逻辑。

阅读这本书，相信你也会和我一样，不断地转换角色，代入不同的视角，时而被感动，时而觉得好笑，时而拍案叫绝，时而又陷入沉思：

如果换作是我，我会怎么办？

如果我和王食欲一样被鸡娃长大，我还是现在的我吗？如果我是母亲永爱，我也会用同样的教育方式来对待我的孩子吗？

如果你当下已为人父母，这本书会对你的教育方式以启发，如果你的家庭角色依然是他人子女，这本书会唤起你成长和受教育的记忆以引发共鸣和反思。总之，不管你处于人生哪个阶段，都可以在食欲和永爱的故事中找到自己，进而审视自己人生中关于成长、教育、职业发展、家庭中那些大大小小的选择和决定，并获得或深或浅的启示。

一本好书仿佛一面镜子，让我们照见自己——这本书便是如此。

侯玮琳

目录

童年

中学

妈妈篇 | **女儿成了"精致的利己主义者"，而我则荣登"优秀家长榜"**

话题4
Topic Four

**第一次在地理课本上见到东非大裂谷时，
我的同学已经去过了**

关键词：同学间的差别　素质教育

女儿篇 | **岂曰无衣，与子同袍**

妈妈篇 | **"鸡娃"到最后，却被娃反"鸡"**

大学

人生与家庭

话题 1
Topic One

赢在起跑线上？

早教真的会影响孩子的未来吗？

女儿篇 ｜ 零早教的小学生，6 岁的我被妈妈送进海淀黄庄的行为治疗中心

空巢儿童与空巢老大爷的忘年友谊

　　我小时候有一毛病，那就是不会数数。每次从 1 数到 9，再往上就不知道该数什么了。很多家长在孩子的幼儿园阶段都会进行早教。现在的许多小朋友，别说从 1 数到 9 了，上小学前乘除法都学会了。但很可惜，我小时候没有受早教的机会，因为我是在北京郊区的大山里长大的。

　　我妈妈是位职业女性，在生下我后，她很快就回到了工作岗位。而我爸爸，一个在中文系上学却每天背着画夹去美术系蹭课的文艺青年，则一心热爱着他的写作与漫画事业。这意味着，在我刚出生那段时间，他工作很不稳定。为了能够让我在更好的环境里长大，不要和父母挤在市区狭小的出租房里，我妈妈决定，把早早断奶的我送到爷爷奶奶家"寄存"。

　　于是，我成了被拼事业的父母"抛弃"的空巢儿童。我虽然辗转上过几家幼儿园，但这些没什么办学经验的郊区幼儿园实在教不会我

什么知识。爷爷、奶奶和保姆也没有精力和能力辅导我学习。可以说，我受到的早教几乎为零。

爷爷奶奶退休后一直住在燕山。这是北京西南的一个郊区，青山绿水，人烟稀少。这里有不少化工厂，工人是此地的主要人口构成。我1～6岁时，就是在这片化工山城生活的。

长辈们告诉我，我是先学会的爬树，然后才学会的走路。爷爷奶奶家楼下有几棵丑陋的香椿树。爷爷把我的吊床挂在两棵树之间，就和楼下张大爷下棋去了。等到他再回来时，我已经爬到了树顶，挂在最高的枝儿上，号啕大哭。

再长大一些，我学会走路了。爷爷家后面的那座小山头就成了我的游乐场。每天早上起床，奶奶给我一块糖油饼，我吃饱了就上山，拿着个树枝假装"倚天剑"，"噼里啪啦"地抽打树林里的灌木丛，仿佛自己就是武侠剧里的绝顶高手。中午玩饿了就回家，奶奶给我喂一碗面条，吃过后我抹抹嘴闷头睡一觉，等晌午的烈日下去了，便又拎着我的"倚天剑"上了山。楼下的张大爷用他的家庭录影机经常能拍到我穿着脏裙子、高举着双手在山间疯狂嚎叫的画面。这些影像素材兴许能够成为研究人类返祖现象的珍贵资料。

那时我很少去幼儿园，也没上过学前班。什么早教课、思维课、ABC的……我听都没听说过。我每天就是爬山、爬树、爬石头、蹚小溪。我的"幼儿园阿姨"是小麻雀、小狐狸和树叶背面的毛毛虫。

因此，6岁以前，我的"智力"基本和一只猴子没有太大的区别。

上小学时，我一直很懊恼，为什么我的爸妈没有像其他父母一样把我送到早教机构学点东西。在我4年级以前，我的成绩总是全班倒数，我一直在奋力填补学前教育缺失造成的知识漏洞。然而，等我再长大一些，回想起童年在郊外的生活，又觉得那才是不可或缺的宝贵童年。我看到了大自然的一草一木，学会了分辨北斗星的位置。在我成年后，这些景色与星斗常常出现在我的梦里，在我惊愕于世间的悲剧时，提醒着我，或许不用对世界如此失望。有的人用一生治愈缺失的童年，而这段童年的经历却能够治愈我的一生。

不过，空巢儿童的童年是很孤独的。父母不在身边又鲜少上幼儿园的我几乎不认识什么同龄的小伙伴。唯一一位称得上我的"朋友"的人，居然是楼下60岁的退休大爷——老张。

老张当然不会主动和我交朋友，他能跟我熟悉起来，靠的还是一套《猫和老鼠》的DVD。

千禧年结束之际的那个夏天，天气特别炎热，连草丛里的蝉都热得叫唤不起来。好在一位远亲从美国出差归乡，给我带回来一套《猫和老鼠》的DVD。这套由几十张光碟组成的动画片，填补了我5岁的夏天，也填补了老张的夏天。

《猫和老鼠》这套DVD被老张发现的那一天，正好我家的立式空调坏了。爷爷奶奶不会修理，想起老张曾是工厂的电工，就把他从楼下叫了上来。老张平时干活儿很麻利，但那天却磨磨蹭蹭。因为，他总是一边修空调，一边蹭着和我看《猫和老鼠》。我们一家实在热得不行了，爷爷只好答应他："你赶紧修！修好了随时能来看！"

爷爷的这句邀请，正式开启了我和老张之间的忘年友谊。

从那之后，老张几乎每天下午一点半都会准时敲响我家大门，和我一起观看《猫和老鼠》。你说这老张来就来吧，还带东西。他每次都给我带半拉冰镇大西瓜。我俩一人一个勺，吹着空调，边吃边看。

盛夏的酷暑也就不再那么难熬了。

我后来才知道，老张爱看《猫和老鼠》，是因为这部动画片让他想起了当年的好友——那是一位多年前和他一起在工厂上班的工友。

这位工友的性格就像汤姆那只猫一样，宽容、爱追姑娘，有时候还有点傻呵呵的。相比之下，老张则像精明的杰瑞。两个人搭档打麻将，经常赢。他们打打闹闹起来也和动画片里的汤姆、杰瑞一样，乐此不疲，就算有摩擦和争吵，最终也总是握手言和。不过，再亲密的朋友也总会面临分别的那一天。一次厂里评优的事件让老张伤了好友的心。

那年工厂评优规定，获胜者可以获得一辆自行车。老张太想要那辆自行车了，但竞争对手是他的好朋友。我奶奶告诉我，为了不让对方的名字在工厂门口的小黑板上被挂上表彰红花，老张在背地里捣了乱、使了坏。那一年，老张虽然获得了自行车，却失去了好友的信赖与其他工友的尊重。两人的友谊戛然而止。好友执意调离工厂。二人分道扬镳，从此失去了联系。

"你不能学他。"奶奶在老张带着西瓜皮离开我家后，常这样叮嘱我，"做人要守规矩。国有国法，家有家规，工厂有工厂的规矩。"

即使老张修好了我家的空调，但奶奶还是不认可他和我亲近。

我的奶奶是一名严厉且时时刻刻衣着得体的小学老师。在她眼中，犯过一次错误的人，就会被这个错误定义一辈子。就算每当老张想起那位再也没能见面的工友，他都会感到一阵懊悔，我们这些局外人也并不能原谅他曾犯下的过错。

千禧年的夏天，老张实在来得太频繁了。我已经陪他看了两遍《猫和老鼠》了。有时候，我怀疑他不是来看动画片的，而是单纯过来找我聊天的。他或许把童年的我当成了他的旧友。他总想教我骑自行车，还总想带我去打麻将。

自行车我一直没学会，但麻将我倒是学得不亦乐乎。每天傍晚看完了《猫和老鼠》，老张就骑着自行车，带我组队去老年活动中心打麻将。只要赢了，老张就带我去街边小馆吃拉面。他甚至还请我去吃过一次当时很昂贵的肯德基。

童年的我虽然社交圈比较狭窄，但由于长期混迹于老年活动中心，小小年纪已经学会了一身社交技能。

不过用麻将来早教，确实容易出现一些问题。我妈妈就经常抱怨我数学不好。从 1 数到 9，再往上就不知道数 10 了。她一度怀疑我智力有缺陷，还带我去医院做过检查。可她并不知道：这麻将里只有 1 饼到 9 饼、1 万到 9 万、1 条到 9 条，它没有 10 饼、10 万和 10 条啊！

我没学过你叫我怎么数？

我妈妈这才意识到：她该"鸡娃"了。

学前教育的欠缺，终于让我父母认为不能再耽误时间了。他们双双回到郊区的爷爷奶奶家，开始大包小包地收拾我的衣物、生活用品，打算带我回城里念书。临走前，老张很是伤感，要求我经常回来陪他打麻将。他还"借"走了我的《猫和老鼠》的 DVD，从此再也没还给我。我权当是将这套 DVD 留给他作为我俩忘年交的纪念。

离开燕山后，老张远嫁的女儿希望父亲能随她一起搬到外省。或许，燕山这个小小的工业城已经没有什么值得他流连的人和事了，老张痛快地答应了女儿。自此，我再也没见过他。不过，每当我在商场里听到《猫和老鼠》的配乐时，脑海中对老张的回忆总会被唤醒。

躲不过的培训骗局，一家能"提高专注力"的行为治疗中心

在家门口的幼儿园里随便上了几个月大班后，我进入了一所在朝阳区称得上区重点的小学。

2001 年，为了能上这所小学，也是要颇费周章的。用 Word 排

版，再送到打印店彩色印刷，装帧成册，这样的简历册子印了五十多份，我妈亲自跑了全北京最好的一批小学，挨个投了简历，才争取到了机会。

但这所小学里的其他孩子可跟我完全不一样。人家都是恨不得掌握的英文单词量超过 1500 个的学霸，各个都会背唐诗宋词三百首。跟这群"小孩精"在一起，我就更像一个"失了智"的灵长类动物了。我开始厌学。特别是，当发现上学居然还要遵守校规时，我就更不喜欢上学了。

自幼孤独成长的我，不擅长和同学们交往，没见过他们手里的水浒卡和戒指糖。我的穿着打扮不是很"城里小孩"。同学们瞧不上我，不屑与我为伍。

至于校规，我更是觉得那都是天方夜谭。我没有上过学前班，也没有在托儿所学习过上课时要把双手背到身后的意义。我总是叉着两条腿坐在椅子上，晃悠着脚，还目无旁人地哼着歌。钢筋水泥做的教学楼，在儿时的我眼中与爷爷奶奶家后面的小山头无异。任何地方都可以成为我的游乐场。我的班主任一直在忍耐，直到有一天，我违抗她的指令，大摇大摆地在上课时间从教室里走了出去……

我的班主任是个相貌清秀、语速飞快的语文老师。事情发生时，她正在教我们拼音。班里其他所有小孩都上过学前班，拼音这种简单的内容，他们早在学前班和课外补习班就学过了。因此，班主任无心认真讲解，只是快速地略讲了一遍，就开始考试。

考试的方法很简单：班主任把拼音写在黑板上，让我们念。谁念对了就可以出去跳皮筋、打篮球。我身边的小伙伴一个一个地都出去了，只有我每次都念不对。我不停地站起来回答问题，期待着能撞上大运给蒙对了，但每一次我都失败了。听着窗外同学们的欢声笑语，我恼了，干脆站起身直接走出了教室。

那时候的我，仍旧没把奶奶多次强调的"规矩"放在心上。

班主任大喊着追出来，叫我回教室。我没有理睬她，抱着篮球往操场跑。班主任喊住我，说要叫我的家长了。我显然没听懂这句话的弦外之音。我一想到"天呐，我可以见到妈妈了，她加班好几天没和我见面了"，赶忙开心地告诉她："你叫啊！"

我的兴奋被班主任当成了挑衅。

那天下午，妈妈疲惫地从公司赶了过来。她听完班主任对我的控诉后，不但没有对我发火，还被我气笑了。

"你怎么不听老师的话啊？"她逗我说。

我义正词严地回答："我要出去玩啊！"

"你把知识掌握了，才能出去玩。"班主任教育我。

"你没教啊！"我向妈妈告状，"她没教我！"

说实话，这事儿可能真不怪班主任。全班只有我一个没接受早教，她又怎么能只为了我而拖慢教学速度呢？如果她真的这么做了，那岂不是对其他孩子不公平？也许我上了早教班就没这么多问题了。

班主任气急了。她严厉地批评我妈妈，那些话具体我记不清了，但大意就是，她没见过我妈妈这么当家长的。她认为我上课搞小动作、说话、抖腿，是多动症的表现。

我妈妈，一个淳朴的"理工女"，一听到"多动症"这3个字，马上心慌了。这种心慌与当初我不会数10，她就带我去医院检查智力时的心慌相似。她认为我有病。我妈妈就像所有"鸡娃"的父母一样，相信"科学"、迷恋指标、爱好分数，而"多动症"则"科学"地为我妈妈建立起了一个疾病的"指标"，并且在班主任的暗示下，她坚信这会影响我的"分数"。

那天傍晚，我妈妈忐忑不安地拉着我走出校门，穿过一众在学校门口给焦虑的家长发补习班宣传单的人，正要骑上脚踏车载着我回家，她听见人群中有人吆喝："提高孩子专注力，告别顽固多动症，每天都考双百分！"

　　这句话让我妈妈停下了脚步。她走过去和发宣传单的人聊了几句，低落地告诉对方我可能有多动症。一听到"多动症"这3个字，发传单的人马上激动了。他告诉我妈妈："你女儿不服管，这就叫反社会！反社会你知道什么意思吗？再不去治疗，她以后是要走弯路的！"

　　说罢，发宣传单的人给我妈妈递上了一份招生简章。

　　我妈妈当晚就拉着我坐上一辆小面包车，跟着这位发宣传单的人去了他们那家位于"宇宙补习中心"——海淀黄庄的培训基地。

　　现在回想起来，当初的我们真是愚昧。这个发宣传单的人没有任何医疗资质就敢对我妄下诊断，他的宣传词也夸大其词、毫无逻辑。这家治疗中心也没有任何医疗或培训的资质。我上初中后，就听闻这家治疗中心已经被查封停业了。然而，当今的线上和线下教育市场上，此类毫无资质的辅导班依然存在。蒙眼识字、量子波动速度、全脑培训……即使过了十几年，焦虑的家长们在网上随手一搜，还是可以发现不少教学方法违背教育常识，旨在通过套路骗钱的商家。

　　不过，有一说一，我去的这家治疗中心在当年装修得还是很高级的：到处都是擦得干干净净的玻璃门，地上铺着色彩斑斓的柔软地毯。治疗中心的工作人员穿上白大褂就成了"博士"，脱下白大褂居然还能给我们做"营养晚餐"。也不知道他们是工作能力比较全面，还是这家治疗中心不想花钱雇个专业的厨师。

　　我第一次去的时候，"博士们"给我做了一套长达3小时的，现在看来并没有任何科学依据的"系统性测试"。测试结果表明我有如下多种疾病：儿童注意缺陷多动障碍（我比其他孩子爱抖腿）、先天性行为规范障碍（被治疗中心的"博士们"形容成早期的反社会人格障碍）、青春型分裂症（我认为他们给我的小卡片上画的是树，但他们认为上面画的是鸟）。

这几个名词现在听来都觉得吓人，更何况是在信息"闭塞"的2001年。当天晚上，我爸爸就骑车跑到他大学母校的图书馆，疯狂查阅文献，想弄清楚这几个花里胡哨的名词到底是什么意思。第二天早上，他黑着眼圈回到家后，跟我妈妈说："咱得救救孩子！"

我猜是图书馆里的弗洛伊德和荣格把我爸爸给吓坏了。

于是，我父母咬着牙给我报了这家中心的昂贵的行为治疗课程。每周五晚上，当别的小朋友都在外面愉快地滑轮滑、跳皮筋的时候，我却要坐一个多小时的公交车从团结湖去海淀黄庄，参加儿童行为治疗……

现在想想，这家治疗中心八成是骗钱的。因为他们的治疗方法极其简单粗暴。6个小朋友围坐在一张大桌子旁，每个人面前摆着一堆乱七八糟的塑料小棍儿。"博士们"让我们拿着一根小棍儿把其他小棍儿一根根地挑开，再整齐地码列在桌面上。他们声称这可以练习我们的专注力。可问题是，不管得了啥病的孩子，都是在那儿挑小棍儿。

我就在那儿凄惨地挑了好几个学期的小棍儿。

有时候我还得把小棍儿带回家挑，当成作业。就连来我家看望我的奶奶，都忍不住摸摸我的头，对着我面前那堆小棍儿骂一声："这倒霉孩子！"

在这家治疗中心里，我认识了不少和我一样被"博士们"判定为"有病"的小孩。印象比较深的是和我同桌的3个小朋友：一对被诊断为青春型分裂症的双胞胎姐妹和一个有抽动秽语综合征的男孩。

双胞胎姐妹的年纪比我大，得有十一二岁了。她俩学习成绩挺好的，也很受学校同学们的欢迎。只不过因为她俩总是在家里撒谎，说一些莫名其妙的话，就被她们的父母送到了治疗中心。我问过这两位小姐姐，她们到底说了什么谎话，但她们坚称自己没有撒谎，只是父母不相信她们在学校失火的时候拯救了全校师生罢了。

不过她俩的学校真没失火。她俩是真需要更可靠的心理咨询和行为治疗。

这对双胞胎姐妹比我先从行为治疗中心结课。她们把挑小棍儿视为一种惩罚。我不认为她们的病治好了，她们只是不再把脑子里的幻想说出来而已。我高中时还通过人人网找到了这两个姑娘。那时候，她们已经大学毕业了，妹妹即将结婚，两人看似过上了"正常"的生活。但我不知道她们在未来会不会像自己的父母一样，把孩子送到这样并不可靠的行为治疗中心。

另一个男孩的症状比较严重，甚至影响到了我们这桌的所有人。我们挑小棍儿的时候，这个男孩就坐在桌子前一边挑一边骂脏话。每次他骂得都不同，还带着口音，估计是从家里长辈那里学来的。而且他不光骂，他的脸和右胳膊还在一个劲儿地抽抽。他一抽抽就会把那一堆小棍儿弄乱，然后"博士"就会走过来帮他重新堆好。一旦要重来，他就骂得更凶了。

孩子的模仿能力是极强的，尤其孩子很难分辨什么是应该模仿的，什么是不该模仿的。"看起来好玩"往往是最简单的衡量标准。于是我们每次上课都特别期待从他那里学几句新的脏话。他在那儿骂，我们整桌小孩就跟着起哄。搞到最后，"博士们"不得不让那个男孩单独坐一桌，以免他影响到其他小朋友。

直到我离开这家治疗中心，那个男孩都没能治好他的病。我想，这或许也是对病情的一种耽误吧。

千万不要敷衍你的孩子，小心 Ta 把老师气哭

小学 3 年级时，我暂时从挑小棍儿的事业中解放了几个月。这家行为治疗中心生意红红火火，学费水涨船高。我父母已经不想再给我交高昂的学费了。从治疗中心"短暂毕业"的那天，我还和"博士们"依依不舍地合影告别。虽然这些人没给我治好"病"，但他们每周五做的营养晚餐还是很好吃的。

从治疗中心离开后，我又开始放飞自我。抖腿、上课说话、顶撞老师……这一系列的毛病再次回到我身上。很快，我惹了一次大祸。

我们小学为了在北京市评优，开设了很多课外活动和校本课程。比如计算机小组、手工小组、美术兴趣班或者合唱团什么的。我本来报名了科技小组，每周都往塑料小火箭模型里填充发射筒和硫黄粉，然后把小火箭送上天。只要小火箭没炸烂，带着降落伞飘下来了，我就可以拿着它去参加北京市的科学技术大赛，据说获奖的选手可以获得四驱车玩具赛道一组。这让我很心动。

然而，就在我乐此不疲地制作塑料小火箭时，我们学校的老师非要把我调到茶艺社。我曾观摩过茶艺社的演出。整个社团只有女孩，没有男孩。这些小姑娘翘着兰花指，在女老师的指导下，拿着各种器皿泡不同的茶叶。在我看来，这比不上制作塑料小火箭来得刺激。

我不想被调到茶艺社，但老师说："你的古筝弹得好。你在后面给茶艺社的同学弹古筝配乐，这不是为校争光吗？让那些小男孩去玩火箭吧。你可以更优雅、更淑女一些。"

那时候还不流行"刻板印象"这个词，但我知道，我不想要优雅，也不想要淑女，不想坐在背景里一遍一遍地弹古筝，直到那堆皱巴巴的茶叶在水中舒展开。我想像《星际迷航》里的柯克船长一样驾驶着企业号穿越星辰大海。

不过，我的确喜欢茶艺社里的紫砂壶。小时候在燕山住时，爷爷就有一只类似但明显看起来更廉价的茶壶。这只紫砂壶对我来说，已经是城里小学中最让我熟悉的物件了。它让我感到亲切。我接受了老师的建议，来到了茶艺社。只是，在这里，我总被安排到一旁弹古筝，总是摸不到那只据说造价高昂的紫砂壶。我曾问过老师，为什么别的女孩可以站在前排，给校外来宾用紫砂壶表演茶道，而我就总是坐在后面弹古筝，我也想摸紫砂壶。但茶艺社的负责老师对我露出了一个揶揄而复杂的笑容："因为你不是'市三好'。这是有荣誉的女孩才能做的事情。"

我昂首挺胸地"质问"她："那你给我一个'市三好'不就完了吗？"

老师笑而不语，让我赶紧回家。

回了家，这事儿在我心中也没能翻篇儿。我百思不得其解，一个"市三好"就这么重要？我跑到书房问正趴在桌上加班画图纸的妈妈。她懒得给我解释，就胡说八道了一句："她妈妈给茶艺社老师塞红包了，我没塞。"

我"哦"了一句，然后缠上指甲开始练古筝了。我妈妈这句完全没经过事实验证的敷衍的话，在我心里种下了一颗邪恶的种子。

几周后，当学校茶艺社为迎接校外来宾进行表演时，我捅了个大娄子。

那天，校外来宾随行团里有个女记者，她打算给我们学校做一些宣传。她亲切地采访了茶艺社的小姑娘们，问她们："你为什么喜欢学习茶艺啊？"

大家纷纷一致地回答："因为茶艺是淑女的教养。"

呵呵。

这是老师提前让她们背好的稿子。由于我是背景里弹古筝的，所以我没有稿子可背。但老师万万没想到，那个女记者居然来采访了我！果然，我"幽怨"的音乐声吸引了她。

女记者跑来问我："孩子，你古筝弹得真好听。你学了几年古筝啦？"

我说："3年了。"

记者又问："你为什么喜欢弹古筝啊？是不是因为喜欢中华传统文化啊？"

很显然，对小学3年级的我来说，第一反应还达不到传承中华传统文化的深度。我诚实地脱口而出："你看过《倩女幽魂》吗？我喜欢那个电影里的女主角。她就弹古筝。"

记者感到有些尴尬，她立刻换了话题："那你也会表演茶道吗？"

我："我不会。我是做火箭的。我火箭做得好好的，我们老师非要让我来伴奏。"

记者更加尴尬了："那你不喜欢茶艺吗？"

"不喜欢。"

记者觉得我真是个棘手的采访对象。其实到了这一步，我真心希望她放弃，但她没有。

"那你一定很喜欢你们的茶艺老师喽？你看，她一叫你过来伴奏，你就来了。"

问到这里，我满脑子都是我妈妈说的给老师塞红包的事情。我憋了半天，然后吐露出来："我不喜欢她，她就认识钱。"

完犊子了。

说实话，正在读这本书的各位家长朋友，如果你家小孩没我这么调皮捣蛋，你就烧高香吧！别对 Ta 要求那么高了。

这件事是以茶艺社老师向我妈妈号啕大哭，而我妈妈不得不当着她的面把我也骂到哭作为终结的。我对此事耿耿于怀。当初分明是我妈妈没有做任何事实调查，就张口敷衍我的。一个几岁的孩子，能有什么是非分辨能力？当然是完全相信父母说的话喽。不过，我妈妈后来也为此做了反思。她告诫我："宝贝，并不是所有大人说的话都是对的。"

"那你们就不该说错的话。"我委屈地回答她。

"但是大人有时候也没办法控制住自己呀。"说完，妈妈发出了一声叹息。

年幼的我并不理解她当时的情绪。但现在想想看，当时的叹息或许是因为对捕风捉影的事件，未经查证就下了结论；或许是因为加班让她控制不了自己的负面情绪；或许是因为她脱口而出时没有把我当成她的孩子，而是当成了一个倾诉的对象。我不喜欢苛责我的妈妈，毕竟，她也是第一次当母亲。

然而，妈妈做错了事，受惩罚的还是我。因为茶艺社的这个意外，我爸妈决定把我送回那家行为治疗中心。这次，为了方便他们的工作，妈妈还给我找了一个专门接送我的"男保姆"。

这位"男保姆"可谓是我城市童年的生命之光了。他几乎算我人生的初恋。

15 岁的"男保姆"教会我：不守规矩是真的会被警察带走

这位"男保姆"的名字叫亮亮，还在上中学。他是我们学校附近小区的住户周奶奶家的小孙子。我父母工作忙碌，就花钱请这位周奶奶每天负责接我放学。这种代替孩子父母接送孩子的模式，有点像时下流行的"小饭桌"。

每天放学后，周奶奶会带我回她家吃晚饭，然后盯着我把作业写完。有时候，她还会帮我爸妈去给我开家长会，把老师说的话一一记录下来，转达给我忙碌的双亲。

在我印象里，周奶奶家总是弥漫着一股中药味儿，家中住着她、她罹患帕金森病的老伴儿周爷爷和亮亮哥。周爷爷记性不好，但他每天一定记得给他那一阳台的小鸟喂食儿。阳台上高高低低挂着十几只鸟笼，鸟笼里有文鸟、麻雀、画眉，还有能学说话的鹩哥。小鸟们叽叽喳喳，浅吟低唱。这些可爱的禽类让周奶奶家的阳台听起来很像燕山的郊外。亮亮哥一放学回家，就会被周爷爷指使去给小鸟切菜叶子，给食盒换上清水。

亮亮哥当时只有十五六岁，长得白白净净的。但他从来不好好背书包，裤脚总是挽起来，露着一截瘦瘦的脚踝，鞋带永远都是散的。亮亮哥的右手臂上还有文身贴。这个文身贴让周奶奶哭着骂了他一整晚，但亮亮哥似乎并不在意。老人管不了他。管得了他的他老爸长年在外地工作。至于他妈妈，据说早就离婚去跟别人过日子了。瞧，亮亮哥和我的情况多相似！我们的爸妈都不在我们身边，我们小时候都只能跟着爷爷奶奶过。那些忙于事业的中年人，只好把"爱情的结晶"委托给老年人。

亮亮哥在我们小学隔壁的中学念书。这所中学与我们只有一墙之隔，但我们学校是重点小学，他们学校却是区里的普通中学，学生们的成绩普遍不好。我们学校的老师总是在做早操时，拿着大喇叭对我们喊话："不好好学习，就要去隔壁念中学了！"

亮亮哥从没像我一样，成天梦想着去当航天员，坐着飞船离开太阳系。他的职业理想尚且局限在地球上。他要做厨师。我和亮亮哥那时对厨师的理解仅仅来自新东方烹饪学校的电视广告，里面塑造的厨师形象，看起来又能拿高薪又体面。然而，等亮亮哥带我去他舅舅开的小饭馆后厨参观时，他才发现现实的模样和广告里完全不同。不过，他似乎并不在乎厨房里血呼啦差的肉和骨头，以及下水道的油污。我看到他兴奋地颠勺做蛋炒饭的样子，突然觉得未必只有"科学家"或"航天员"才是足够令人敬重的职业，如果将来长大能成为一个厨师，那也非常棒。

亮亮哥的舅舅告诉他，每一个厨师都要有一套自己的刀具。他舅舅向他展示了一下他买来的德国进口刀具。锋利的刀刃和泛着银光的刀身让亮亮哥一见倾心。那时，他的理想就是赚钱买齐这么一套刀具。而亮亮哥赚钱的方式，就是给我当"男保姆"。

我星期一和星期三要去上古筝课，星期五则要去行为治疗中心。周奶奶腿脚不便，这3天都是亮亮哥接送我。他拉着我的手，从呼家楼走到东大桥，再坐公交车到海淀黄庄，每个月我妈给他100元钱作为酬劳；我拉着他的手，走在大街上，春风得意地用眼神向每一个路人炫耀：看，这小帅哥是我"男朋友"，我妈花钱给我雇的！

拿了我妈妈的钱，亮亮哥自然对我很好。我走不动了他会背我，我忘带古筝指甲了，他会跑回家帮我拿。有时候，他还偷偷带我吃麦当劳的甜筒。我在行为治疗中心挑小棍儿的时候，亮亮哥就去隔壁商场里打电动。如果碰上他兜里没钱了，他也会和我坐在一起，陪我挑小棍儿。坐我对面的双胞胎姐妹也天天眨着一双星星眼，盼着帅气的亮亮哥的到来。

其实这样的生活也算美好。虽然我被周围的成年人当成了问题儿童，但起码有亮亮哥和麦当劳甜筒陪着我。

然而，一场变故让亮亮哥离开了我的童年。

大概在我重返行为治疗中心的第三个月，"博士们"又一次涨价了。我父母认为我已经受够了在记者面前多嘴多舌的惩罚，再次选择让我"放弃治疗"。恰逢我们小学鼓励学生学数学，我周一和周三的古筝课就被替换成了数学课。亮亮哥不再负责接送我。他的夜晚变得十分空闲。这种空闲，对于十几岁的叛逆少年来说，是很致命的。

有一天放学，我左等右等，没有等到周奶奶。那天下着大雨，我站在保安亭的屋檐下，看见我妈妈穿着雨披，急匆匆地骑着车来接我。上了车，她告诉我：周奶奶去派出所了，亮亮哥因为打群架被片儿警抓了。

其实那场群架和亮亮哥没什么直接关系，但他放学路上看到自己的好哥们儿被人揍了，于是前去"帮忙"，顺带亮出了那套他刚攒钱买的德国厨师刀具。虽然这场意外还多停留在口头争端，未有肢体上的实质伤害，亮亮哥也只被片儿警批评教育了一番，但因为这件事，向来淘气逃学、"劣迹斑斑"的亮亮哥，被学校开除了。

亮亮哥在外地上班的爸爸觉得周奶奶年纪大，管不住孙子，不顾老人的恳求和阻拦，直接坐着火车回北京，把亮亮哥接走了。从那以后，我再也没见过他。

在我看来，我所患有的"多动症"根本不是一种疾病。这其实是童年的我表现出的对外界事物的好奇心。不过亮亮哥离开后，我每天都会端正地戴好红领巾，在胸口别上校徽，上课举手发言并争取正确地回答问题。我的老师都对我的变化感到惊讶，她们还悄悄问过我妈："你到底把你女儿送到哪家行为治疗中心了？"

有时，我坐在教室的窗边，会偷偷听一听窗外的鸟叫。那些叽叽喳喳和浅吟低唱，让我不断想起那个不好好穿校服的亮亮哥哥。他成了我枯燥的行为治疗童年教育中浓墨重彩的一笔。至少因为他，我了解到厨师是个很值得尊敬和向往的职业；也因为他，我知道打架是会被警察叔叔抓走的。他可以说是我最早期的道德教育启蒙者了。

亮亮哥离开后，又过了几个月，我们搬新家了。我上了 4 年级，年龄大到可以自己坐公交车上下学了。我父母结束了和周奶奶的"小饭桌"协议。于是，我就连接我放学的周奶奶也见不到了。

周奶奶曾到我学校门口找过我几次。一等我放学，她就把从京客隆买的一塑料袋散装糖果塞到我书包里，摸摸我的脸说："闺女又瘦了。多吃点儿！"

她可能是很想我，也很想亮亮哥吧。

等我上了小学 5 年级，我听说周奶奶的老伴儿去世了。小区里正在拍卖周爷爷养的鸟。又过了两个月，我妈妈告诉我，周奶奶去外地投奔她儿子了。从那之后，我和这一家人彻底失联了。直到我上高中时，有一次和同学去团结湖的那家金鼎轩吃饭，开放式厨房里有个颠勺的年轻厨师，看起来很像亮亮哥。我没敢上前问他。后来又去吃饭时，也没能再见到他。但那家金鼎轩倒是成了我最喜欢的餐厅之一。

纵使我很怀念和亮亮哥一起去行为治疗中心的日子，但忙碌的童年让我无暇感伤亮亮哥一家人的提前退场。升上 4 年级后，我几乎被妈妈给我报的各类数学、语文、英语补习班压得喘不上气。小升初迫在眉睫，我又十分"不幸地"赶上了北京市最早的几批电脑划片试点。家长们瞬间乱了阵脚。在一片混乱与焦躁中，一个接一个的"荒诞"补习班出现在我的生活里……

妈妈篇 | **我女儿小时候，
就是大家口中的"熊孩子"**

因为女儿，我也成了会被人"批评"的母亲

下班回家，我在小区的楼梯间里等电梯。楼上 40 多岁的女邻居，左右手各提着一大袋超市里买来的东西走过来，看起来不堪重负，摇摇晃晃的。她瞟了一眼还远在 20 楼停滞不下的电梯，随手把右手提着的半个大西瓜放在了地上，和我一起等待。这时，7 楼的一个 4 岁多的小男孩骑着他的小自行车进了单元门。他的妈妈跟在身后，正在忙着接电话。听电话内容，她正在处理工作中的棘手问题。看到地上的西瓜，小男孩来了兴致，他嬉笑着蹬着自己的小自行车朝着那半个西瓜撞去，无辜的西瓜在地上晃动起来，小男孩咯咯乐个不停。

女邻居尴尬地笑着阻止："宝贝，别把西瓜给我撞烂了！"

小男孩调皮地看了一眼女邻居，将自己的自行车退后，接着再次嬉笑着蹬着小自行车撞向那半个西瓜。

女邻居想通过"恐吓"吓退小男孩，便说："撞吧，撞烂西瓜让你妈妈赔！"

小男孩的妈妈这个时候一边接电话，一边用手拍拍儿子肩膀，并摇摇头，示意他停下来。但小男孩有恃无恐，一脸得意地坏笑，蹬着小自行车退后，意图再次撞向那半个西瓜。

我惊讶地瞪大眼睛看着，猜测这个淘气的小男孩会不会来第三次。

这时候，电梯门开了，等待的几个人顺次进入了电梯。女邻居提起了西瓜走进电梯，不敢再把西瓜放到地上。可惜，小男孩却并不打算放弃这项"娱乐活动"。他的自行车车轮继续一下一下地顶着西瓜，西瓜在女邻居手里来回晃动着。

女邻居只能无奈地嗔怪："你个熊孩子！"

进入电梯后，小男孩妈妈的电话没了信号，她便着急地埋头用微信打字联系。听到女邻居嗔怪自己的孩子，她便拍了一下孩子的帽檐，道："儿子，别乱动！"

小男孩似乎根本不听妈妈的。我笑着盯着他看，他也笑着看看我，继续他的车轮撞瓜运动。

7楼到了，站在电梯门前的妈妈终于接通了她的工作电话。她头也不回地喊着："儿子，走！"自己就率先出了电梯。小男孩骑着自行车出去，跟在妈妈后面，消失在了走廊尽头。

电梯门还没关，一个女人便立即对着那位妈妈的背影抱怨道："这孩子真够淘气的！"

另外一个男人说："这哪是淘气，分明就是家长溺爱！"

提着西瓜的女邻居说："什么样的家长养什么样的孩子！儿子这么淘气，那妈妈不管束，也不说个抱歉！"

"自己不管教自己的孩子，自然会有人管教！这孩子，上了幼儿园可要吃亏呢！"

我默默地听着，如芒在背，心里很是同情那位年轻的妈妈。她的孩子确实缺乏教养，但她过于繁忙的工作也确实让她无暇顾及孩子的教育。人们经常会在自己的世界里判断事情的正确与错误，却很少站在别人的角度理解问题。我不由得想起了自己带娃的年轻时代。我的女儿小时候就跟那小男孩一样，缺乏管教。而我，也像那个妈妈一样经常被人批评和嘲笑。

初为人母，我希望女儿活成她自己的样子

我的女儿出生于 20 世纪 90 年代中期。

那时候，正处于计划生育的背景下，国家政策要求一家只能生一个娃。如果在一个重男轻女思想严重的家庭，生男孩子就是"家族"的理想选择。

1995 年，我怀孕了。公婆家所有人和其他亲朋邻居每次看到挺着大肚子的我，都会说："这肚子形状，必定能生个男孩子。"

"会说话"的人总是这样"恭喜"别人，哪怕怀着这个"值得恭喜的男孩子"的人，恰恰是一个女人。我被当着面鄙视了性别，也不知道该不该对他们露出一个笑脸。不过，我知道这是公婆的期盼，他们就一个儿子，希望我生个男孩子；我也知道亲朋好友都在说公婆爱听的话，盼望公婆能如愿以偿。只是，我根本不理解，生男孩怎么就比生女孩要好？

我从小生活在没有姐妹的家庭。我的父母生育了 4 个孩子，其中 3 个是男孩子，唯独我自己是女孩子。我还是个孩子时，就特别羡慕家里姐妹成群的同学和朋友，感觉她们从小就有玩伴，从不孤独。

现在轮到我生育了。即将为人母的我，却对于生男生女完全没有概念。但如果儿子和女儿只能二选一，我渴望要个女儿，要个能亲亲

密密地陪伴我的小姑娘。

预产期到了。我的肚子仍然一点反应都没有。产科医生每次做检查都会说，这孩子的头怎么就不往下转。每次检查，她都试图通过揉我的肚子，把孩子的头推转下来，但均没有效果。我天天摸着肚子跟孩子说："你是得有多拧啊？那么不愿意出来见妈妈吗？"她便会在我的肚子里鲤鱼打挺般折腾、回应我，biabia打着我的肚皮，像陕西人做面条时面条打在案板上发出的声音。

邻居的婆婆从农村来给儿媳带孩子，见到大肚子的我便问："你家小孩胎动啥样？"

我笑着回答说："鲤鱼打挺那样！"

她便抱着自己3个月大的孙子，指着我的肚子喃喃地跟她孙子说："你媳妇快出生了！"

我哈哈大笑起来。这是个耿直的农村老太太，从来不逢迎着说话。

过了预产期，产科医生便不再犹豫了，她建议我们做剖腹产。丈夫挑了一个好日子，决定剖我腹，取他崽。

手术是在半麻醉状态下进行的，手术室非常安静，能听到大夫划开我肚皮时哧啦哧啦的声音。他们一层一层划开我的肚皮，每次吃刀都非常浅，唯恐伤着我的女儿。我躺在手术床上，静静地等待着跟女儿相逢的那一刻。

后来，我听见护士说："孩子出来了！奇怪，怎么没有哭声？"

大夫说："把小脚提拉起来，小脑袋朝下！"

几秒钟后，我就真切地听到女儿洪亮的哭声，这是她来到这个世界发出的第一声哭声，强大而富有生命力。

护士跟我说："女孩子哈，小棉袄，恭喜！"几分钟后，她把擦好、包裹好的女儿抱到我脸颊旁，将她的小脸紧紧贴在我的脸上。我的心都酥了，娇嫩的皮肤，亲亲的骨肉，满满的母爱一下子在我身体里荡漾开来。我知道自己"完了"，为了她的到来，即使耗尽我一生辛劳和疼爱都在所不惜，我已经向她缴了械，做了她的俘虏。然而，对于女儿的到来，我能感觉到公婆的失望。

初为人母，自己一下子就没有了自由，再也不能像当姑娘时那样，想去哪里就去哪里，想跟谁见面就跟谁见面了。孩子就像一根绳子，拴在你的身上，无论你走多远，她都能把你给拽回来。

而养育她，更加让人费心。从怀孕开始，丈夫就给我买了很多育儿图书。至今，我还保存着一本装帧精美的育儿日记本。我在那本漂亮的日记本上记录了女儿出生后几年的体重、身高、营养搭配、疫苗接种、晒太阳的时间等养育情况。休产假的那一年里，我的研究对象就是女儿。

最初的一年里，对孩子的如获至宝和对育儿的毫无经验，都让我整日惶恐不安，为孩子操心成了常态。孩子一旦发烧，我抱着孩子就往医院跑。似乎只要有医生在，我的孩子就是安全的。

这样陪女儿成长的日子，一过就是一年。一年之后，和我同时进入单位的女孩子都得到了晋升，只有我还困顿在孩子和家中的柴米油盐里。不甘心的我跟丈夫和公婆提出上班的打算。公婆坚决反对，并表示没有能力给我看孩子。好在丈夫理解我，决定找个人帮我们带孩子。

我还记得休完产假刚回单位工作时的狼狈。我们把孩子托付给了一位邻居老奶奶照料。中午下班回来，老奶奶跟我说："您的女儿一个上午不吃不喝，就是哭！"我的眼泪"唰"地就下来了。

一个月后，看着越来越瘦的女儿，老奶奶发愁了。她跟我说："人家孩子是假哭，看妈妈走了，就不哭了。您女儿是真哭，一哭一上午，不吃不喝地哭。这么一天天下去，孩子的身体会吃不消的。你们得另外想办法，我不敢照料她了！"

我眼泪巴巴地求老奶奶再帮我看一个月，等我找到人了，就把孩子领走。于是，我们发动全家人想办法，最后，终于找来一位亲戚家的小姑娘照料女儿。这个小姑娘初中毕业后就赋闲在家，也找不到工作，她父母就说让她来帮我看看孩子。这孩子长得漂亮，喜欢打扮。

她一来，我赶紧手把手地把自己一年来带娃的经验传授给她：怎么给孩子刮苹果泥吃、怎么给孩子穿衣服、奶热到什么程度可以喂孩子等。小姑娘刚刚明白一点，就出了问题。

有一次，我临时有事，提前回家。看到女儿坐在冰凉的地上哭，那个小姑娘正拿着我的口红化妆玩。我当时就傻了，想着这位小姑娘还是个孩子呢，玩心这么大，怎么能看好另一个孩子？于是赶紧换人。

一个月后，我又找另外一个亲戚的女儿小曼来帮忙。小曼比前面那个小姑娘稍微大一点，非常有责任心，也特别喜欢孩子。

当我再次手把手教她怎么带孩子的时候，就暗下决心：不能再换了，一定要把这个培养出来。频繁换人照料，我和孩子都受不了。特别是孩子，她对照料的人有感情。

上班要忙工作，下班要培养小姑娘照料孩子的基本技能，还要抽出时间多陪陪孩子。游走在做好工作和照顾好孩子之间，我常常操碎了心。

为了更多地陪伴孩子，我总是想方设法提高工作效率，尽量压缩加班的时间。为了做好工作，我还必须稳定好后方。夹在工作和孩子之间，我没有时间顾及自己的形象，甚至都不敢生病。就像前文提到的那位妈妈一样，初为人母，要工作，要赚钱，连女儿的日常生活都顾不过来，哪有时间去管教孩子。

从小曼来的那天起，她就特别溺爱我的女儿。我女儿要啥给啥，想怎样就怎样。在她看来，照料我女儿这件事情，只要看护好我女儿不磕碰致伤，不乱喂食让她生病，不让她哭闹，就是完成任务了。

一个 18 岁出头的孩子能够在我上班的时候做到这些，已经帮了我的大忙了。对于我来说，忙碌了一天回到家，看到女儿健健康康、开开心心的，就非常幸福了。

教育孩子的书，我读了很多，也常常给孩子读故事，教育她要诚实、有礼貌、善良。但到实践中，我又觉得不到 3 岁的孩子能懂什么，所以也不是很重视。

有时候，看到被管教得非常有礼貌的孩子，我会莫名其妙升起一种心疼：这么小就委屈自己成为大人们喜欢的样子，没有了童趣和快乐。如果这个孩子是我女儿，我是不愿意的。我更愿意女儿活成自己的样子，而不是迎合大人们成为他们期待的样子。

而且强迫孩子迎合大人，也有弊端。我曾经见过这样的孩子，他们在父母面前表现得彬彬有礼，懂得谦让；父母离开了，立马变得专横跋扈，颐指气使。这样的孩子很小就学会了当面一套、背后一套的做法。

在我看来，孩子首先是孩子自己的，其次才是父母的。基于这些想法，我的女儿在 3 岁前都是散养状态。

我舍不得打她、骂她，或许是因为她来之不易，也或许是因为她性别的"众叛亲离"。家人们对她感到失望，我只好把"溺爱"当成对她的补偿。

有时候，在街上碰到朋友同事，我会教女儿喊叔叔阿姨伯伯。她从来不叫，还会当着人家的面说："我又不认识他们，为什么要叫！"

朋友同事被她逗乐了，就说："人家孩子说得对，谁跟陌生人打招呼啊！"

女儿会得意地告诉我："听听，听听，人家都说我做得对！"

朋友同事便会哈哈大笑。

女儿小学时，我带她参加朋友的婚礼，她很快就跟周边的孩子混熟了，带着那些孩子在餐桌下穿来穿去。我担心她把人家的桌布顺带盘碗一起拽到地上，便阻止、批评她。可她就学着周边大人的话说："张阿姨都说了，太老实的孩子将来没出息！妈妈，我不做没出息的孩子！"

听了这话，朋友们在旁边乐得前仰后合。

因为工作忙碌，无暇顾及孩子，所以我跟孩子待在一起的片刻时光，一定是以开心和愉悦作为主旋律的。因此，我特别能理解前文提到的那个在电梯里忙着在手机上打字的妈妈。她一定是有许多重要事务要处理，没有时间关注自己孩子的教育；或者她跟我一样，想让儿子活成他自己的样子，不想让他去讨好和迎合别人。

当然，在内心深处，我总觉得这样培养孩子不妥。但规范孩子行为的机会也不多，想起来的时候便总跟她说，要做一个受大家欢迎的孩子，而不要做一个令人讨厌的孩子。

她会装模作样地回答我："妈妈，我知道，守规矩、懂礼貌，就是好孩子。"

是的，她非常清楚受欢迎的基本内涵，但她却不想做到。

在小曼对孩子的溺爱和我对孩子的宠惯下，我的女儿就像未被修剪的树，恣意生长。而毫无教育孩子经验的我，带给孩子的还有其他问题……

把女儿当成闺蜜，这样做真的好吗？

3 岁之后，女儿能上幼儿园了。可幼儿园老师们却不待见她，觉得她比男孩还调皮捣蛋，经常暗示我们转园。她只好在几个幼儿园之间"流浪"。

有一次从幼儿园回来，她突然跟我说："妈妈，怡然要死了，我好伤心。"

怡然是她在幼儿园里最好的也是唯一的朋友，得了白血病。我说："你要好好爱她，对她好，不让她生气，让她开心！"

女儿点头，跟小鸡啄米一样。

"妈妈，怡然对我太好了。今天老师又跟小朋友们说，不让大家理我。老师让我一个人坐在角落里面壁，只有怡然搬了她的小凳子跟我坐在了一起。"

我听着心里很难受，不守规矩、不服从幼儿园老师管理的女儿常常被这样"治理"。我蹲下来，看着女儿的眼睛跟她说："下次老师们不让干的事情就不要去干，否则又要面壁了！"

女儿点点头，但我知道她下次还是做不到。

怡然去世之后，女儿就不愿意再去那个幼儿园了。而我因为怡然的离开，也更加疼爱自己的女儿。人生不易，我得好好珍惜跟女儿在一起的每一天。

之后，我给她转回了奶奶家附近的幼儿园。因为那个幼儿园的老师都是邻居，碍着面子，总会对孩子更宽容一些。更何况，孩子不想上幼儿园时，还有爷爷奶奶照看着。

但这也加剧了女儿不守规矩、不懂礼貌的顽劣品行的养成。

2000 年的时候，我们在朝阳区买了一套老旧的二居室。那时候，女儿 5 岁了。她特别喜欢走马路边。因为交通安全的原因，我不允许她在马路边走，就经常带她到公园的花池边走。有一天，我跟她说："咱们看看你的平衡力有多好，看你能走几块砖。"花池的周边镶嵌着一圈混凝土块，她每走一步会落在一块砖上，我们就数她能走几块。她伸开手臂，平衡身体，走一步，数一个数。数到 9 的时候，她不知道怎么数了。我告诉她该数 10 了，她迷惑地看着我，说："为什么 9 过了要数 10？"

这个时候我才发现：自己孩子都 5 岁了，居然还不会数数。从她 3 岁开始，我带她学过画画、舞蹈、古筝，却没有学过文化课。她不识字，也不会数数。

一种唯恐耽误了孩子的紧迫感让我心里发慌。我决定把她从奶奶家接回来，送进我们楼下的一家街道幼儿园。

这个幼儿园没有学前班，以看管孩子为主，偶尔让孩子唱个歌，学几个简单的英语单词。但晚上回到家，我可以教她数个数，认个字。

回到我们身边，女儿身上的问题全面爆发了。在街道幼儿园的将近 10 个月里，幼儿园老师跟我反映的多数问题是：你女儿怎么不知道遵守纪律？她会从老师给大家排好的队伍里走出来，跟自己喜欢的小朋友手牵着手并排站在一起；玩 4 人转椅游戏，她会把小朋友拽下来，自己坐上去；她跟小朋友抢玩具，能将人一把推开。老师批评："她想怎样就怎样，不达到她的目的不罢休，没有规则意识、团队意识、谦让意识！批评她，她也不在意。"

为了解决女儿的问题，我去买了很多讲礼貌、讲规矩的故事书，回到家就给她念孔融让梨的故事。听了故事，她忽闪着眼睛问："孔融不爱吃梨吗？"

我说："他很爱吃，但是他觉得自己最小，应该吃最小的梨，把大个的梨让给爸爸妈妈和哥哥们。"

女儿似懂非懂地跟我说:"我不喜欢吃梨,我会都让给哥哥们。"

我接着问:"如果是你喜欢吃的樱桃呢?你让给别人吃行吗?"

她说:"等我吃够了,再让。樱桃是我的,让不让也应该听我的。"

"冥顽不化"的女儿从来都是心对着口,怎么想怎么说。这一点很像我。我想,自己多少年来在职场毫无进步,也多少与这个有点关系。

我拿着自己那点可怜的生活经验,在各个生活场景中提示女儿什么应该做,什么不应该做;什么招人喜欢,什么不招人喜欢;什么话该说,什么话不该说。久而久之,我居然把她当成了自己的闺蜜,跟她讲作为家长不该给孩子讲的各种事情,甚至自己工作中的烦恼,以及跟亲人、朋友相处时的不快都跟她倾诉。她认真倾听的时候,看起来就像个成年人。她会机灵地安慰我,认准时机跟我一起批评那些为难我的人,甚至有时会在和我聊完的第二天,放学回家时问我:"妈妈,你工作上的事情解决了吗?领导会不会开除你?"我心里很难受,猜想这孩子估计在学校里琢磨了一天我的事情,我让她承担了不是这个年龄的孩子该承担的东西。

有一天,我从幼儿园把她接出来,带她去了附近的华堂商场。这个商场刚刚开业不久,购物环境非常好。4楼有一个儿童专区,有各种玩具可以试玩。我把孩子放在那里,让她跟一帮小朋友搭积木,自己就去楼下的超市买生活用品了。

现在想来,初为人母的我真的是粗心,竟然把孩子当成了大人。如果当时有人把她抱走了,我恐怕会变成祥林嫂,一辈子活在自责中。

而把女儿丢了的事情后来也真的发生过。那是女儿5岁的时候,我带她到团结湖公园玩。我们坐在公园长椅上看书,她跟我说:"妈妈，我想去厕所。"

因为厕所就在附近，我就跟她说："去吧，妈妈就在这张椅子上坐着看书等你！咱们不见不散！"

过了很久，女儿都没有回来，我开始担心，于是跑到厕所找，厕所里根本没有女儿的踪影。那时候，我惊出了一身汗。我跑着在公园里找，到处问人有没有见过我女儿，所有的人都摇摇头。我跟疯了一样跑去公园办公室，求助工作人员帮我找女儿。大家帮我一起找遍了公园的每一个角落，还是没有找到女儿。

那时候，我觉得天塌下来了，一点主意都没有。

一位大姐说："您家住得远吗？孩子会不会回家了？"

公园门卫说："您先回家看看，我们给您盯紧公园，一旦发现孩子，就把她留在门房。"

我狂奔回家，在单元门口看到了泪流满面的女儿，她正在哭着找妈妈。一楼的邻居大妈牵着她的手，安慰着她。

我扑向女儿，抱住她，高兴得泪流满面。娘儿俩一起抱着哭得稀里哗啦。

从那以后，我再没有让孩子单独离开半步。

而那之前，我经常像存放物件一样，把她放在各种认识或不认识的人那里，让人帮着照看一会儿。现在想来，这是多么可怕的一件事情。

那天在超市买完生活用品后，我去4楼接了女儿回家。路上，她坐在自行车后座的儿童椅里，跟我说："妈妈，那个乐高积木真好玩，你给我买一个吧！"

我知道那个乐高积木，相对于我微薄的工资来说，有点贵，我不太想给她买。而且我也认为不能她喜欢什么就给她买什么，万一她将来跟我"要星星""要月亮"，我就给不起了。

于是我跟她说："咱家都穷得叮当响了，没有钱买玩具。"

女儿不知道"叮当响"是个什么概念，就问我："妈妈，什么是叮当响？"

我不知道怎么回答她的问题，就搂了搂自行车上的铃铛说："叮当响就像这样！"

我知道，女儿一定不会明白，穷得叮当响是个什么概念。

晚上，我搂着她睡觉。她在床上来回蠕动，小眼睛在黑暗里一直不肯闭上。我问她："为什么不睡觉？"

她跟我说："咱家都穷得叮当响了，以后可怎么过啊？我担心得睡不着。"

当时，我的眼泪一下就出来了：自己不负责任的一句话，竟然给女儿造成这么大的精神负担。作为家长，我太不称职了。

我这种不负责任的教育方式，很快就让女儿陷入了更为糟糕的状况。

是的，别的孩子都学过了！

2001 年秋天来临的时候，女儿上小学了。为了便于接送，我们选择了离家很近的一个还不错的小学。

那一年，单位组织出去旅游，可以带孩子。导游为了活跃长途旅行车上的气氛，让孩子们表演节目。很多孩子因为害羞不愿意参加，就举荐别人。举荐别人时，被举荐的孩子就害羞地推辞，再举荐另一个孩子。后来有人"不慎"举荐了我女儿。我还没有反应过来，她就从座位上钻出去，走到了大巴车前面。导游把她抱起来，瘦弱的她就开始落落大方地朗诵起来："离离原上草，一岁一枯荣。野火烧不尽，春风吹又生。"

朗诵完，她得意地对我比了个大拇指。

我当时惊讶极了：养了她那么多年，我竟然都不了解自己的女儿有这么大的胆量。

冲着这份天不怕、地不怕的胆量，她入学就被老师选为新生代表讲话。作为妈妈，我很是骄傲。看起来，她的小学生活应该会有个不错的起步；看起来，幼儿园阶段我对她的教育应该有一定的效果。

然而，我真的是太天真了。问题接二连三地来了。

有一天放学我去接她，班主任跟我说："您女儿看起来那么聪明伶俐，怎么什么都不会？"

"什么都不会？"

老师说："对啊，拼音一点都不会，加减乘除也不过关，特别是乘法口诀表，别的同学都背得很流利了，您女儿竟然不知道乘法口诀是什么！"

"别的孩子上小学前都学过了吗？"我弱弱地问。

"是啊，人家都上过学前班！"

我的心一下子坠入了万丈深渊。晚上回家，我想看看女儿的拼音到底学成了啥样。我把 p 和 o 的拼音卡片拿出来，让女儿读。p 能读出来，o 也能读出来，但 p 和 o 合在一起就读不出来了。对于她来说，读 po 发出的声音就是遥远的外星传来的声音，陌生而虚幻。

人家孩子已经学了一年的拼音，现在在课堂上是进行复习。而我的女儿是初学，老师教起来自然费劲。从那天开始，我决定每晚给孩子补课，让她跟上同学们的进度。

一年级期中考试结束后的一天，我接女儿回家，她兴高采烈地跟我说："妈妈，我们考试成绩出来了，我语文得了 86 分，数学得了

83 分！"

从来没有考过试的女儿，不知道她这个成绩的好坏，她甚至不知道分数意味着什么，更不知道她的两个 80 多分跟她大多数同学的双百分，有多大的差距。

我黑着脸在前面快步走着，她的分数让我生气且伤心。她在后面紧紧跟着，一脸的不知所措。我跟她说："别的同学都考了双百分，你这个成绩太差，妈妈不开心！"

她小心翼翼地看着我的脸，明白了一个道理，妈妈想要双百分。她考双百分，妈妈才会开心，她得让妈妈开心。

为了满足我这个当妈的贪心欲望，女儿努力争取一切荣誉。可是，一年级结束评三好生的时候，她又出了问题。

老师把三好生候选人名字写在黑板上，让大家投票选出校级三好生。名单里没有我女儿，她就非常着急。想着自己当不了三好生，妈妈会不高兴，她就把小手举起来了。

老师警惕地问："你又有什么事？"

女儿说："我也要当三好生！我也能当三好生！"

老师说："三好生需要德、智、体、美、劳样样优秀，你觉得自己都优秀吗？"

女儿指着黑板上的一个名字说："如果李月欣能当三好生，我也能！李月欣上课不遵守纪律，交头接耳，您还批评过她！"

老师很生气，觉得这个孩子简直不可理喻！她跟女儿说："你坐下吧！"

然后，她向全班同学解释评选标准，跟大家讲为什么李月欣能入选，同时也指出了我女儿的很多问题。

我倔强的女儿一直没有坐回座位上，而是以站立的姿势向老师表示抗议。

老师没有再理睬我女儿，并组织其他同学以不记名投票的方式选出了那一年的"三好生"。

晚上回家的时候，女儿哼哼唧唧地跟我说："妈妈，我没有当上三好生，你不能生气啊！"于是，她把选举的经过一五一十地告诉了我。

我当时就气笑了，跟她说："三好生是要靠自己的努力，做到方方面面好才成的，不是跟老师要的。"

那次之后，女儿跟老师的关系就变得非常糟糕。女儿开始变得更加不遵守纪律，老师上课时她插话，课堂上跟同学交头接耳，老师批评时她顶嘴，到了成心跟老师作对的地步。老师也越来越不喜欢她，时常会当着全班同学的面批评她、奚落她。

这种恶性循环让忍无可忍的老师把我叫到了学校，建议我带孩子去看看病。她说："从孩子的种种表现看，她估计有多动症。这个毛病要是不纠正，将来影响会很大。"

于是，经过一番考察，我和丈夫给她选择了一家行为治疗中心，让她利用课余时间去纠正这个毛病。

2年级冬天来临的时候，女儿的腺样体肥大，隔三岔五地引发感冒。每次感冒我都给她吃点药就送去学校上课。这样做一是怕她耽误课程，二是因为工作繁忙，我请假很困难。只要不发烧，她就得吸溜着鼻涕去学校。她吸鼻子的声音让讨厌她的老师越来越烦她，同学们也都嘲笑她。于是老师当着全班同学的面说："你妈妈就不能带你去看看病吗？天天扔到学校就完事了？生下来不教育也不养育吗？"

女儿回家跟我学老师的话时，我的眼泪"吧嗒吧嗒"地掉了一地。这个老师是得有多讨厌我们这对"不懂事"的娘儿俩啊！

面对老师的指责，我惭愧地想起女儿上幼儿园时发生的一件事。那天，女儿跑回家，突然跟我说："妈妈，我耳朵疼！"还不等我反应过来，她就被小朋友叫出去玩了。看着她跟其他小朋友玩得欢实，我判断大概没什么事情。但过了几天，女儿又跟我提起耳朵疼的事情，我帮她揉了揉，便转身去忙工作了。等女儿再次跟我说耳朵不舒服的时候，已经一个月过去了。我想，不能再拖了，得带她去看看病。

　　去了医院，一个老太太模样的大夫把她抱到小椅子上，戴上专业眼镜看向女儿耳朵的刹那，她就惊怒了，训斥我道："你怎么当妈妈的？你知不知道孩子耳朵里进了一颗塑料珠子？而且都要跟耳朵壁长在一起了！不是我说你们这些年轻妈妈，太粗心了！"

　　我当时就慌了，赶紧问大夫："要不要紧，孩子会不会聋？"

　　大夫说："还好意思问！聋了你就后悔一辈子吧！"

　　当那颗塑料珠子血淋淋地从女儿耳朵里被取出来的时候，我心里五味杂陈，后悔自责。

　　好在那位大夫是专家，在她的悉心治疗下，女儿没有留下后遗症。

　　女儿的老师批评得很对，我不是个称职的母亲，女儿生病都不能在家里陪伴她。我到底为什么要把生病的女儿送到学校？是不疼爱她吗？完全不是，我心里想跟这位老师说："是因为学校里有您，如果孩子病情严重，您会给我打电话。如果女儿留在家里我必须请假。请假太难了！如果请假多，丢了工作，怎么养孩子？如果不请假，孩子必须被锁在家里，那样还不如送到您那里放心。"

　　繁忙的工作和养育管教孩子像两座大山一样压在我的身上，让我力不从心。母亲的负担太重了，父亲又总喜欢在关键时刻开溜。我只好求助于身边其他的女性，比如保姆、医生、老师等，请她们帮助我分担一些肩上的重任。

我的女儿尝尽了她自己不守规矩、不懂礼貌、不明白人情世故带来的苦头。我这个毫无教育经验的妈妈，无形中给女儿的人生挖了诸多让她苦不堪言的深坑。直到长大，她都还没能从坑里爬出来。她至今还是一个性格乖僻、思想古怪，且很难在集体生活中"生存"的女孩。

所以，到底该不该让孩子懂人情世故？

有时候，我觉得，我女儿就像我们公司的院子里养着的猫。它们从别处流浪而来，就在这里落了脚。它们脾气暴躁，嗷嗷乱叫，很没有礼貌。

而我的同事小优就从不像我女儿这样。

小优是个 26 岁的男孩，只比我女儿大一岁。他们明明是同龄人，却千差万别。

小优喜欢小动物。他经常会买一些猫食给公司的两只猫吃。每天早晨上班，小优一走进公司院子，两只猫就前后包围着他。他会蹲下来摸摸它们，然后再往办公室走。两只猫前后环绕着他，喵喵叫着，尾随他到办公室门口。见小优进了办公室，它们便跳到我们办公室窗户外面的台子上，隔着窗户寻找小优。

小优进办公室的第一件事情便是打水、拖地、给大家沏茶。他是个特别勤快、爱干净的男孩子，高高的个子，一身健美的肌肉，充满阳光和活力。

初来公司的时候，小优就买了 4 盆水培绿植。他把它们摆在办公室的窗户台子上，喷水、洗根，精细地侍弄它们。他也会买点精致的香草包散放在办公室的各个角落，让它们在办公室散发清香。他把对生活的热爱融进了点点滴滴里。

公司出去团建，他总是笑呵呵地跟着大家：看到谁的包重，就替人家背着；看到谁脚扭了，就赶紧搀扶着；看到有危险的地方，就提醒大家。

他特别懂人情世故，总是给大家带来微笑和温暖，所以也成了最受大家欢迎的人。他会乐呵呵地跟人打招呼；一起进办公室时，他会主动跑到前面给同事开门；他会把别人落在开水间的暖壶送到人家办公室；在食堂排队打饭时，他会让岁数大的人排在前面。

他非常懂礼貌，而且他的行为是自然而然的习惯性行为。这是一种教养，而不是一种做作和带有目的性的溜须拍马。他做这些事情从来不刻意。你不会因他给你开门而感到不自在，你会觉得他很贴心。他也不会看人下菜碟，不管你是普通人还是领导，他都会按照他的好教养去对待。

看着他的言行举止，我常常会陷入沉思：人家的父母是用什么样的办法教育自己儿子的？人家怎么会这么有礼貌，又这么懂人情世故？甚至我会想，他这么做累不累？自己会感到委屈吗？想到这些禁不住就有些心疼他。

反观我女儿，她天天穿着破洞 T 恤、开着她那辆溅满泥点的、3个月不洗一次的改装车去出版社和摄影棚，对人一脸爱答不理的模样。我经常反问自己：为什么没有把女儿培养成小优那样的孩子？

我希望她能像小优一样懂事些，对那些职场的后辈温柔一些，对前辈则更加恭敬一些。但她似乎有一套自己的准则。在她看来："职场不该论资排辈，这是效率极低的管理方式。职场看中的应该是态度和专业精锐程度。"

她说得很有道理，但可惜，有时候，社会不是这样运转的。而且，她也非常清楚这一点。

我希望她能像小优一样，更热爱生活一些。但她在留学时几乎每一顿饭都糊弄。我听闻有一段时间，她每天只带一根法棍面包和一个超大杯的黑咖啡去图书馆，从早吃到晚。虽然她的笔名叫"王食欲"，可她却口口声声说："浪费时间来满足自己的食欲是毫无意义的。"

尽管在女儿小的时候，我就希望她能成为小优那样的乖孩子，但我心里明白，每个孩子的成长轨迹不一样，受教育的路径不一样，家庭及父母产生的影响不一样，他们的优缺点也就不一样。

我和小优的工作是工程造价，简单来说，就是计算盖一栋房子要花多少钱。有一次，我带着小优在工地量一堵墙的长度，计算这堵墙用了多少块砖，花了多少钱。这堵墙很长，墙上有门。我的思路是，用尺子量门左右两侧的墙的长度，然后累加起来，这需要边量边记下每段墙的长度。他的思路是，用 3 米卷尺量墙的长度，看有几个 3 米，最后再减去门的宽度，这样不用记录很多数据。显然，他的思路更好。但当时时间紧迫，我居然没有反应过来，直接忽略了他的建议，要求他按照我的方法干活。他也没有表示反对，顺从了我，拿着纸笔量一段墙记一个数字，浪费了很多时间。

这件事情让我反思了很多问题，他为什么不坚持自己的思路呢？明明他知道自己的思路更简洁便利。也许他是觉得我年龄大、工作经验多，出于对我的尊重？也许是无所谓，领导说怎么干就怎么干？也许他是敬畏我这个上司，不想和我起争执？当然，我猜测更有可能是因为他的教养和礼貌，他不愿意让我心里不舒服。

如果换作我女儿，她一定会按照她的思路完成这件事情，无论跟我发生多大的争执。

不，换作是她，她恐怕都懒得跟我汇报思路，直接就把活儿干完让我签字检查了。

这件事后，跟小优一起工作时，我就格外注意倾听他的想法。即使他的想法不成熟、不符合实际，我也会让他去试一试。得给他尝试的机会，这样他才能在工作中独当一面。

跟小优在一起工作时，我很容易成为强者，他尊重并能服从我的决定；跟我女儿在一起做事时，我常常是弱者，她总是有一千条一万条理由来改变我的决定。我跟小优一样是经过父母严格管教长大的，知道违逆别人会遭人讨厌，我们也更能服从管理，我女儿则更适合单打独斗。

因此，小优这样的孩子可能更适合加入一个平台工作，而我女儿则更适合创业。上大学期间，她曾经当过几年创业公司的"小老板"（关于这段惊心动魄的创业故事，各位读者可以在后续章节中看到）。一开始公司经营得还可以。可她留学回来后连自己的公司都懒得打理了，选择成为自由职业者。我问她为什么不创业了，她回答："我不仅不喜欢被别人管理，也不喜欢管理别人。"

这倒是一句实话。她跟我说过，有一位制片人雇她带一个团队开发剧本。她非常反感在集体工作中提供领导力。为了最大限度地避免和团队进行充满防备和猜忌的人事沟通，她花了很高一笔咨询费，请律师做了一份面面俱到的合同。合同上公平而详细地列举了可能发生的各种人事变动情况，以及针对这些情况做出的补偿或赔偿。

在一个企业里，中下层员工完成的多是执行工作，服从管理至关重要。而中高层员工要做的则是提供领导力。我女儿这两种都不喜欢做。这大概是她研究生毕业后，选择自由职业、做"数字游民"的原因吧！

在她看来，自由与自洽是她生命中最重要的事情。这两件事高于当领导的体面、高于当员工的稳定、高于她职业生涯中的一切。

　　近些年来,我发现"95 后""00 后"中,女孩子要比一些男孩子成熟得更早,尤其是在事业发展、未来规划和责任感方面。特别是在北上广这样的大都市,这里挤满了又会赚钱、又聪明、又漂亮的姑娘。她们强势而自信,独立而勇敢。我想,这是不是因为在不断的竞争中,在受教育或者工作的过程中,她们必须过早付出比男孩子更艰辛的努力呢?

　　我妈妈对她儿子们的教育底线就两个字——安全。不要出去跟人打架,不要犯罪,不要惹是生非。而她教育儿子们的具体办法就是,把老大教育好了,老二、老三就有了榜样。因此,我的大哥,就成了我妈妈的重点整治对象。

　　我的大哥从小就特别淘气。他是孩子王,会领着一帮小伙伴上房揭瓦,害得人家家里下雨天屋顶漏雨。他也会带着这帮小伙伴,欺负骑自行车的人。当望风的小伙伴告诉他有骑自行车的人来时,他就跟另外一个小伙伴手握着细藤条,蹲在马路边等自行车慢慢靠近。一旦自行车靠近,他们就将细藤条塞进人家的车轮里,然后扭头就跑。每当遇到有人告状,我那淘气的大哥就会被我妈狠狠教训。

　　在我的记忆里,我大哥挨教训就是家常便饭。每次妈妈教训大哥的时候,两个弟弟都必须在旁边站着,噤若寒蝉。

　　除此之外,她还使用哭闹的方式控制他们的行为。兄弟们执行她交代的任务时,必须不折不扣,不能走样,否则她就要"一哭二闹三上吊"。久而久之,3 个兄弟变得特别胆小和守规矩,不敢有自己的主张。因为,一旦按照自己的主张执行妈妈交代的任务,不管对错,都会引来妈妈的哭闹。长大后,他们在单位工作时,也像小时候一样,从来不敢有自己的主张,不敢担责任,懦弱而谨慎。

所以我认为，管教你的孩子，让他们更早明白人情世故是作为父母应尽的职责。只不过在管教的过程中，要防止两个倾向：一是别把孩子的积极性、能动性给管"死"了，让他们成了懦弱、不敢担责的人；二是别像我一样，不懂约束孩子，不去管教孩子，让他们浑身长满了拔不掉的刺。

　　当然，为人父母也不能严苛到事无巨细地管教孩子，或者为孩子决定未来的道路。人格的塑造虽然与原生家庭息息相关，但是否应该在孩子的身上留下自己浓墨重彩的教育痕迹，还值得商榷。在我看来，我们最应该做的，是在教育过程中为孩子做好准备和铺垫。如果你的孩子和我女儿一样，是个特立独行的人，那就要提前告诉 Ta，未来要面对的是什么样的挑战。当孩子知晓每种人生道路的状况后，再让 Ta 自己去判断选择走哪一条路。

话题 2
Topic Two

孟母三迁——要不要为了
教育资源举家搬迁？

| 女儿篇 | 升学不是孩子一个人的事，
而是全家的任务 |

新的升学方式发布，家长们全慌了

升入 4 年级，班里的气氛有些不对劲了。曾经无忧无虑地在操场上奔跑的孩子们，仿佛一瞬间长大了，纷纷坐在课桌前盯着书本，和家长一样愁容满面。

我看着焦虑的同学们、忙碌的老师们和那些在校门口窃窃私语的家长们，感到茫然。但我的同学们似乎已经知道发生了什么事。一位女同学用稚嫩的嗓音和过分成人化的口吻告诉我："你爸你妈没告诉你吗？以后小升初不考试了，电脑随机给咱安排学校！"

"啥叫'随机'啊？"我问她。

她也不知道。小学 4 年级，我们的数学课还没讲到"随机数"呢。

"就是……就是……我爷爷说，就是跟买彩票一样！你抽中了，就能去好学校！谁中奖都有可能，不按成绩排名，这才叫公平呢！"这位女同学告诉我，"除非你特别特别优秀，可以提前被好学校录取，不然你就等着去隔壁中学吧！"

听到"隔壁中学"这4个字，我立刻想到了被警察带走的亮亮哥，顿时汗毛倒立。我心中惴惴不安。小学4年级，我家刚刚搬到东四环，附近并没有我心仪的学校，恐怕电脑是没法让我中大奖了。那天，我回到家，问我爸妈："咱们能搬到陈经纶中学附近去吗？"

我爸妈刚刚从搬家的烦琐和劳累中解脱出来，听到我居然想再搬一次家，顿时火大。我赶紧把女同学说的"随机中奖"的事情讲给他们听。当晚，他俩眉头紧锁，围坐在电脑前，浏览了很久的教育论坛。第二天，我妈妈决定亲自接我放学。她还特意提前20分钟到校门口，向门口等孩子的其他家长打探了消息。

很快，4年级第一个学期的期中考试结束，新班主任召开了一场气氛严肃的家长会。在会上，班主任苦口婆心地强调："小学4年级是分水岭。4年级以前的知识都很简单，你家孩子随便学学也能考双百分，但4年级之后可就不一样了，稍微松懈就会掉队。如果你家房子和户口不在重点中学的学区里，那就要注意了，要提前报考为升学做准备的冲刺班！"

所谓"冲刺班"，是指重点中学为了提前选拔优秀生源而开办的学科培训班。这个培训班里成绩优秀的小学生可以获得提前录取的资格。而且，这个培训班的老师大多是这所重点中学的授课老师。这能让学生提前熟悉校园环境和未来老师的教学方法，也算学生和学校双赢了。

我最不愿意回忆的就是小学4年级到6年级的那段时光。那3年里，我所有的课余时间都被冲刺班填满了。

冲刺班一般只设3个科目：语文、数学和英语。我当时的目标学校有3所：陈经纶中学、北京市第二中学分校和北京市第八十中学。有3所目标学校，意味着我每一所学校的冲刺班都要去上，并且为了提高通过率，每所学校的冲刺班的每一个科目我都报了名。这就意味着我每周要在 3 所学校来回奔波，上 9 门课。而且 9 门课的内容其实大多有些重复。

周末是最忙碌的。周五的晚上我必须把学校布置的作业全部写完。周六一早 7 点，妈妈就要开车带我出门上课，除了一日三餐的休息时间，我一口气要上到周日的傍晚。周日晚上回到家，我还要完成这两天来，3 所学校、9 门课的全部作业，如果做不完，第二周的周一和周二也要搭进去。

在这样的循环往复里，我逐渐感觉自己变得像盘子里任人切割的黄油，需要切成方形，就被切成方形；需要抹平，就毫不犹豫地被抹平。我并没有提出太多质疑，因为身边的同龄人过得都和我一样。就算有人反抗，提出不去上冲刺班，他也会被焦虑的家长推进教室里。

升学的容错率很低，而所谓"正确"的选择又实在太少。就连这群 10 岁左右的小孩子，也被家长们裹挟着向升学这个通过人数有限的独木桥进发。在这些家长看来，只要能过河、上岸，进入理想的中学，剩下的事情就都不重要了。

但剩下的事情，真的不重要吗？就算过了独木桥，上了岸，然后呢？未来呢？

在我更小一些的时候，我身边的成年人最喜欢问我未来想做什么。我会告诉他们我想当航天员、想当作家、想当花样滑冰运动员……可升入 4 年级，他们不再问我这个遥远的问题，而是把目光聚焦在当下。他们会问我："你想上哪所中学？"

我会告诉他们：陈经纶中学、北京市第二中学分校和北京市第八十中学。

他们满意地点点头，仿佛我只要说出口了，就能做到似的。只有我的父母才会真正为我的升学焦虑。他们摸着我的头，叮嘱道："你要是想去这3所学校，就得努力了。"

可是，上哪所中学，光凭我自己就能决定吗？

你家小孩也近视了？ 哭着还要写作业

小升初冲刺班似乎有魔法。自从我们开始去上冲刺班，身边的同学们越来越多地戴上了眼镜。到了5年级，班里竟然有一半的同学都出现了视力问题。

我也不例外。

小学5年级时，我的近视度数就已经达到500度。那时候，非球面镜片并不流行，镜片像酒瓶底一样厚。红色框架的大眼镜重重地压在我的鼻梁上，一低头写作业，就会从鼻梁上滑落，砸在课本上。妈妈只好给我弄了一条眼镜链来固定我的大眼镜，好让我看清习题册上的题目。

随着戴眼镜的学生越来越多，学校把每天一次的眼保健操变成了两次。但挤压睛明穴给双眼带来的除了血液循环外，还有指甲里的细菌。校门口接送孩子的家长们聊天的话题也很快从预防儿童驼背，变成了治疗近视的偏方。

虽然直到现在，近视也无法被治愈，但家长并不这样觉得。我妈妈当然也到处求医问药，让我又是针灸，又是戴眼部按摩仪的。我还滴过一种眼药水，需要用金属仪器扒开上下眼皮，滴进去后几分钟内都不能眨眼。

治疗近视的过程，就像被虐待一样痛苦。但每天针灸完回到家，我还是要面对台灯下总也写不完的作业。无论我怎样积极治疗，我的近视度数仍旧以一年 100 度的速度稳步增长着。毕竟，习题册里那些鸡兔同笼、水库排水和火车追及问题可等不了我恢复健康。就如同老师们常说的："你不做这些习题，自有别人会去做。谁做了谁才能考上好初中。"

我问妈妈："考上好初中，然后呢？"

我的妈妈就像全世界所有的妈妈一样回答我："考上好初中，才能考上好高中；考上好高中，才能考上好大学；考上好大学，才能找到好工作。"

"什么是好工作？"我问她，"我不想工作。我想长大后直接退休，像爷爷奶奶和张大爷一样，每天去老年活动中心打麻将。"

妈妈看起来对我的胸无大志感到非常失望。她曾多次提到，希望我未来找到好工作，赚一大笔钱，然后买一栋大别墅。而她说这句话时，她从没有住过别墅。

"还买别墅？！你咋不让我给你造个航母呢！"我顶嘴。

"我怕造航母太难了你干不了！"她冷笑，"买别墅还容易点儿！"

我质疑她："这么想要大别墅，为什么自己不努力买？"

她义愤填膺地回答："如果我自己买得起，还用得着逼你做数学题吗！"

"啊！！！"我对着她尖叫。

"啊！！！"她也对着我尖叫。

我理解不了她的愤怒从何而来。但看着她骂我时气喘吁吁的模样，我也恼了。我哭道："你没钱干吗生我？你生我就是为了逼我赚钱吗？我活着就是受罪！"

"那现在我不能把你重新塞回我肚子里吧？！"她对我的顶撞感到十分不满，"我就知道你是个没出息的孩子！你百日抓周时，只抓了一支口红！"

"不对吧！"我反驳她，"奶奶说我还抓了一支钢笔呢！这说明我将来能当大作家！"

"那是奶奶骗你的！你就抓了支口红！"

"你要不想让我抓口红，就别把口红放进来啊！"

一般吵架到这个阶段，妈妈会气愤地将习题册甩到我的书桌上，然后甩上门离开。我会独自坐在书房里瞪着习题册哭一会儿，然后拿起笔开始做题。不做题也没有办法，因为第二天还要交作业。而且，就在我哭的时候，别的孩子说不定已经做完了。

这样的争吵在小学时期基本每周都会有一两次，我每次都在哭。哭完眼睛更加不舒服，这对治疗我的近视毫无益处。但时间长了，我也就习惯了。我对每年重新配一副眼镜的事情，不再感到不适。这仿佛是我未来要买大别墅的代价。

给读者朋友们剧透一下：我到现在也没能给我妈妈买大别墅。

我们母女的关系在小学阶段非常紧张。但我最终还能坐下来完成作业，也是因为她还算以身作则。她虽然没能通过个人奋斗买大别墅，但好歹也在向更好的未来努力着。她没有放弃，也没有"躺平"。每当我看到她戴着安全帽从工地回来，腋下夹着几卷图纸，绘图到深夜时，我也就平衡了。

至少在这个家里，不是只有我一个人在努力。

人生中第一本性教育启蒙读物，是当着妈妈面读的

到了暑假，冲刺班会集中上 15 天的课。上完这 15 天的课后，我才算小小地解放了。不过，我并不能像班里的其他小朋友一样被妈妈

带着出去玩。我的妈妈太忙了，她那时正在考工程师的资格证。我记得她面临的考试特别困难，一共 4 个科目，必须在两年内全部考过。但凡有一个科目没通过，那 4 个科目就都要重新考一遍。很多工程师都两年又两年地循环考证，直到 4 个科目同时通过。

但妈妈的单位没有这么多时间给她。要想保住这份收入体面的工作，她必须利用所有业余时间来学习。暑假里，妈妈下班后的每一个夜晚和她本该用于休息的周六日，我都是陪着她去图书馆自习的。

是的，你没看错。在我家，不是妈妈给孩子陪读，是孩子给妈妈陪读。

这两年网上出现了很多讲述"虎妈"的段子。我看了几条，实在是嗤之以鼻，不足为奇。

我妈能成为一个"虎妈"，绝对是因为她受到了"考试的恩惠"。她就是通过高考改变命运，从小地方来到北京的。我妈第一次吃到巧克力等零食还是在她来到北京，遇到我爸之后。

我妈，一个山西晋中小城的女孩，可谓是她那个年代的"小镇做题家"。在她高考结束后，她自信满满地回家让我姥姥给她缝被子，说："赶紧缝被子吧。我马上就要出去念大学了！"

我姥姥一把捂住她的小嘴："不许让别人听见。万一没考上，丢死人了。"我妈不屑一顾。果不其然，她真的考上了大学，而且是哈尔滨工业大学。这要放在别的考生身上，得开心得要死。可我妈却哼哼唧唧地凡尔赛："喊，还是没考上北大清华。"

坚信高考改变命运的我妈，自然不会轻易放过我。但她比其他母亲强的一点是，她真的能以身作则。"鸡娃"之前，先"鸡"自己。我学过的东西，她都学了一遍。她可以不辞辛苦地陪我一遍一遍学鸡兔同笼和火车追及问题。为了能让我记住公式，她又学鸡叫，又学兔子跑；还拿着筷子当火车一遍一遍给我演练啥叫相遇啥叫追及，为啥火车车身的长度也很重要……

不仅如此，她陪着我去图书馆自习时，还能在辅导我之余，自己顺手考下了多个工程师资格证。

我妈的努力算是有目共睹。面对她的勤奋，我实在不好意思叛逆和反抗。她让我学，我只能乖乖地学。毕竟她都能做到，我凭啥不行？

我们最常去的就是朝阳文化宫旁边的朝阳区图书馆。那里有空调和免费的热水。我们母女俩带两个保温杯，就可以坐一天，晚上还能到楼下的麦当劳吃薯条和炸鸡。

在图书馆学习的效率非常高，我几乎只用一个星期就能写完所有的暑假作业。剩余的时间我就百无聊赖地趴在自习室的桌上，甚至动了帮我妈妈画建筑图纸的念头。

图纸，我是肯定看不懂的。图书馆里的儿童图书太过老旧，也满足不了我的阅读需求。成年人的图书区域我又不被允许进入。看我这么痛苦，我妈妈干脆掏出20元钱，让我自己下楼转转。

那个时候，每到周末，朝阳区图书馆楼下就会摆满小摊。摊主们都是些卖二手书的，偶尔也有人卖邮票、文玩核桃和旧皮具。我在这个跳蚤市场里买过一顶黏着汗渍和污垢的皮制牛仔帽，这被我爸爸认定为一项"极有价值的收藏"。这顶牛仔帽我戴了一整个暑假，我想象自己是《玩具总动员》里的牛仔胡迪，而我妈妈则是我的好朋友巴斯光年。我还买到过一根公孔雀屁股上的羽毛。卖我这根羽毛的满族老大爷，骗我说这是他正黄旗祖上传下来的顶戴花翎，和珅当年都摸过，现今特价10元钱卖给我。我拿回家后，妈妈才发现，那是用塑料批量生产的廉价装饰品。

我在跳蚤市场上买过的最多的东西，就是书了，除了正经读物，还有《鬼故事》《金瓶梅故事》《厚黑学》这类现在看来并不适宜儿童阅读的读物。有一次，我问书摊的大娘："你有没有笑话书啊？逗乐、有趣的那种！"

大娘看起来不像个读书人。她在遮阳伞下咬着冰棍，心不在焉地丢给我一本没有书号和价格的印刷品，然后收走了我 10 元钱。

这位大娘那天卖给我的书叫《开心荤笑话》。

这本黄段子集锦是我人生中第一本性启蒙读物。我捧着它回到自习室，但坐到椅子上时一个没留神，发出了巨大的声响。我旁边的一个大学生狠狠瞪了我一眼，"嘘"了我一声。但当他看到我手中书的书名时，他完全愣住了。

"哎！"他轻声叫我妈妈。我妈妈疲惫地从她的图纸中抬起头来。男大学生用眼神示意了一下我手里的书，我妈妈看过来，脸立刻红了。男大学生的脸也红了。

我，一个小学女生，公然在满是成年人的自习室里，阅读一本黄色读物。这让他们替我脸红，即使我不觉得这有什么好害羞的。

"这书……你看得懂吗？"我妈妈问我。

"看得懂啊。"我回答。

家长们总以为孩子只会依靠他们获取性知识，但他们并不知道，如果家长、学校不及时地给孩子们补上这一课，孩子们在电视机里、在新闻报纸上、在商场里、在电影院中、在网络上……是有很多方法可以"自学"的。我们早就知道那些"小鸟与蜜蜂"的成人秘密了。让我们相信我们是家长充话费送的，或是从垃圾桶里捡的，那实在是太瞧不起青少年了。当然，从这些渠道获得的性知识往往并不科学或真实。

那时我看到的校园内的性教育有些保守和陈旧，老师们喜欢让男生和女生分开上课，课程内容往往由耸人听闻的传闻、流言开头，涉及人体结构与原理的科学内容被一带而过，或者以某个缩略词代替。

我很幸运，因为我的妈妈不喜欢遮遮掩掩，她总能跟我敞开聊两性话题。就算在她面前阅读《开心荤笑话》，我也感到特别安全。

"但是这本书里，有一篇笑话，我看不懂。"

我折了页角把书递了过去。那篇故事对女性的侮辱意味极强。我知道故事里的男女主人公在干什么，但我不知道这有什么好笑的。

我妈将这篇故事仔细地研读了一番，对我说："因为这个故事是给男人写的。我们笑不出来很正常。"

然后，我妈妈把这本《开心荤笑话》还给了我，叮嘱道："你可以看。我不反对。但晚上回去了，我要和爸爸商量一下。"

那晚商量的结果就是我可以继续阅读这本黄段子集锦。我父母认为："只要孩子有阅读兴趣，读什么都可以，不设限制。"

当然，正经儿童读物，如《窗边的小豆豆》《海底两万里》《小王子》《汤姆·索亚历险记》，我父母也会给我买。作为一个儿童的我，并不会把书分出个高低贵贱。马克·吐温和地摊书上那个叫"大唐笑笑生"的，在我看来，是同级别的作者。

有时候我爸爸会假借给我买书的名义，给他自己买书。他硬把一些我看不懂的书塞给我，口口声声说："既然你能看懂《开心荤笑话》和《笑林广记》，那就是时候读一读李银河了。"再比如，他给我买的乔治·奥威尔的《动物庄园》，我在上小学时完全是当成"动物园"看的。

儿童对好坏的分辨能力非常有限。但看得懂、看不懂的都不重要，最起码看这些比看数学习题集有意思。

愉快的阅读之夏即将结束。在暑假的最后一天，发生了一件让我至今难以忘却的事。

那晚，我和妈妈自习结束后到图书馆楼下的麦当劳吃夜宵，正好碰见一个男人站在麦当劳门口，拉扯一位负责炸薯条的小阿姨。

这位炸薯条的小阿姨，在这个暑假已经和我们这对常客母女混熟了。小阿姨比我妈妈小了将近 10 岁，但她的儿子却和我一般大。托妈妈在麦当劳炸薯条的福，这位小男生已经集齐了当季所有儿童套餐的小玩具。而且，每次她妈妈穿着闷热的麦当劳叔叔卡通人偶服在餐厅门口跳舞做活动时，他都能及时参加，并获得免费甜筒一支。

当小阿姨得知我打算报考的是重点初中后，她对我妈妈露出了羡慕的目光。她说她当初就没能上一个好初中，所以早早工作、草草嫁人了。我从她的字句间朦胧地察觉到，她似乎刚刚离婚，独自抚养儿子。暑假儿子不能去学校时，就要跟着她来麦当劳。

这情况和我还挺像的。我也得陪着我妈在图书馆坐一天。相似的暑假生活，促进了我和她儿子的友谊。我们本想着开学后一起去陈经纶中学上冲刺班，我还答应带她儿子去蓝岛大厦的英语角和外国人练口语。炸薯条的小阿姨也期待着自己的儿子能在小升初的关键时刻赢一次，至少不要重复她的命运。

但是，冲刺班的报名费和英语角的门票对于小阿姨来说，有些过于昂贵了。她试图向前夫要些抚养费，却没想到被醉酒的前夫找上了门。

那晚，我们看到那个男人在麦当劳门口拉扯着小阿姨。小阿姨的儿子站在一旁号啕大哭。他手里握着的甜筒早已融化，顺着手指滴到了地板上。麦当劳里的食客们透过落地窗好奇地看着，穿制服的女经理想上前搭把手，可又被小阿姨的前夫吓得往后退了两步。

女经理知道我们是小阿姨的熟人，看见我们后，她赶紧跑过来，让我妈妈帮她一起劝架。我妈妈和女经理脱了高跟鞋，光着脚跑过去，奋力而又狼狈地拉开了那个醉醺醺的男人。

那个男人还在对着跌坐在地的小阿姨骂骂咧咧。四周很快聚集起一群看热闹的大爷大妈。小阿姨羞愤极了，她顾不上和我妈妈说话，也顾不上向她的经理请假，拉上儿子，匆匆逃离了现场。

在那之后的几天里，我们都没能在麦当劳见到她。等我们再去时，女经理告诉我们，小阿姨觉得在这里上班丢脸，辞职带儿子回老家了。

小阿姨走了。我感觉，那天我们吃的薯条都蔫搭搭的。晚上，妈妈拉着我走路回家，她沉默了许久，然后突然对我说："听好了，就算你将来买不起大别墅，也绝对不能依附男人生活！女人只有经济独立，才能有尊严地活着。记住了吗！"

她说这句话时，焦灼而迫切。我能听出她语气里的绝望和严肃。我懵懂地点点头，承诺她，我将来一定不会向男人伸手要钱的。

列 Excel 表，准备简历……没错，我在小升初

暑假结束后，我就上 6 年级了。在小学的最后一年，我就像受了什么刺激似的疯狂学习。地摊盗版读物培养了我的阅读兴趣，让我在冲刺班里面对卷子时坐得住，在课桌前面对教科书时学得进去了。不懈的努力让我终于考进了冲刺班的前 3 名。这本来意味着我板上钉钉地可以进入好学校了。可是，直到 6 月毕业季，我仍旧没有收到任何一所中学的录取通知。

很快，家长们发现，小升初的规则变了。学校不再被鼓励开设课外培训班，冲刺班也不再是提招入学的途径。想要被提前录取，

特别是被好学校的实验班提前录取，必须通过层层复杂的面试和投简历环节。

如果只说学习成绩，我还算拿得出手；特长也学了几样，古筝考级、创新发明大赛、国画和华罗庚数学竞赛也都有所涉猎。可这些都只能算"加分项"，不能算"决定项"。决定项涵盖：大队长、中队长、校三好、区三好和市三好、比赛的前3名、考级的高级别、国画展的参展经历。这些我都没有。

一个在记者面前胡说八道的孩子，一个因多动症去挑了3年小棍儿的姑娘，一个招老师讨厌的学生，怎么会拥有这些荣誉呢？

渐渐地，我发现身边很多同学早早地就被招入了新学校。这些被提前录取的学生们喜气洋洋地耳语，讨论着未来宽敞明亮的校园，期待着升入初中后彼此还能做同学。我回到家把学校里的情况告诉了我妈妈。

"早干吗去了？都什么时候了，你女儿还没学校上！"别的家长鄙视地对我妈妈说，"小升初哪能光看成绩啊？一味让孩子去努力，咱家长也得做调研啊！"

在北京，优秀的学生实在是太多了。只是成绩好的孩子，会被淹没在人堆里。激烈的升学竞争，让考核学生的标准已经不再只是成绩，而是能够在升学过程中作为考核标准的一切变量。但这些变量绝非一个十一二岁的孩子可以控制的。父母需要去研究日新月异的考核标准，并针对这些标准为孩子提前做好一系列的准备——孩子不仅要有漂亮的成绩单，更要有光鲜的简历。

如此看来，在北京，升学不是孩子一个人的事，而是全家的任务。

妈妈知道她也得像我上冲刺班一样努力了。她做了一个 Excel 表，上面密密麻麻地写着各类学校及其招考信息。她每天都在给朝阳区那几所不错的初中打电话。她问招生办的老师有没有可能让我参加面试或者笔试，我的简历到底有没有通过初筛。

但所有人都遗憾地告诉妈妈："你女儿不是三好生，没做过班干部，考级级别不高，比赛名次一般。除了成绩好一点，其他的恐怕不符合我们的招生标准……"

我妈妈万万没想到我的小升初居然是这样的结局。难道我们一开始努力的方向就错了吗？还是说，我努力得还不够吗？

最后，我报考的每一所朝阳区的重点初中，都没有让我去面试。

妈妈划掉我们的 Excel 表中最后一所朝阳区的学校后，对我说："如果这些学校没录取你，就是因为它们配不上你。你在妈妈心中，永远是最努力、最优秀的孩子。"

我并不能被她的话打动。因为，我们班里成绩倒数几名的同学，在电脑划片的安排下，进入了我想去却不能去的学校。

6 月的最后一天，我的转机来了。

妈妈带我去了一所民办中学参加跨区提招考试。这是一家位于天安门广场附近的外国语学校，倾向于招英文好或是会第二外语的小孩。这所学校在崇文区（现为东城区），从我家坐公交车过去至少需要一个半小时。没有家长愿意自己的孩子每天花 3 个小时通勤的，但这所学校是允许我跨区考的最近的也是师资最好的学校了。

而且，最重要的是，这所外国语学校居然让我参加笔试。我轻轻松松地花了不到一半的考试时间就做完了卷子。我享受着其他还没做完的同学羡慕的目光，提前交了卷。然后，这所学校当场就判完了我的卷子，招生老师热情地拉着我的手，问："你愿意来我们学校念书吗？"

我当然愿意。这是第一所给了我参与学业成绩竞争机会的学校。

在我心中，它就是全世界最好的初中。

那天傍晚，妈妈拉着我的手走出了外国语学校的校门。我们去了我未来 3 年即将坐车回家的公交车站。妈妈指着站牌上密密麻麻的站名，教我要坐几路车，要在哪里换乘，几点是末班车……不远处的崇文门老城楼在落日的余晖里看起来沉默而寂静。它似乎早就看惯了几百年间在它足下来来往往的倥偬了。

我们沿着绿意盎然的东交民巷散步，一直走到长安街的华灯都亮了起来。

很多年后，我在三浦紫苑的小说中看到这样一句话：以为只靠努力就无所不能，这也是一种傲慢。

| **我就是你们口中的**
"小镇做题家"！

逼孩子上那么多兴趣班，值得吗？

从女儿 3 岁开始，我就被裹挟着进入了"鸡娃"状态。周边的"鸡爸鸡妈"常会给我耳边"灌风"，该给孩子报艺术班了，画画、跳舞、唱歌、乐器样样都得报上，半年就能看出孩子的天赋与爱好，然后再做删减。

那时的家长都有这样的理念：艺术类的培训要赶早，还要全面开花。他们认为，如果能够在这个阶段，从众多的艺术类兴趣班中发现孩子某方面的天赋和热情，就下功夫努力培养孩子；如果没能发现孩子在哪个方面的天赋和热情，就要做一些取舍，保留孩子不讨厌的一个兴趣班就行了，让孩子把更多的精力放在文化课学习上。

我跟这些家长有很大的不同，因为我就是你们口中的"小镇做题家"。"小镇做题家"是近些年来互联网上热传的名词，指的是像我一样出身于小镇，靠刻苦学习、善于做题考上大学，并因此改变命运的人。在大众的印象中，我们这类"小镇做题家"对于音乐、美术、舞蹈等艺术的学习严重缺乏。我从小就被家长和老师告知：搞文艺对于你考大学是没用的。因此，我也从来不重视这些方面的学习。基于这样的认识，"小镇做题家"决定把女儿所有的兴趣班都取消，让她全力以赴地学习文化课。

我正准备实施这个计划时，一件事让我开始重新审视这个决定的正确性。

有一天早晨上班，我碰到一个关系不错的邻居姐姐，她两眼红红地出了单元门，看起来非常沮丧。于是我就关心地问她："这是怎么了？"

"今天我闺女学校有演出，她钢琴没有其他同学弹得好，昨天落选了！没有上成舞台。她昨天晚上跟我发脾气，指责我为什么不坚持让她学完钢琴。为什么？能为什么？还不是因为她吗？"

说着说着，比我大几岁的姐姐就开始哭。看来昨天晚上娘儿俩吵得很猛烈，否则，姐姐不会这么伤心。

我不知道如何劝说，想到女儿即将被我停掉所有的兴趣班，我有些发愣，感慨地说："我正想着把我女儿的古筝课给停了呢！"

邻居姐姐抬起头来，擦擦眼泪继续说："她3岁的时候，我给她买了一架钢琴，盼望着她能学会弹钢琴。可她死活不喜欢，我每次把她抱到钢琴凳上她就开始哭。整个家庭氛围特别差，我们夫妻的日子都不好过。后来我就给她停课了。现在学校要演出，她也想表现一下自己。结果呢？她弹得不好，比不上其他同学，回过头来又指责我没有好好培养她。你看看她现在句句都是埋怨和指责，每句话都像刀一样扎我的心。"

我喃喃自语道："看来这古筝课还真不能停，否则我女儿长大了也会埋怨我！"

这时，邻居姐姐才从她的世界里走出来，说："对，不能停！坚持学完吧！无论有多困难！"

这件事情对我触动很大，我开始回顾这些年陪孩子上的那些兴趣班。

20世纪90年代末，兴趣班大多数在少年宫，私立的培训机构并不是很多。家长们更认可少年宫，因为这里价格低，师资力量强。我曾经带着女儿跑过3个少年宫：北京市少年宫、朝阳区少年宫、东城区少年宫。

女儿参加的第一个兴趣班是北京市少年宫的绘画班。报这个绘画班的起因是女儿特别喜欢看画。那时，家里有些画册，她经常来回翻。有一次，她指着一幅毕加索的画问爸爸说："为什么画上的这个女人，鼻子不在眼睛的下面？"

爸爸回答："这叫立体主义。就是这么画的。"

女儿小嘴一噘："这什么破画，我也能画！"

爸爸哈哈大笑："你以为你是毕加索？"

"我比毕加索还厉害！"

说完，女儿就跑过来央求我："妈妈，我想学画画！"

看着别的同龄孩子都在上兴趣班，我就答应了她，给她报了北京市少年宫的绘画班。

那时，北京市少年宫位于景山公园北侧的寿皇殿里，学习环境非常优美。走进少年宫，能听到流水般美妙的钢琴声、昂扬起伏的朗诵童音以及清脆稚嫩的合唱声。这些动听的声音飘荡在红墙金瓦的宫殿之上，飘荡在院子里的苍翠古柏间，令人心旷神怡。因为女儿的央求，我这个"小镇做题家"第一次开了眼界，看到了大城市的儿童在幼年时代享受的艺术教育。

这种精彩的艺术教育对童年的我来说，像天上的星星一样遥不可及，即使在暗夜里能看得见，也够不着，更无暇顾及。仔细想想，在我的童年生活里，我唯一接受过的"艺术熏陶"，也不过就是村口放映的露天电影。

　　小时候，我家在小县城边上。县城里电影院很少，大型演出更少。我看过的电影几乎都是露天电影。露天电影大多在夏天的夜晚放映，那是我精神上的饕餮大餐。我和小伙伴们天天盼望着夏天的晚上不要下雨，到处打探各村放映电影的消息。一得到消息，大家便奔走相告，甚至连晚饭都顾不上吃，相约着搬着小凳子去附近村里打麦场上等着，有时候会从下午四五点一直等到天黑。我们崇拜地看着放映员把白色的幕布挂起来，把放映机架起来。我们围着他，问东问西，充满好奇。

　　偶尔，一些女乡邻看到我会说："你们看，这小姑娘长得可真俊，像不像哪个电影里的演员？"

　　"长得是挺漂亮的，说不定将来能当演员。不过我听说，有拍电影的人会到处选演员，她要是能遇上就好了。"

　　当她们夸我长得漂亮，像某个电影里的演员时，我也会做做梦，渴盼着哪个拍电影的人能够从天而降，把我选去做演员。但那个人始终没在我的生活中出现过。

　　至于我在学校里的艺术生活，那就更加贫瘠。我们学校校舍不大，学生却很多，教育器材严重缺乏。我们上音乐课前，课代表要叫上几个同学去音乐老师办公室抬全校唯一的一架脚踩风琴，小心翼翼地，唯恐它散了架。这架脚踩风琴年代久远，经常会哑音。哑音的时候，我们就改清唱。老师唱一句，我们学一句。我们也上美术课，老师的教学方法非常敷衍：老师在黑板上挂上一幅画，什么也不讲，就让我们临摹。

那时我们的家长和老师都管音乐课、美术课、体育课叫副课。"副"的永远没有"正"的重要。如果花太多时间和精力在这些科目上，他们会认为是不务正业。

这就是我一个"小镇做题家"童年时期所接受的所有艺术"培训"和教育。再看看北京这个大城市，孩子们居然要把"副业"当"正业"搞。这是我无论如何也不能理解的。有时我甚至会想，你看，我不懂什么艺术教育，不也是来到了大城市吗。

但，对于我的孩子，我还是知趣地入乡随俗。既然她都有超过毕加索的野心，让她学习一下绘画，也没有什么坏处。

北京市少年宫的绘画班一周上两次，下午5点半开始，7点结束，每次上一个半小时。上课的日子，时间非常紧张。我下午4点半下班，急匆匆地到幼儿园接上女儿，把她放在我自行车后座的儿童椅上，骑着自行车赶往北京市少年宫。那个时候，我们一家住在朝阳区，去北京市少年宫需要横穿半个北京城，骑行50多分钟。

下午四点半，女儿已经在幼儿园吃过了晚饭。她坐在儿童椅上，高兴地东张西望，还会哼唱儿歌，一副幸福的样子。有时她还会跟我大声聊天，告诉我幼儿园发生的种种故事。街上车水马龙，人来人往，我和女儿置身其中，竟浑然不觉。那个世界是我跟她的，谁都打扰不到我们。那种感觉，就是母女两个相依相伴的幸福，美好而无可替代。

教绘画的老师是一个从事艺术教育多年的老太太。她身材苗条，总穿着碎花长裙。因为上课的孩子们小，她允许家长陪同。这样，我也有了再次学绘画的机会。

这位老师教孩子们绘画不是上来就用笔。她会让孩子们坐在寿皇殿的院子里，观察凉风习习的夏季黄昏的树叶，观察清冷冬季月夜的树干，观察四季傍晚时分不同光线下寿皇殿的色彩变化……观察完了，她才会让孩子们把自己观察到的景象画下来，画成什么样都成。

于是，同样的树叶和树干，孩子们却画出了各式各样的画。老师也不着急，她会一幅一幅地给孩子们讲评。我女儿画出的既不是树叶也不是树干，可老师非但没有批评，还表扬了她的想象力。女儿在课堂上得到了鼓励和表扬，美滋滋地下课了，就像开心地做了一场游戏。

看着女儿一天一天地学习，却没有画出什么像样的东西来，我很着急，便去找老师。没想到老师竟然批评我，说："这么急功近利干什么？你的孩子观察了事物，锻炼了细致观察事物的能力，难道不好吗？是，她画的既不是树叶也不是树干，看起来什么都不是，但她画出了自己的心情和感情，你看她的画充满了奇思妙想，多可贵啊！"

回家的路上，女儿在我自行车后面的儿童椅上睡得东倒西歪。我一手扶着自行车车把，一手绕到后面护住她的小身子，充满了心疼。没有上课路上女儿欢快的叽叽喳喳，只有夜晚闪烁的街灯，我就觉得自己好辛苦，女儿好不容易。

我们从夏天学到了冬天，又从冬天学到了春天，风雨无阻，从不请假。可我女儿还是不能画出一个成比例的物体，甚至连片叶子也画得不像。她笔下的树叶永远都不长在树枝上，就像毕加索画上的人，鼻子常常都不在眼睛下面待着。

我感到失望，感觉自己的女儿完全没有绘画天赋。再加上，她的幼儿园好友怡然去世后，她就退了园，回到了奶奶家。因为路途遥远，我们也再没有条件去寿皇殿画画了。

多年后，当我读《梵高传》时，看着那一朵朵夸张的向日葵，就会想起那位老师。她非常了不起，她对于绘画的理解，对于培养孩子们艺术创造力的教育专长，都是我这个"小镇做题家"闻所未闻的。

我有限的阅历和眼界让我女儿的绘画之路断了。

女儿在上小学前一年回到我身边时，再次强烈提出要学绘画。我心里觉得好笑：连一片树叶都画不像，还天天张罗着要学绘画。为了不打击她，我就在家附近的朝阳区少年宫随便给她报了一个班，让她画些国画山水、工笔花鸟，任她消磨时间。女儿在这个绘画班学了几年，也在4年级前，被我强制停课了。

女儿参加的第二个兴趣班是芭蕾，在东城区少年宫。其实她并不喜欢舞蹈，是我强迫她学的。我的初衷是，女孩子应该学点舞蹈，应该有婀娜的身姿和凹凸有致的形体。更为重要的是，我听说舞蹈考级能够在未来的升学中加分。于是，我在她无力反抗的年龄给她买了舞蹈衣和舞蹈鞋，逼着她去上课了。好景不长，学了一个学期的芭蕾舞，她就死活不愿意去了。再加上又新加了古筝兴趣班以及她喜欢的科技兴趣班，她的时间就非常紧张了。

尽管这个芭蕾舞兴趣班没有达成升学加分的目的，但却收到了实际的"效益"。在学芭蕾舞期间及之后的一年里，她的身体出奇地好，小脸像苹果一样红红的，嘴唇充满血色。她吃得好，睡得香，不生病，我也不用总请假带她去看病。她的体力也好得不得了，特别喜欢走路。有一次，我的母亲从老家来北京小住，帮我到东城区少年宫接她下课。她跟我妈说："姥姥，我们走回家吧！"

我妈问："走着远不远？姥姥只知道坐公交车，不认识路！"

5岁的她死活不愿意坐公交车，便跟我妈说："姥姥，一点都不远！我认路！我带着您！"

我妈，一个小镇上来的老太太，从镇东走到镇西都用不了半个小时。她根据自己的经验判断我女儿说的可能是对的。于是，我妈就跟着她往家走。从东四十条到朝阳区金台路，那是一条很长的路。她们走了一个小时，还没有到家。

半路上，我妈问："还远吗？咱们坐车吧？会不会走错了？"

女儿跟我妈说："姥姥，您要相信我，我一定能带您回家！再说了，马上就到了。"

于是我妈就跟着我5岁的女儿走啊走啊，用了近两个小时才到了家。到家后，我妈气喘吁吁地惊叹道："北京真大！"

北京确实很大。每次我带女儿到南城的古筝老师家上课，往返要在路上花两个多小时。我们先坐车到前门，再从前门转车去老师家。等到下课回家从前门下车时，女儿就死活不愿意再坐开往金台路的9路公共汽车，非要走着回家。好几次，我们娘儿俩竟然真的沿着长安街走了半宿回了家。那时她的体力真是太好了。

可惜，停了舞蹈课后，她就开始发胖，还经常生病。上了小学，感冒就成了家常便饭。反复感冒又引发了腺样体增生，导致鼻阻塞加重。她吸鼻子的声音总是在安静的教室里显得怪异，她也因此经常被老师批评，被同学嘲笑。

2003年寒假快来临的时候，有一天，女儿跟我说："妈妈，我不想去上学了。"

我问："为什么？"

女儿说："同学们都嘲笑我的鼻子像抽风机，每天哧啦哧啦响。他们还嫌我脏，说我有一抽屉鼻涕纸。"

听完女儿的话，我眼泪一下子涌了出来。我能体会到，被同学嘲笑和冷落，是多么伤自尊心的事情。我决定无论多忙也要带女儿去看看病。于是，我打电话给女儿请了假，给自己请了假，就领着女儿直接去了同仁医院耳鼻喉科。去医院的路上，女儿开心极了。她牵着我的手，一路幸福地叽叽喳喳着。

大夫检查完女儿的口鼻喉后，跟我说："需要住院把腺样体割掉。反复感冒引发腺样体增生，鼻阻塞加重，形成鼻炎。鼻炎分泌物又刺激腺样体继续增生，形成恶性循环。割掉腺样体就都好了，别太担心，这就是个小手术。"

于是我就跟大夫把住院的日子安排在了寒假。手术是在住院的第二天做的，时间很短。爸爸白天陪，妈妈晚上陪。3 天后女儿就顺利出院了。

现在回想起来，如果不停掉她的舞蹈课，她的腺样体估计还留在她的身体里，她也不会因鼻阻塞被同学们嘲笑。其实想想，一个星期挤出几个小时去上舞蹈课还是能做到的，可我还是没能坚持。

我们母女坚持时间最长的是古筝课。那也是我和她投入时间、精力和金钱最多的一门课。

在《笑傲江湖》和《倩女幽魂》盛行的 20 世纪 90 年代，古筝曲对那一代的孩子影响很大。我女儿毫无例外地、欢喜地选择了学习弹古筝。

选择哪个少年宫，跟随哪个老师学习，我的决定都是根据其他家长的推荐做的，古筝课也一样。在一位古筝弹得非常好的孩子的家长的推荐下，我们选择了东城区少年宫的一位古筝老师。

少年宫的课都是十几个孩子一起上。因为担负着一些演出任务，古筝课上除了要教会孩子们弹奏以外，古筝老师还要挑选一些弹奏得好的孩子排练一些表演节目。有时候女儿会跟我说："老师说我弹得不错，但为什么总不选我排练节目呢？"

我会说："可能你弹奏的水平还没达到表演级别吧？"

当我把这事儿跟朋友聊起的时候，她直接就批评我："赶紧去跟老师走动走动吧！不是孩子弹得不好，是你作为家长跟老师联系不紧密！"

然后，她讲了她女儿的故事。她的女儿一直学舞蹈，每次老师都表扬孩子跳得好，但每次表演都把她女儿安排在最后面。舞台上人头攒动，下面的人压根就看不到她女儿的脸。后来她发现，队伍前面那几个孩子的家长跟老师走动得很频繁，于是她明白了。通过亲戚的引荐，她开始跟老师频繁接触，还经常约老师逛街、吃饭。

她说："那之后，老师就特别照顾我女儿，不仅把我女儿调到了表演队伍前面，还经常让我女儿领舞。遇到出国演出和大型表演机会，她都会提前告诉我们。"

听到这些的时候，我会怀念我那些小镇上的老师。那时候没有课外兴趣班。我们所有的老师除了在学校教课，不在外面兼职，不在家里一对一辅导。我的老师们每天早晨会早早地到学校，很晚才回家。他们像农民一样勤劳，看护着每一个"秧苗"不要长歪。那个年代的家长，除了家长会，基本不去学校。甚至有的家长连学校的大门朝哪里开都不知道，自己的孩子就毕业了。我这个"小镇做题家"的老师们真的就是蜡烛，燃烧了自己一辈子，照亮了我们。

通过不懈努力，我请古筝老师帮女儿争取了一个在剧院演出的机会。结果，到了现场才发现，班里三十几位小朋友的父母也都申请到了这个机会。最终，三十几位小朋友一起登台演出，合奏了一曲《高山流水》，每个人都得到了登台照片和演出证书。

在东城区少年宫重复性地弹奏了一年多的《渔舟唱晚》后，女儿不再进步了。我跟另外一个孩子的家长决定，离开少年宫，去上一对二的古筝课。做这个决定的起因是少年宫古筝课上的孩子太多，老师顾不过来。家长需要自己学会了指法，再回去教孩子。

"这么学下去，孩子的错误指法会影响孩子未来的弹奏。咱们找个音乐学院的好老师，一对二教课，学得好、学得快，也不见得贵到哪里去。"

我觉得她的提议特别好。关键在于，我是"小镇做题家"，对音乐一窍不通，那些指法我自己也学得一知半解，怕因此把孩子给耽误了。

没想到，那位家长居然找了一位古筝名家来教我们的孩子。每周一次课，课上老师检查过去一周孩子练习的情况，这叫回课。课回得好，老师就多教点新曲子；课回得不好，教学进度就慢。老师的策略是，两个孩子比着才能进步。每次上课，她会表扬回课好的孩子，批评回课不好的孩子。两个孩子互相比赛，争先恐后地，就竞争起来了，家长也跟着开始竞争。

每次回课，我女儿得到表扬，我就心情很好。回家的路上，我会请她吃比萨，鼓励她好好练习，下周还要得到老师的表扬；如果女儿没有得到表扬，我就心情沮丧。一路上，女儿总是观察我的脸色，小心翼翼地，怕我不开心。这个时候，我会跟孩子说："与其这时怕妈妈不高兴，不如平时多努力。上周妈妈监督不够，我们练习的时间太短，这周要每天多练习半小时。"

女儿怕我生气，就乖乖地点点头。

那个孩子的妈妈也跟我一样。原本两个孩子得空能在古筝老师家豪华的小区里玩会儿捉迷藏，后来也因为我们两个家长的心情被取消了。每次课后一个孩子开心，另一个孩子不开心，慢慢地，两人也玩儿不到一起了。两个孩子和两个家长因为竞争，关系也越来越差了。

女儿就这样竞争着，越学越快，并在这位名家老师的指点下，开始了中央音乐学院校外音乐水平考证之路。每次上课，我要努力把老师教给孩子的指法标注在课本上，要把老师弹奏的曲子用磁带录下来，还要把老师的指法刻在脑袋里。只有我学好了，回去才能辅导得好。

除了上课那天晚上可以给孩子放假外，其他晚上我都雷打不动地监督孩子完成一个半小时的古筝练习。每天晚上，我拿着小尺子，坐在旁边看她弹奏，指法错了就敲一下她的手。

孩子不想弹时，我就给还在怀孕的女同学打电话说："我女儿弹《雪山春晓》特别好听，让她给你演奏一下哈！"我把电话放在女儿旁边，跟她说："阿姨在电话那头欣赏你的作品呢！"

于是她便进入动情演奏状态。看她弹奏起来，自己便悄悄跑到另外一个屋子拿起电话跟同学说："不好意思，你怀孕了还要打扰你。挂了吧！谢谢你配合我教育孩子！"

为了"鸡"她，我"哄骗"着一直逼着她学到了中央音乐学院9级的曲目。

要取得中央音乐学院校外音乐水平古筝的证书，还有一个附加条件，就是要先获得全国音乐素养等级考试证书，家长们管这个叫视唱练耳考级。也就是说，要考古筝9级证书，对应要先考音乐基础知识3级证书。为了考到这个证书，孩子不仅要会弹古筝，还得了解考试时使用的钢琴、小提琴等西洋乐器的基本弹奏方法。

这个视唱练耳的考级难度在我这个不通音乐的"小镇做题家"看来，就是"太行"和"王屋"两座大山，重重压在我幼小的女儿身上。什么谱表、音域、调性、节奏、音程、和弦、音阶等，在我看来就是天书。每次考试前，我都替女儿捏把汗，但还要装作一副什么都懂的样子，给她施压，告诉她："争取一次考过，不要来第二次了！"女儿看看我，咽口气，腋下夹本书就进了考场。那情形，我都能感觉到巨大的压力压在她身上，十分心累。

不过，她居然真的都没有再去考第二次，每一次都是当场通过，拿到了1~3级的合格证书。考完之后，我会惊异地问她："那和弦，你怎么听出来的？"

她耸耸肩，得意地说："能听出来的就听，听不出来的就看老师弹钢琴的指法。钢琴比古筝的指法简单多了，我把那几个和弦怎么弹全背下来，不就行了么？"

古筝名家真的是教学有方。学到古筝 7 级曲目的时候，我女儿已经能够自己识谱弹奏了，这个变化就非常惊人。像《茉莉芬芳》《战台风》这类高级曲目，她只要听听录音、看看乐谱，就能自己弹出来了。连邻居都说："您女儿古筝弹得真好听！"

拿到古筝 7 级的合格证书后，古筝老师一对二、一对三的课程大幅度涨价了。原先把每个月 1/3 的工资都交给古筝老师已经让我这个"小镇做题家"不堪重负了，现在面对每小时 1500 元的培训费用，要拿出一半还多的工资投入女儿的古筝教育中，我觉得有些难以接受。

可古筝老师说了："您家孩子是有些天赋的，要不要走专业道路？如果走专业道路，就得付出专业的努力、花更多的钱，不能这样业余地随便弹弹了。"

从内心深处讲，走艺术专业道路从来不是我的选择。在我这个"小镇做题家"眼中：万般皆下品，唯有读书高。虽然"小镇做题家"还听说，高考时古筝弹得好可以加分，特别是清华、北大这些有名的高校会招一些有表演级别证书的孩子。但那样的竞争非常激烈，最后能够获得加分的也就一两个人而已。为了争夺那一两个名额，逼着女儿继续跟这张琴较劲，我认为成功的概率太低了。

于是，功利的"小镇做题家"权衡利弊，最后决定：不学古筝了。

不过，受前文提到的邻居家女儿钢琴事件的影响，我不敢立刻停了古筝课，而是让女儿学到了初中毕业。其实，考级的压力反而会让她反感古筝。对她来说，弹奏古筝就像骑自行车一样，学会骑就成了，天天逼她毫无意义地来回骑，她就烦了。但等她到了高中，学校搞活动，有表现欲望的女儿把古筝带到了学校去练习。一是为了在同学们面前露一手；二是她发现有同学在为高考加分努力练琴，她也想竞争一下。但不知道为什么，她最后竟然把自己昂贵的古筝送给了那位同学，退出了加分竞争。到现在为止，我都不见她碰一下古筝。我想这可能是"学琴内卷"给她带来的阴影吧。

于是从女儿4岁到14岁，用了10年时间，换了6位老师，4家辅导机构的古筝之旅到此结束。

总而言之，这个坚持了最久的古筝课，并没有给女儿带来一个终身的爱好，带给她的全都是最实际的"利益"：背谱演奏，锻炼了她的记忆力；反复练习，锻炼了她的专注力；长时间坐在古筝前，磨炼了她的心性，锻炼了她的吃苦能力。这些实际的利益最后都反馈在了她文化课的学习中，也算满足了我这个"小镇做题家""阴暗"的目的。

在女儿众多的兴趣班中，她唯一真心热爱的是科技兴趣班。为了参加这个兴趣班，她骗功利的"小镇做题家"说："这个对小升初有帮助，咱们得去学！"于是我就陪着她去朝阳区少年宫学电焊、学车铣刨磨、学做四驱赛车，还要带着她跟着老师到刚刚拆平的亦庄开发区上空发射火箭。这个兴趣班让她收获了快乐，我则收获了她的两个奖项：北京市航天模型竞赛铜牌、朝阳区青少年科技大赛二等奖。

然而，她上4年级时，我发现科技创新大赛暂时对她的升学无益。面对无数的小升初补习班，她这个兴趣爱好也被我扼杀了。

盘点这些兴趣班，"小镇做题家"从功利的角度考量发现：除了绘画让女儿在中考中加了5分外，其他都没有发挥直接效益。而且令

"小镇做题家"不能理解的是，自己"打鸡血"最狠的古筝课不仅没能坚持下去，还让女儿产生了厌倦。至于其他的兴趣班，也都潦草地在她的童年时期轻轻划过，没有留下太多的痕迹，只静静地在她小升初的简历上证明着她快乐无忧的童年被我强行占去了。

小升初时，女儿被区里的重点中学拒之门外

2004 年暑假过后，女儿该上 4 年级了。距离上初中还有 3 年，但小升初的各类信息开始在家长中传递，大家已经迫不及待地开始筹划孩子的初中目标学校了。作为家长，我也被裹挟得有点着急。

但怎么给孩子选择一个理想的初中呢？那时的"小镇做题家"，真的就是个毫无经验的无头苍蝇，不知道该往哪儿撞。

2007 年之前，北京市的小升初政策是可以敞开了择校，跨区择校也很普遍，一个好学生甚至可以选择几个名校作为意向学校。

我周边的家长都希望把自己的孩子送进公立名校。因此，摆在这些小升初家长面前的，就是怎么利用好 3 年时间将孩子送进公立名校。

择校的各种渠道信息在家长中广泛传递。有的说，某某某名校每年招数学成绩突出的；有的说，某某某校要全国公共英语 4 级以上的；还有的说，在科技兴趣班拿过区里和市里的竞赛奖的，排名靠前的，几个公立名校都要；还有的告诉我，某某某校要田径成绩好的；还有的家长说，说一千道一万，孩子必须是市级三好生才有希望；更有家长说，不参加这些公办名校的补习班，有什么都不行……

我女儿所在的小学是个区重点。正因为是区重点，学校各个方面都抓得比较好。在女儿 2 年级时，学校就在放学后给孩子们安排了数学培训班。这个培训班设在放学后，既可以解决家长接孩子的困难，

也可以为孩子的小升初提早做准备。

"小镇做题家"不知道家长们说的哪个信息更准确，只是觉得，学什么都有用，就给孩子全部报上吧！

于是，可怜的女儿除了数学以外，还要上校外的全国公共英语等级考试辅导班、朝阳区少年宫的科技班……最重要的是，从4年级开始，我还给她报了全区排名最靠前的几所公立名校的补习班。

从4年级开始，女儿再也没有了周末，周末有两个半天都待在补习班里苦读。补习班其实跟这些中学没有直接关系，只是使用这些中学的教室，聘用了学校的老师。事实上，上补习班也未必能让孩子进这些重点中学，但很多家长还是趋之若鹜。

在陪孩子上补习班的周末，有些路远的家长也不再回家，就陪在学校外面，在风雨里等待；有些"心大"的家长则顺便逛逛商场，用这点时间干些自己的事情。这时候的"小镇做题家"得找个安静的地方去看职称考试用书。工作岗位风雨飘摇，多增加自己的专业技能，才能以不变应万变。"小镇做题家"在偌大的北京无依无靠，一旦失业，女儿可怎么办？那种惶恐和不安全感无形之中化为了我"鸡娃"的动力。我必须加紧"鸡娃"，才会有安全感。

遗憾的是，"小镇做题家"只知道埋头苦干，拼命"鸡娃"，却不知道抬头看路。小升初，哪是我埋头苦干就能如愿以偿的呢？

到了我女儿小升初的2007年，电子学籍限制了多重择校，电脑派位成为当年小升初的升学方式之一。根据户籍或家庭实际居住地的房产证明等材料来办理跨区择校，也使得跨区择校变得很难。

我曾经在2007年春节过后，拿着女儿的简历去过北京四中。当时让我对北京四中望而生畏的除了竞争激烈之外，还有户籍问题。我们的户籍在朝阳区，在北京四中周边也没有房产，跨区择校难度实在太大。

2007 年 3 月，北京市小升初政策出台。按照政策，我的女儿小升初只有 3 种选择。

一是跨区择校不再可能，只能选择朝阳区内排名靠前的几家公立名校，而且必须是这些公立名校的实验班，还有以艺术、体育、科技创新为由头的特长班。这类学校教学质量好，属于国家义务教育范畴，不用多花一分钱。但每个小升初的学生只能选两个学校参加实验班或特长班的提招。

二是可以从北京市内各个区里选择民办公助名校或私立学校。这类学校教学质量也很好，但需要每年花费五千元到几万元不等的学费，属于半义务教育。

三是如果择校没成功，也没考上民办学校，那就得等电脑派位。

相比较而言，能够进入公立名校当然是最好的，既能享受到免费的义务教育，又能享受到公立名校优质的师资。因此，这类公立名校成了所有家长为孩子争夺的第一目标学校，竞争非常激烈。

6 年级后半学期，补习班里已经有几个孩子陆续被公立名校录取了，而女儿却没有收到任何通知。这 3 年里，女儿的成绩在补习班里都名列前茅。我万分焦虑，不知道出了什么问题。我也多次找补习班里的老师询问，他们总是跟我说，别急，孩子这么优秀，最后还是有希望招录进去的。

小学毕业考试结束，我特地找了女儿的班主任，咨询她的学习情况。班主任非常体贴地跟我说："学校不让公布学生们的成绩和排名，咱家孩子成绩非常好，班里排名第三。升学的事，您也要抓紧。我听说班里已经有一些孩子被重点校看中了。"

"您知道咱们班有多少孩子已经被好学校看中了？"

班主任回答："我也是听孩子们自己说，没有发通知，不能乱说。"

"那咱们学校有推荐资格吗？"

班主任为难地看了我一眼："一般市级三好生，学校会推荐的。您女儿不是三好生，推荐是没有先例的。"

不久，区里排名靠前的几所公立名校开始面试择校生。

这些学校不约而同地把面试时间选在了2007年放暑假之前。面试当天，我陪着女儿去了考场。场面十分壮观，密密麻麻的学生聚集在大操场上，被老师们分成许多小组，一组一组地进去面试。

女儿从考场出来的时候，兴奋地跟我说："老师的问题，我都答上来了！我还把她们逗乐了！"

我问："你说什么把老师逗乐了？"

她说："老师问我：'你感觉自己学习好不好？'"

我问："你怎么回答？"

她兴奋地说："我当然说我学习好了！他们看看我的简历，问我为什么觉得自己学习好，却没有当上三好生。"

我紧张地问："你怎么回答？"

她眨眨黑亮的眼睛，笑眯眯地跟我说："我说，我们老师不喜欢我！然后他们就都乐了！我感觉他们能录取我！"

什么叫童言无忌？什么叫"死"了都不知道怎么"死"的？我心里悲哀地想：指定完了！

听完孩子说的，我就赶紧联系闺蜜，想再请教一下女儿入学的事。

当我们在校门口等到那个领导时，事情已经无可挽回了。那个领导依然笑眯眯地见了我们，我简单地把孩子面试的情况跟他汇报了一下。

他慢慢悠悠地跟我们说："名单已经确定了，咱们孩子没有被录取。主要原因是她没有当过三好生，其他指标也都不过硬、不够突出！"

看着我失望的样子，他说："小升初政策，免试就近入学。学校实验班和特长班的招生就只能按硬性指标往下筛人！同样是三好生，学校会选择北京市三好生；同样是公共英语考级，级别越高，被录取的可能性越大；在数学方面也是同样的道理。"

我沮丧到了极点。6年来，女儿学这学那，风里来雨里去，学习成绩挺好，竟然上不了一个区重点学校！想到这些，我就忍不住掉了眼泪。

那个领导安慰我说："按照以往的招生情况，您家孩子这么好的学习成绩，我们学校大概率是能招她的。但今年小升初政策使跨区择校难度增大，很多优秀的学生无法选择朝阳区外的好学校，只能留在区里竞争。优秀的学生多了，招的人又少，学校就只能好中挑好。您也别急，看看孩子报名的其他学校的情况。"

我摇摇头，说："其他学校估计也没有希望了。"

领导说："区里这几个学校都是在抢优秀的学生，选拔学生的标准都差不多。学校更愿意要在某些方面表现出天赋的孩子，而不是反复练习知识点取得好成绩的孩子。作为家长，咱们的主要问题是，培养孩子面面俱到，没有一项特别突出。"

这句话一下子点醒了我！3年来，我就是盲人摸象啊！孩子小，不知道学什么、学到什么程度能被重点中学录取。作为家长，我怎么能只知道蒙着眼拉磨，不知道多了解一些招生信息呢？哪怕我多接触一些教育界朋友，也能耳濡目染地知道一些小升初招生的准确信息啊！

更让人心疼的是我的女儿，3年里的各种补习班浪费了她多少美好的时光？这些时光却在小升初的现实面前被毫不留情地一笔勾销了！

我自责地说："的确，小升初不是孩子交了白卷，是我交了白卷！都是自己教育方向有问题，没有做好小升初信息搜集工作才会如此啊！"

我泪眼婆娑地感谢了人家，跟着闺蜜离开了学校。

回到家，我就特别注意接听电话，希望另外一所区里排名靠前的学校能给我们通知。女儿的同学陆续接到了这些学校招录的通知，我家的电话就像坏了一样，没有学校来电。我再也坐不住了！

眼看着自己的同学陆续接到了名校的录取通知，甚至一些学习成绩不如她的同学也进了这些名校，满怀自信的女儿突然遭受了巨大的打击。当得知自己是因为不是三好生，且其他方面也不够突出才进不了这些名校时，她失望极了。

她的神情里充满了沮丧、委屈和迷茫。刚上学那会儿，她觉得自己能够学到知识就是很开心的事情；后来，她发现取得好分数，能让妈妈开心，自己也快乐；现在小升初的失败让她发现，有好分数也未必足够，还要针对升学来设计自己的学习成长方案，设定自己努力的方向，才能不事倍功半。

她以为只要好好听妈妈的话，不辞辛苦地去上补习班，努力取得好成绩，自己和妈妈的目标就能达到。然而，小升初的失败告诉她，不完全是这样的。她的眼神里满是对我们没能做好升学调研和指导的责怪。虽然没有把话说出口，但我能看得出来她内心的埋怨："你们要求我的，我都做到了。你们怎么就不能向那些家长学习，把自己学习成绩普通、当不上三好生的孩子送进好学校呢？"同时，她也对自己 6 年里不好好表现、不努力争取当三好生充满了自责。

那时候，优秀的民办公助学校大多在西城区和海淀区。如果去这些学校，女儿就得住校。我征求女儿的意见，但她说打死也不想住校。于是我们决定舍远求近，先去崇文区一所民办公助学校参加校招考试。

民办公助学校的招生标准跟公立名校相比，更在乎学习成绩。对于它们来说，招到成绩好的孩子，提高进入北京市、区重点高中的升学率是学校发展的命脉，更能使其成为招来"凤凰学生"的梧桐树。

因此，这所崇文区的民办中学更重视笔试。为了招到学习成绩好的孩子，招生老师当场判卷，当场公布招录结果。那天，我女儿提前半个小时就把卷子写完了。她穿过一整间教室的考生，将卷子放到了老师的讲台上。招生老师让她站在旁边等，自己很快阅了卷。看着我女儿答出的满分数学、语文和英语卷子，招生老师两眼放光，抬头狐疑地看着我女儿，问："你这么好的成绩，怎么没去市区重点公立学校？"

女儿并不避讳，直言道："他们没要我，因为我没当过三好生！"

招考老师欣喜地拉着她的手问："你确定来我们学校吗？可别等其他公立重点学校要你了，你就不来了！"

女儿坚决地回答："他们要我，我也不去了，就来您这儿上学了！"

我不知道女儿当时是出于赌气，还是出于对无法进入其他重点学校的不满，她竟然不留余地跟老师许下了诺言。

招考老师高高兴兴地跑到教室外，把我叫了进去，劝我道："我们学校每年初中升高中时，70% 的孩子会考上区级以上重点高中。您的孩子来我们学校，只要肯努力学习，一定能考上重点高中！我希望你们今天能确定下来，我们可以马上给您女儿发入学通知书！"

我看看女儿，女儿抢在我前面说："我就想来这所学校上学。"旋即，她扭头对招生老师说："您赶快去给我打印录取通知书吧！"

我惊讶地看着站在我前面的女儿，心里非常惶惑。我还没来得及把这所学校跟其他民办公助学校做比较，还不知道她这个决定是好是坏。可女儿态度如此坚决，而我也没能力为她找到更好的机会了。我只好对招生老师说："那就请您给我们发入学通知书吧！"

离开招生办公室，我们娘儿俩手拉手往家走。我问女儿："你这个决定是不是太仓促了？咱们以后万一后悔了怎么办？"

我年仅 11 岁的女儿抬起头看看我，一副士为知己者死的样子，坚定地说："只有这个学校欣赏我、稀罕我！所以，我哪儿都不去了，就去那儿！"

我心里很不是滋味，暗暗期盼小升初的挫败千万不要让女儿的心理扭曲。可我这个无能的家长，也只能找补一句："学校教育固然重要，但个人的努力才是主因。如果自己不努力，再好的学校教育都没有用。初中 3 年咱们可得抓紧，不能像小升初这样被动！"

女儿点点头，答应我："我一定会努力成为学校最优秀的学生！"

那天我们聊得特别开心。女儿的懂事卸下了我的心头重负。我破例带她去吃了长安街上刚刚开业的必胜客。

好学校就一定适合你吗？

2012 年的秋天，远在山西老家的发小急匆匆地给我打了一个电话。电话的那头，她哭得声嘶力竭。她的大儿子，从高中学校的 10 层楼上直接跳下去了，抢救无效，死亡。

她在电话那头说："我儿子，帅得不得了！多乖、多孝顺的孩子！没了，没了……"她泣不成声，要死要活。我的心也跟着她的抽泣一起抽紧了，隐隐作痛。

她的儿子，我见过很多次。我女儿小学的时候，她带着儿子来北京旅游。她们娘儿俩和我们娘儿俩一起去世界公园玩。那时候，她的儿子快乐无忧。小小的身体被世界公园里大象的长鼻子卷起来，他笑得阳光灿烂。那张照片，我至今还留着，可他却早早地离开了我们。

我的发小，跟我一起上小学和初中，情同姐妹。因为没有考上高中，她在家待业多年之后，就在父母及媒婆的撮合下，嫁给了一个家境殷实的男孩，过上了衣食无忧的富太太生活。

发小和她的老公特别注重培养孩子。她的老公虽然只是小学毕业，但对下一代上大学这件事十分坚持。承袭父母的棍棒教育，他认为要想儿子成才，必须要打骂。他们的儿子从 3 岁开始，就必须每天晚上给爸爸洗脚，从来不敢说个"不"字。洗脚时，爸爸会教育儿子。儿子默默地洗，爸爸絮絮叨叨地说。遇上爸爸不高兴的时候，他的臭脚会飞起来踹倒幼小的孩子，洗脚水会溅湿孩子身上的小衣服。

这个场景，就是那一年发小带孩子来北京旅游时哭着跟我讲述的。她心疼孩子，但不敢反对老公，只能背后偷偷流泪。

在学习方面，他们对孩子也有特别高的要求。孩子小学时，上的是当地最好的名校，初中在省会城市上了最昂贵的寄宿学校。由于疏于沟通和陪伴，孩子在初中时学习成绩并不好，初中升学考试成绩很差。

2010 年暑假，发小给我来电话说："我们给孩子转到了邻县的一所重点中学，我儿子去上高中了。"

第二年暑假的时候，她把儿子送来北京学英语。她说："我给孩子补补英语，咱们县城里就没个老师能把英语说地道了！你帮我照顾一下孩子！"

这次见到她儿子，感觉跟变了一个人一样，个子很高，却奇瘦，性格内向，情绪很低落。我请他去吃饭，他点了一些海鲜，慢慢地吃，吃得很少，也不怎么说话。

我问他："你在邻县重点中学读书，感觉好吗？"

他突然抬起头来看我，想说点什么，但眼睛里充满恐惧。我看出了他的心思，说："宝贝，想说什么就说，别担心，阿姨不会告诉你父母。"

他定定地看向我，很快就躲闪开了，肢体语言充满了不信任。我循循善诱："阿姨看出来了，你不开心，是不是在那里过得不好？"

他好像被我这句话刺激到了，突然情绪激动地站起来说："阿姨，我不想再给爸爸洗脚了。洗脚跟孝顺有什么关系？洗脚就代表孝顺吗？"

我也很反感发小的丈夫用这种愚昧的方式来教育孩子，心里对男孩充满了同情。于是我劝他："你可以跟爸爸探讨一下这个问题，我觉得没有必要非得给他洗脚。当然，如果爸爸老了、病了，做儿女的帮爸爸洗洗脚那是应该的。"

孩子说："我不敢说，不能说，也懒得说了！说的结果就是被打骂一顿。"转而，他又嘟囔了一句："谁都没有问过我想不想去那个重点中学读书。我在那里很痛苦，一分钟都不想待！"

我问："为什么？那不是一个好学校吗？同学们都是尖子生，学习成绩都非常好。"

孩子回答我："我每次考试都是倒数第一名。同学们都看不起我，也不爱搭理我。一些同学和老师还嫌弃我，因为我拉低了整个班级的平均分，以后还会拉低学校的升学率。"

那时候，发小又为丈夫生了第二个儿子，她的精力都放在了小儿子身上。夫妻两个非常疼爱这个小儿子，这也让住校的大儿子心生凄凉。

"你跟爸爸妈妈说过你的这种感受吗？包括你不想去那里上学的想法。"我问。

"他们认为，给我花钱、送我到重点中学读书，就是对我的爱。每次给他洗脚，他就提他花钱供我读书，好像我欠他的。"他说。

我同情地看着他，这么小的年龄承担的痛苦那么多。没人倾听他，也没有人理解他。他周围的那些学霸没有时间陪他玩，陪他聊，痛苦像大山一样压在他的心上，没有谁能帮他搬开。孩子与父母之间的沟通是能化解这些痛苦的，可惜他跟自己的父母隔着重重高山，无法逾越。

"有空的时候，你跟妈妈聊聊，也许能解决问题。"

"我妈做不了我爸的主，也不敢反抗我爸的决定。她觉得我爸是为我好，我应该服从。唉，反正他们又有了新的儿子，我就是一个可有可无的人！"

他说完就沉默了，再也不愿意说话。

那一年暑假英语补习班结束后，发小来北京接儿子回去。背着她儿子，我私下跟发小说："多关心关心大儿子，多跟他聊聊天，他很痛苦。这么大人了，他爸爸那个脚就别让孩子洗了！"

发小急了，回答："脚还得洗啊，这个改变不了。我回去多跟孩子聊聊，多疼疼他吧！"

我说："有些问题你不帮他解决了，你们是无法聊到一起的，你对他的疼爱他也是接收不到的。不要以为给他买件好衣服，买点好吃的就是对他的疼爱。他长大了，了解他、理解他、帮他解决问题才是对他最大的疼爱。"

发小似懂非懂地看着我："嗯嗯，我记住了！"

那是我最后一次见到那个帅气的男孩，他的痛苦至今让我难过和心疼。因此，当发小的讣告电话打过来的时候，我的心也跟着这位母亲碎了一地。

发小儿子的离去，对他父母来说，无疑是极大的打击。发小后来常常絮絮叨叨地跟我说："真后悔啊，不应该让他读那个重点中学的。他的文化课底子差，跟不上同学们。成绩越差，越不想学习。我们觉得把他送到那里就是进了保险箱，上个大学就算把他培养成才了，可根本就不是这样的！"

我陪着发小流泪，心里却想："宝贝，你终于自由了！再也不会痛苦了！可是你太傻了，完全没有必要这样做的。人生除了好好读书，还有很多美好的事物。"

我问发小："你家孩子到底发生了什么，你知道吗？"

发小根本不在意我的话，继续说："还有一年就高考了，学校抓得特别紧。孩子住校，每天早上 5 点多就去教室，晚上 10 点多才能回宿舍。别人都在忙着做题，他就在那儿睡觉。老师找我去，说管不了我儿子，让我给孩子做做思想工作，想办法提高成绩。否则，他们班的高考升学率就保证不了！老师还暗示我，让我把孩子转走，去哪儿都成，就别在他班里了！我一直瞒着他爸不敢说，怕孩子挨揍。结果那个班主任又把他爸爸请去了。那天晚上回家，他就对孩子拳打脚踢一番，然后送回了学校，第二天孩子就从楼上跳下去了，啊……"她号啕大哭着，凄厉的声音震惊了我。

我挂断了电话，难过得再也不想听了，心想："你们不配有这个儿子！你们以为好学校就一定适合你们的儿子吗？对于他来说，享有这么好的教育资源是痛苦和受罪。而对于那些真正学习好的孩子来说，你们这样的行为，浪费了本该属于人家的教育资源。"

这件事过去很多年了，有时候看着我女儿，我会想起那个让人心疼的男孩。我真的希望，这个教训能唤醒发小和她丈夫，唤醒所有为人父母者：适合自己孩子的教育资源才是最好的。

学习成绩不好，是不是就没有出路？

我的侄子从小就聪明伶俐，上学之前，谁都对他充满了期待。他的父母和我父母觉得，这个孩子一定是块读书的料。

望子成龙的弟弟和弟妹把他送进了附近非常好的一所小学。

弟弟甚至跟我说："我就没有好好读书，当了电焊工，我儿子可得好好学习，不能像我这样！"

然而，侄子上学的第一年就摧毁了我弟弟的信念。因为，我的侄子不会写字。我们无法理解，一个孩子怎么能不会写字？他一定是不想写，借口说自己不会写！一开始，弟弟、弟妹就是这么认为的。为此，我侄子没少挨父母的打骂。我父母心疼孙子，怕他不好好学习挨揍，就给他做思想工作，给他讲学习的重要性，侄子就朝他们傻笑，什么话都不说。

每天放学回家，老师布置的作业就是听写生字。我弟弟弟妹忙于生计，顾不上。于是这项任务就落在了我爸妈身上。我爸接他回家后，第一件事就是由我妈给他听写生字。每次听写生字，他就仰着脸看着我妈，傻笑，说："奶奶，我不会。"

我妈会耐心地说："你再复习一下，今天这 10 个字一定要会写。"

于是他跟我妈说："奶奶，这字就像画，太难了，我画不出来。"

我妈一想也是，对于普通人来说，画画是一件不容易的事，画得一模一样更是难上加难。如果孙子把字当画临摹，的确是有困难。

侄子真的就像一个画家一样在临摹字。字写出来总是丢横落竖，形似但不完全像，就是错字。10 个字能写对一两个就不错了，写对的那个还是别字，比如"玉"会写成"王"。但奇怪的是，如果把要听写的字放在他面前让他读，他能读出来，也知道意思。用词语口头造句他也没有问题，但把句子写下来，他就不会了。

我妈跟我弟弟说，这孩子不太对劲，跟普通人不一样。

我弟弟反驳我妈说："他什么问题都没有，就是不喜欢学语文！您看看他的数学成绩，从来都是 100 分！"

是的，从小家里人认为他聪明伶俐，就是因为他过人的算数能力。

小学 1 年级的数学没有应用题，没有太多文字，他的数学成绩就很好。到后来，他能看懂应用题，但不会写字，数学成绩也降下来了。因为只列数学式，给出计算结果，不写"答"，老师就会扣分。

在小学阶段，侄子的语文就没有及格过，数学因为不会写字，也成绩平平。从 1 年级到 6 年级，他的文化课成绩都是班里的倒数第一。弟弟弟妹参加家长会总被老师批评，老师觉得他们不陪孩子学习，不重视孩子教育。

那个时候，我们都没有意识到这是一个教育学上的问题，叫读写障碍，又叫读写困难。根据国际读写障碍协会的定义，这是一种特定的语言障碍。

本来对孩子的教育抱着极高期待的弟弟，被侄子小学 6 年来的学习成绩彻底击溃了。他常常会跟我们说："健康长大就好，大不了跟我去学电焊！"这让我想起了鲁迅的那句话："孩子长大，倘无才能，可寻点小事情过活……"

见到侄子，大家心照不宣地不提学习和考试的事情，只无关痛痒地问他吃饱了没有、穿暖了没有。

我的父母经常会很发愁地跟他说："孙子，学习成绩这么差，将来真的就去做电焊工吗？"听了我父母的话，侄子也会发愁一会儿。他若有所思的样子，好像是要给自己找条出路。

因为成绩不好，侄子上了最差的初中。即使在这样差的初中，他仍然平静地当着倒数第一。国家的九年义务制教育结束，侄子才15岁，该何去何从？

我父母跟弟弟说："你不会这么小就让他当电焊工吧？去找个职业学校学一个技能吧！"弟弟也心疼他儿子，当电焊工，15岁的年龄也没有人敢用。于是弟弟就跟侄子说："你喜欢学什么，就报个什么学吧！"

弟弟的想法是，再读3年书，侄子就18岁了，就能跟他学电焊了。至于上职高能不能学到本领，他已经不在意了，因为他儿子9年来读书的那个样子已经不可能再有太大改变了。

但15岁的侄子已经开始思考他的未来，思考要靠什么来养活自己。思来想去，他选择了和自己喜欢的计算机相关的专业，于是到省城的一个职业技术学校学了电子商务。

3年的职高生涯，头一年学了一些理论，之后的两年大多数时间他都在大城市间辗转。因为这个职业技术学校经常组织学生去大城市的工厂或公司实习。从天津到北京，从操作工到电话客服，他跑了很多地方，做了很多岗位的工作。实习之余，他特别喜欢上网，对动漫制作和视频剪辑产生了浓厚的兴趣。

职高毕业时，他已经迷上了动漫制作和视频剪辑。我弟弟本来打算让侄子职高毕业后就去跟他干电焊的工作，但被侄子拒绝了。他跟我弟弟说："爸爸，我要考大专。"当时，我弟弟真的是搞不懂他儿子了，从小不好好学习，这会儿怎么愿意读书了？是浪子回头吗？但他还是欣喜地跟侄子说："只要你愿意读书，爸爸一直供你！"

到这个时候，我们都还在误解侄子。其实，他不是不愿意读书，是读写障碍让他学习有了困难。而作为家长，我们都没有察觉并帮助他克服这个困难。

侄子付出了很多的努力，花了半年时间补习高考内容，终于以200多分的成绩考上了省里的一个大专。让我们想不到的是，他选择了动漫制作专业。这时的他已经对自己未来要干什么有了明确的方向。

3年的大专时光，他一边学习，一边承接视频剪辑、影视特效制作的业务。在自媒体轰轰烈烈发展的当下，他已经能够用热爱的技能赚钱养活自己了。

如今即将毕业，他的很多同学都在广告公司、影视后期公司、动画制作公司、游戏公司、电视剧制作中心、制片厂、电视台等单位就业，每月有上万元的收入。这个收入真的不亚于花重金留学归国工作的孩子们。

侄子跟我说："姑姑，我不着急工作，还是要把本科读完。我现在一点都不担心将来，因为那个将来里会有我热爱的工作，有我喜欢干的事情，我看得到。"

如今，在智能输入法和听写软件的帮助下，他不断克服自己的读写障碍，努力冲刺专升本的考试。看到他对自己热爱的学业和职业有了规划，并充满了信心，全家人很是欣慰。

侄子从小的文化课考试成绩都很差，但在成长中发现了自己喜欢和热爱的事情。在兴趣的驱使下，他从读大专到专升本，对自己的专业有了进一步提高的愿望，并且乐在其中了。

当我们拼命"鸡娃"，用考试成绩去衡量孩子的成功与失败的时候，本质上掐灭了孩子寻找自己兴趣和爱好的欲望，切断了孩子在热爱的领域不断自发学习、深入挖掘的路径，也扼杀了孩子在兴趣爱好方面可能被激发的创新力。

有些孩子是在上了大学之后才逐渐找到自己热爱的事情，蓦然回首，发现已经浪费了很多宝贵的时光，做了很多与兴趣爱好不相干的事情。甚至有些孩子一直跟着其他同学的脚步"卷"来"卷"去，一辈子都没有用心寻找过自己的热爱，恍恍惚惚，一生就过去了。

我的侄子，从小在成绩上"卷"不过别人，这反倒成就了他去寻找自己热爱的事情。当他为热爱的事情快乐着、孜孜不倦地努力着，收入也成为副产品伴随而来。这样的一生又快乐又富足，何乐而不为呢？

我侄子的受教育路径，看起来是个案。但一个有读写障碍、学习成绩未必多好的孩子能够找到自己热爱而又能赖以生存的出路，是不是也能给我们一些教育启示呢？

话题 3

Topic Three

为什么我们总在把孩子培养成
"精致的利己主义者"？

女儿篇 | **小升初的挫败，让我在初中时成了同学们最讨厌的"小眼睛"**

我以为，我是受欢迎的

《雷雨》里有一句非常有意思的台词："一步走错，就步步走错了。"这是鲁侍萍对她的女儿四凤的告诫。她的人生走上了错误的道路，而她，希望女儿不要走错。

这句话，我妈妈也经常跟我说，尤其是我考入这所民办外国语学校的时候。她认为小升初是我走得最错误的一步。升入初中，不到一个星期，我就发现这所学校的学生成绩水平远低于我曾就读的小学。但由于民办学校的学费比公立学校高出不少，我们依然侥幸拥有良好的师资条件。好的师资、水平参差不齐的学生，导致成绩两极分化。优等生成绩是真的好，也努力学，每年学校的前 30 名都能考上重点高中；而差生的成绩也差到令人瞠目结舌的地步，甚至有人直接放弃中考，十五六岁就走上社会，开始打工。

我印象最深的是，我们年级有两个学生智力有明显的缺陷。一个学生在开学第一个月时上课拉了裤裆，另一个学生则无法完整地做自我介绍。我理解他们的父母希望他们得到相对公平和"正常"的教学环境，但他们的父母小看了校园暴力问题。我不止一次看到这两个学生被同学孤立。我曾向老师报告过这个问题，老师也出面解决了，但这并不能威慑那些喜欢欺负人的孩子。

学校的老师虽然很负责任，从未让针对这两个学生的校园暴力升级到身体伤害上。但是，这并不意味着冷暴力的伤害性更低。我想，如果他们能去到更具备同理心的特殊学校接受教育，应当会有更快乐的人生。

很快，我发现，不仅智力有缺陷的孩子会遭遇冷暴力，一些举止稍显特立独行的学生也有可能会在一定程度上受到排挤。这所学校的孩子有些喜欢抱团交友。这里就像非洲的荒原，角马成群结队地跨越河谷，而落单的则会陷入危机四伏的境地。开学不到一个月，班级里已经分出了阵营。上课时或许不明显，但课间和午休时，我便能清清楚楚地看到谁和谁把椅子拉近聊起了天、谁和谁每天一起去楼下的小卖部买零食、谁和谁放学一起回家……

当然，也有不少同学落单。一个因体毛过多而被起了外号——"锡林郭勒大草原"的女生，每个课间都独自安静地坐在座位前画画；一个因家住北京郊区，每天必须凌晨4点起床赶城际大巴上学的男孩，则总在午休时间趴在桌上昏睡；一个因在开学自我介绍时把自己的名字放进藏头诗里的学霸女生，则被人指责"做作"和"自命不凡"，而很难交到朋友……

每当我看到别的学生亲亲密密地一起嬉笑打闹时，心中就会产生一股焦虑。倒不是说我渴望他们的友谊，而是我害怕遭到孤立后要承受的痛苦。我也开始观察和寻找伙伴。我发现班里有两个女孩经常聚在一起。她们成绩中等，看起来家教很好、性格开朗。我很想和她们做朋友。我开始尝试着带一些零食给她们，即使放学回家不顺路，也会跟她们一起先走一段，然后再自己折返回公交车站坐车。随着了解逐渐深入，我发现她们两个来自崇文区的同一所小学，上小学时就已经是很好的朋友了。但我的小学在朝阳区，离这里有一个多小时的车程。整所学校都没有我的校友，我很羡慕她们，她们几乎不用适应新的校园环境就能和熟悉的朋友一起学习、玩耍。

经过一个学期的交往，我自认为已经和她们成了朋友。我们课间聚在一起，放学后手拉手到商场打电动；去文具店买墨水里带有工业香精气味的签字笔，以及印着我并不认识但她们非常喜欢的明星的笔记本。

我印象极深的是，每到周末，我们会在哈德门饭店门口的空地见面。"哈德门"是人们对崇文门的旧称。饭店就在崇文门地铁站旁边，前身是著名的便宜坊烤鸭店。2008 年冬天，这家跨越一个世纪的豪华饭店停业了。但，在它还营业时，我记得它在夜晚的灯光十分璀璨，衣着光鲜的各国游客络绎不绝。毕竟，它位处北京市中心最繁华的地带之一——崇文门十字路口。从这里往北走，是同仁堂医院和新侨三宝乐面包店；往南走有密集的五六座高档商场；往西是圣弥厄尔大教堂；往东就是每个准点都用钟声演奏《东方红》的北京站。崇文门十字路口，人潮汹涌。

我们会在哈德门饭店门口碰头，然后去附近的肯德基写作业。选这家肯德基，是有原因的。我们班里有个阳光帅气的男孩，爱好打篮球，十分受女孩欢迎，可谓是初中生里的"芳心纵火犯"。他从小念双语学校，会说一口流利的英文。但他非常调皮捣蛋，有一种与生俱来的"天上地下，唯我独尊"的优越感。据说，他家坐拥哈德门附近两条街的底商，这家肯德基也是他家的财产之一。和我一起玩的这两个女孩中，有一个很喜欢他。她把聚会地点定在这家肯德基，也是期待能偶遇那个男孩。可是，我们一次都没有见过他。我猜测：家中拥有肯德基店铺的人，恐怕是不会来吃肯德基的。

而且，老实说，哈德门男孩能"屈就"我们这所民办中学，还不是因为北京的私立学校大部分都在郊区，离家太远么。

初一的第二个学期，班里决定选三好生。我的各项成绩和荣誉都达标，成了候选人之一。我很自信：我是一个没有被排挤的学生，我是受欢迎的。至少那两个女孩会给我投票，他们也都答应了会在匿名投票的票面上写下我的名字。

但是，在投票结束后的课间，我在厕所的隔间里却听到外面有几个女孩，一边洗手，一边说不要选我。她们又说班里很多女孩都联合起来了，一致认为不该给我投票，男孩们也答应了。

我靠在厕所隔间的墙上，完全不知道发生了什么。就算大家不喜欢我，也没有必要联合起来让其他人也不给我投票吧？

投票结果在当天放学后就出来了。那天傍晚，我照例留下来帮班主任打扫教室卫生。她坐在讲台前清点着票数，然后突然跟我说："你怎么只有两票？"

其中一票还是我自己投给自己的。

我拿着扫帚，怔愣在原地。我不敢相信，就算其他所有人都不愿意给我投票，我那两个好朋友总该投我吧！我是哪里得罪她们了吗？我知道我从小的孤僻和古怪的性格让我有时候不自觉地招人讨厌，但我仔细反思我说的每一句话、做的每一件事……我实在找不到有什么原因让她们如此嫌恶我。

班主任看起来很疲惫，她看了看所有的票，然后告诉我："没关系，三好生这么重要的荣誉，是要多方面考虑的。投票只是一个环节，占的权重不大。老师们是有量化标准的，学校也有评价三好生的准则。你别太把投票的事情放在心里！"

我松了口气。为了公平，学校有一套复杂的三好生评价准则。我上小学时从没注意也没在意过这些。但来了这所初中，我得小心翼翼地做好方方面面，我可不能再和三好生失之交臂了。

"再说了，你是班里的纪律委员，还是英语课代表，"她严肃地对我说，"你帮了老师很多忙，你就是老师心中最好的人选。"

她看起来特别温柔，这让我忍不住把在厕所隔间里听到的事情告诉了她。跟她说的时候，我还十分丢人地哭了。我特别委屈，想不明白到底发生了什么。

"我就说嘛！"班主任叉着腰，看起来很生气，"这帮孩子肯定私下搞事儿了。你不是跟大家关系还不错嘛！不可能才两票。你放心，老师是不会允许这种事情发生的。"

我还是十分意难平，但老师似乎无暇顾及我内心的波动了。她有一大摞作业等着批改，在这之后她还要骑着自行车去接她的女儿放学。她推了推因汗水而不断滑落的眼镜，问我："班里最近课堂纪律很不好，期中考试好多同学成绩都下滑了。你能帮老师找出原因吗？"

我点点头。

班主任递给我一个崭新的笔记本："这个叫'纪律本'。你把上课说话、搞小动作、下课欺负同学的学生的名字写下来。老师要找他们谈话。我们一起帮助他们改正错误、提高成绩，好不好？"

那天放学，我坐在公交车站里，捏着老师给我的"纪律本"，思考了很久。

我成了同学们最讨厌的"小眼睛"

我决定不再黏着那两个我曾当作朋友的女孩。我开始一个人吃午餐，一个人坐车回家。我挺享受独处的时光的。至少在一个人的时候，我不用改变我的喜好，买那些中看不中用的带着香味的签字笔，或者浪费时间了解某个成立不到两年就被解散的明星组合。我认可别人是有可能不喜欢我的，也同样认为自己不该虚情假意、虚与委蛇地迎合他人的喜好。这种孤独感反而让我变得很自洽：我忽略被孤立的伤心，重视独处的自由。我说服自己，这是保持自我和保持初心的最佳方式。

周末我不再去肯德基，而是主动让妈妈给我报了补习班。这所民办学校的教学进度太过缓慢，课堂上的知识已经不足以让班里前几名的学生在全区范围内考出好成绩。就连班主任也悄悄跟我说："家里有条件的话，就去上上补习班。老师很看好你，希望你中考时把咱学校的平均分拉高一点。"

我一方面不想辜负老师的期待，另一方面也知道：这所民办学校没有宽敞的操场，没有丰富的社团活动，我每天能做的就只剩下学习了。小升初的受挫，让我充分意识到：升学这件事，只靠父母是不行的。如果我想"逆袭"，考上一所好高中，就得自己努力。我每天会提前半小时起床，做一套数学卷子；我在车上吃早餐，边吃边收听新闻广播，给自己的语文写作积累时事素材；大部分课间我不会离开座位，我会尽可能地在学校里完成当天的作业；如果没完成，我会站在放学回家的公交车和地铁上写；就连从地铁站走回家的那 10 分钟路程，我都得听一段 VOA 慢速英语或者 TED 英文演讲。而这一切，我父母都不需要督促我。因为我已经是个大孩子了，我可以自己给自己"打鸡血"了。

不过，我不能只在成绩方面努力，我还得兼顾其他各项。毕竟，小升初时被诸多名校拒之门外，可不是因为我成绩不好，而是因为我不是班干部，也不是三好生。对那时的我而言，要关注的不再只是成绩，而是能够在升学过程中作为考核标准的一切变量。

从此以后，我开始频繁地向学生会的学姐们请教；每逢教师节、妇女节，我还会给教师办公室送一朵康乃馨。每天上课，我的课桌上都摆着两个本子：左边的是记录课堂内容的学科笔记本，右边的则是班主任给我的"纪律本"。我一边听讲，一边观察教室里的情况，把说话、做小动作的同学的名字都写在"纪律本"上。下课后，我再把"纪律本"交给班主任。班主任在放学前的班会上点这些不遵守纪律的同学的名，让他们留堂补习。

同学们都恨我。他们甚至给我起了外号，叫我"小眼睛"。带头起哄的自然是那位哈德门男孩。他上课捣乱次数最多，也被我记得最多。他称我做值勤纪律委员的那天为"黑色星期三"。可是，我真心相信班主任把他们留堂是为了纠正他们的错误、提高他们的成绩，而其他值勤的纪律委员，那些同样被班主任认定为"好学生"的孩子，则更愿意不做任何纪律记录，以此来维护自己在班级中受欢迎的地位。也许是我多管闲事了，每当我看见有同学不好好学习或者不努力争取升学的荣誉，我都会替他们着急。我想把我小升初失败的案例讲给他们听，希望他们能为自己的前途负责任，但没人愿意搭理我。

有一次，哈德门男孩被逼急了。我记得那是那个学期的最后一天，哈德门男孩计划去天坛公园打球。他抱着他的篮球，坚决不肯放学后留堂。班主任斥责他："不要这么自以为是！世界不是围着你转的！"

哈德门男孩把篮球一摔，踩着椅子，用大拇指戳了戳自己的胸口，一板一眼地当着全班同学的面说："老师、同学、家长都得围着我转！我就是太阳！"

班主任都被气笑了。

我一直很佩服这个中年女人。她个子比上初中时的我还要矮小些，又那么瘦弱，她是怎么忍受我们这群青春期的小坏蛋的？每次我看到她趴在小山一样的作业本中批改勾画时，我就觉得她佝偻的后背要迸发出什么神奇的宇宙射线一般。每一秒，她疲惫的面容和她无时无刻不发作着的腱鞘炎，似乎都在为她所背负的生活与工作的重担无声地咆哮着、尖叫着。

那天，哈德门男孩还是擅自离校了。

在黄昏的惨淡光线下，我和班主任两人做着期末大扫除。我们把同学们的椅子倒放在课桌上，然后仔细清洁课桌下的地砖。当把哈德门男孩的椅子翻过来时，我们发现，哈德门男孩故意将十几块口香糖黏在了椅子的底板上。他知道每个期末都是我在做大扫除。这是他对我的幼稚的报复。我和班主任跪在地上，拿着两把小钢尺，一点一点地把椅子上的口香糖铲下来。

铲着铲着，班主任突然把我从地上拉起来，将我拽到走廊里。她指着走廊中荣誉橱窗上的一张初三学姐的照片，说："你这位学姐，中考考了崇文区状元，进入了北京四中。咱们学校已经很多年没有人能考上北京四中了。那可是全北京乃至全中国最好的高中！"

我看着橱窗里学姐的那张稚嫩的脸，没有听懂班主任的弦外之音。

"你别铲口香糖了，回家学习去吧！"说着，班主任快步走回教室，把我的书包拎了出来。她伸手推了我一把，好似要把我立刻攮进北京四中的校门似的。

阴暗的教学楼走廊里，只有尽头那扇窗透着最后一点阳光。落日的余晖洒落在她的眼镜镜片上，我看不清她的眼神。但在那一刻，我感受到了她对我近乎恳求的期待。

我的初中，是我一生中最努力的 3 年，比之后准备高考、国外留学甚至开公司创业都要努力。现在回想起来，我的努力并不完全是为了我自己，其实有很大一部分是为了她。至少，我要配得上她对我的认可吧？我丝毫不介意成为她的"小眼睛"。我只希望她能工作轻松、生活愉快，她的慢性胃病和腱鞘炎能早点好转。

成年后，我还经常和哈德门男孩聊起这位班主任。哈德门男孩对她怀恨在心，说她简直毁了他的初中生活。他觉得他总是被她当众羞辱、下不来台。这让他有段时间非常缺乏自信。我极力维护班主任，但我有点心虚。毕竟我也作为"小眼睛"参与了哈德门男孩的"初中生活毁灭行动"。

很多时候，一个学生憎恨了一辈子的老师，却是另一个学生的恩师。反之亦然。

"不过，你那会儿真觉得自己是太阳吗？"后来，我问他。

哈德门男孩脸一红，承认："我那会儿确实脑子有病。"

我考上了北京四中，但不是因为三好生和成绩单

升入初二时，我已经成为全班最有可能考上北京四中的"苗子"之一。但我也感到更加孤独。不需要再陪伴那两个女同学后，我有了充足的业余时间，开始发展一些兴趣爱好，例如阅读和写作。

我发现我特别喜欢写一些稀奇古怪的小故事。比如，一个大学生晚上总能听到隔壁邻居的房间传来阴森森、有节奏的"噼噼"声，吓得睡不着觉。他做了各种假想和猜测，甚至偷偷跟踪了邻居，却一直

无法解开半夜敲击声之谜。他被自己的疯狂妄想折磨得学习退步，和女朋友也分手了，生活变得一团糟。在他快崩溃时，邻居亲切地拜访了他，送了他一个手工制作的小木雕。原来困惑大学生已久的"嘚嘚"声，是邻居凿木头的声音。

我一开始只把这些小故事写在笔记本电脑里，但渐渐地，我开始大胆地把这些小故事写进考试作文里。这让我的作文分数一落千丈。应试作文并不欢迎学生在上面写跑题的小说。不过，因为试卷要递交家长签字，妈妈终于关注到了我的爱好。她仔细读了读我的文章，认为我写得很有意思。我问她有没有什么补习班，可以教学生写小说。她和我爸爸商量了一下，决定把我送到我爸爸的老师家。

我爸爸的老师姓陈，是我爸爸中学时的语文老师。陈老师的丈夫是中国作家协会的作家，笔名叫石侠。石老师出版过《新儒林外史》《红尘春梦》《下海一家人》等几十本书，可谓著作等身。我上小学时，就曾去这对夫妇家里学习过写作文。我印象最深的是，陈老师连标点符号的用法也会仔细要求我。破折号、顿号、分号……一个标点符号都不允许我用错，更别提错字病句了。但这一次，他们要对我进行更专业的训练。

初中的一个暑假，我在石侠老师家住了一整个夏天。这对作家夫妇开车带我去京郊的一处麦田。他们要求我观察这片麦田，然后回去写一篇800字的文章。我在这篇文章里，写了很多关于丰收的喜悦、农民的不易等内容，夹杂各类诗词歌赋的引用。但我知道，这篇文章的内在是枯燥、寡淡、不真诚的。不过石老师和陈老师没有给我太多的评价，他们要求我把这篇文章扩写到2000字，随后是5000字、8000字乃至上万字。

随着字数的增加，那些应付中考作文的小伎俩明显不够用了。这逼迫我思考内心到底想要表达什么。我发现我对麦田一无所知，像我们这种在钢筋水泥的大都市里长大的孩子，大都五谷不分、四体不勤，去菜市场买菜，10 种菜里，有五六种我叫不出名字。我觉得我在这片麦田前，就是个废物。我感到特别挫败，把这件事情告诉了陈老师，我说："我写不出来，因为我不了解麦田。"

陈老师笑眯眯地说："不了解，也是一种表达。"

她的话瞬间点醒了我。我很快写了一篇名为"饱食终日的孩子五谷不分"的文章。这篇文章虽然较为幼稚和拙劣地模仿了一些报告文学的风格，但起码我有了我自己想表达的内容。而且，最重要的是，我学会了如何捕捉我内心的表达欲望。

在进行了万字训练后，石老师和陈老师突然给我提出了一个要求，他们让我将这篇文章浓缩成一句话。

"这怎么可能呢！"我质疑他们，"这么长的文章，怎么浓缩成一句话啊？"

老师们没有太为难我。他们允许我先将这篇文章缩减为 1000 字，再缩减为 300 字，最后凝练为一句话。在这个过程中，我发现，没有什么故事是一句话讲不完的。

老师们对我的训练让我受益终身。即便是当下我写作时，也会经常用到他们在我上初中期间教我的技巧。有时候，我遇到职业上的困难，就会跑到老师家里蹭饭，请求他们的开解。石老师已经 80 多岁了，但依旧精神矍铄，书画、金石、周易样样精通，爱好广泛。他和陈老师至今还在教学生，从小学生到成年人，只要肯学，他们都教。对他们来说，要活到老，工作到老，笔耕不辍，桃李天下。这特别振奋人心，让我觉得生活中一切的萧瑟与坎坷都不足挂心，人生其实也无风雨也无晴。

除了这对作家夫妇以外，上初中时，还有一个人对我影响颇深，可以说她是我初中 3 年最好的朋友。她是我的同班同学，外号叫"小毛球"。

但我两在彼此相熟之前，从未说过话。她和我一样都是班里特立独行，或者说，被孤立的学生。但是，你一看她你就知道，她是那种智商极高的女孩：大眼睛，下撇的嘴角，手中永远抓着数学竞赛习题册。她后来考入了康奈尔大学，拿了两个硕士学位，研究卫星、人工智能以及其他我根本听不懂的高科技。

"小毛球"这个外号，源自我们第一次彼此相熟。

初二那年，国家大剧院上演了一出话剧《浮士德》。我读过这本书，但那个时候年纪太小，阅历不够，没太读懂，但我很喜欢里面的台词。我想搞明白歌德到底想通过这本书向我们传达什么。我认为话剧应当是比图书更大众化的表达方式，也许我能通过演员的演绎、灯光和音效更直接地理解《浮士德》。

周五放学，我背着书包从学校步行前往国家大剧院。我看到我前面有个穿着同款校服的女孩，也正步行前往国家大剧院。她的书包黑乎乎的，而且巨大无比，把她压得有些驼背。她的腿又长又细，脚底踩着一双古怪的小皮靴。她戴着一顶尖尖的三角形的针织帽，帽尾还缝着一个一晃一晃的小毛球。

我一路尾随她，发现她也去了国家大剧院，并和我看了同一场《浮士德》。只不过，她坐在一楼前排，而我坐在二楼的廉价票区。我趴在二楼的栏杆向下看她，她被这部剧逗得前仰后合，有时也露出沉思的神情。我突然对我这位女同学产生了无限的兴趣。话剧结束后，我在散场通道里追上了她。随后，一段十几年的友谊正式开启。

因为她的存在，每天午休时，有人和我一起讨论大仲马的《三个火枪手》和雨果的《九三年》；遇到不会做的数学题，我也可以随时向她请教。更重要的是，每天放学后，我不必再孤零零地一个人走向地铁站。

我们放学回家的途中会玩一个叫"故事接龙"的游戏。她随手指一个路边的人、事、物，我就得针对它编一个短小的故事。然后，她再根据我故事的结尾续编下去。我们随时可以增加剧情和关键道具，也随时可以"杀掉"我们不喜欢的人物。在虚构的世界里，我们就是女王，我们完全掌控这里的一草一木。这给我们带来了极大的安全感。只要躲在这个世界里，我们这两个脾气古怪的"书呆子"，就可以逃避班上同学冷淡的目光。

小毛球经常鼓励我给杂志社和报社投稿。但那时候是2009年，大部分杂志社和报社已经建立了自己的作家库。新人作者的黄金时代早已结束，通过投稿进入写作行业变得十分艰难。我也曾模仿"80后"作家如韩寒、郭敬明等，参加新概念作文大赛。但我从未在任何作文比赛中获过奖。我买了七八册新概念作文集，仔细研究了一番入围作文的风格，意识到这些作家有他们自己的一套写作手法和修辞偏好，而我并不擅长也有些不情愿按照这种手法和偏好进行创作。

辗转反侧数十夜，我还是决定进行海量投稿。我坚信总会有一家杂志社能看上我的文章。我和小毛球在校门口的报刊亭里买下了几乎所有叫得上名字的杂志。我的零花钱不够，小毛球就赞助了我一些，还把她订购的《国家地理》杂志借给我。有些售价较高的刊物——例如后来刊登我那篇《北京第一代"鸡娃"自述：鸡了20年，还是归于平凡》的《Vista看天下》（我当时真的非常喜欢这本杂志，经常站在报刊亭前蹭看）——我们实在买不起，就拿纸笔把目录和末页的投稿信息抄录下来。回到家，我坐在电脑前，按照这些杂志的投稿要求和我推测出的编辑偏好，将我写的短篇小说及散文，分别修改出不同版本，用电子邮件寄送了出去。

具体投了多少家杂志社，我早就记不得了。但我买回来的杂志已经在写字台前堆得比习题册还要高。最后，有 3 家小型的杂志社给了我回复，都打算刊登我写的一篇科幻小说。

这篇小说讲的是未来版的皮格马利翁的故事：一个年轻的艺术家，爱上了自己创造的人工智能机器人，但人工智能却像弗兰肯斯坦的怪物一样逃跑了。故事很"狗血"，并且夹杂和混搭着一个幼稚的初中生从外国名著里舶来的创意，算不上什么拿得上台面的作品。但因为有爱情元素，所以编辑们可能认为会有些市场。其中一家杂志社的编辑不打算支付我稿酬，我拒绝了她。另外两家中，有一位编辑给我打了电话，当她得知我是未成年人后，就再也没有联系我。最后，我的小说刊登在了第三家杂志社的杂志上，我还获得了 150 元的稿酬。

我拿稿酬请小毛球吃了一顿肯德基，带全家桶的那种。

妈妈得知我的小说发表后，十分开心，虽然她只是把发表文章当成一种升学的"筹码"。这个时候我已经升入初三。中考在即，妈妈当然不希望写作让我分神，但我完全地陷了进去。我第一次认为考试排名和三好生完全不重要。我每天就只想写小说，但繁重的课业和没完没了的补习班让我无暇兼顾我的爱好。于是我和妈妈商量能否休学一年，专职写作。

那个时候，我发现网络小说是一片蓝海，大部分"Z 世代"的孩子都在中学这个阶段开始接触晋江文学城、起点中文网和纵横小说网。班里有很多女生开始看言情小说，男生则沉迷于仙侠小说、奇幻小说。在孩子们中非常出名的网络小说有天下霸唱的《鬼吹灯》、Priest 的《天涯客》、沧月的《镜·双城》、顾漫的《何以笙箫默》等。这些小说是我们的父母听都没听说过，甚至毫不在意的。可他们不知道的是，很多孩子都开通了网站的付费账号，甚至有人每个月花在网络小说上的钱比花在练习册和辅导书上的钱都要多。我们班里有一位女同学，因非常喜爱南派三叔的《盗墓笔记》，立志要学习考古。目前，她已经从名校考古专业毕业，成了一名文物修复专家。

当然，这些网络小说在那时太新了。新，是它们的优点，也是它们的缺陷。不少网络小说由于缺乏编辑的审核，充满了反智、仇富和贬低女性的观念，但它们依旧是我们这代人青少年时期不可磨灭的记忆。

那个时候，我也开始筹划写一本网络小说。恰逢初中时的我对19世纪的历史特别感兴趣，我就提笔开启了一个清末民初中国青年商人抗击八国联军的故事。我还依稀记得那篇小说的第一句话："光绪新政前夕，十里夷场一片浮华似锦。"

但是，妈妈没有同意我休学，并且，她开始阻止我"浪费"时间来写作。她没收了我的笔记本电脑，我就在数学运算纸上写；她严格盯着我放学回家后的时间，我就在放学回家路上的公交车里写。总之，我不愿意让我的小说因各科练习册而"流产"。

在妈妈看来，14岁的我，不足以成为一个作者。她舍不得我的好成绩，希望我能考上一所好高中，然后上一所好大学，毕业了再考虑是否要以"卖字"作为谋生的职业规划。但我等不及了，我太想每一天、每一个小时、每一秒都沉浸在创作中了。

我和妈妈之间爆发了最严重的一次争吵。

无法说服妈妈的我必须要回到学校，完成中考的任务。在那之后，我心情十分低落，抑郁得厌学。班主任也不知道我到底怎么了，她坐在办公室里，看着我干着急。

我觉得我那会儿精神状态确实非常不好，就像有谁把我的骨头全部抽出来了一样，让我做什么事情都很没力气。我也清楚我这么下去是不行的，这样既会耽误写作，又会耽误学业。我在贴吧和论坛里看到许多父母抱怨自己的孩子和我一样产生了厌学情绪。有的父母选择打骂，有的父母则带孩子去看了心理医生。我当然不想挨打，于是，我主动建议妈妈带我去看看心理医生，看看有什么办法能改变我的抑郁状态。

　　也许，小时候的行为治疗给我妈妈留下了不错的印象，让她以为不管什么样的心理咨询都是有用的。于是她在网上找了一家可能并无资质的咨询机构，支付了也很可能是被"骗取"了每小时 600 元的高昂咨询费，把我带了过去。

　　我的心理咨询师是一位 40 岁左右的中年男人，穿着有汗渍的 Polo 衫，瘦小，并且笑容有些猥琐。他毫无亲和力并经常高高在上地打断我的叙述。我和他聊了 20 分钟，他不断引导我购买下一期的疗程。我察觉到了他的目的，心中十分反感。一想到其他那些比我症状更加严重的孩子也要面对他的推销压力，我更是怒不可遏，大声斥责他根本没有能力做心理咨询师。他建议我妈妈购买他的"三无"药物给我吃。我妈妈也很快意识到这次咨询不但没有纾解我的心理问题，反而带来了副作用。

　　离开咨询机构后，我感到一阵绝望。这种绝望和当初得知自己小升初落榜的感觉很相似。这是一种无力感：感觉孤立无援。

　　很快，到了初三的三好生评选时期。那时的规则是这样的：初一时被评选为校级三好生的学生才有资格参与初二的区级三好生评选，初二被评为区级三好生的学生，才有希望在初三时获选市级三好生。而我那时已经获得了区级三好生称号，离参评市级三好生只有一步之遥了。而且，我们班除我以外，没有人连续两年获得这个荣誉。班主任焦虑地把我叫到办公室里，问我能不能咬咬牙把这一年熬过去。

"咬咬牙"，这是一个很受大众喜欢的说法。仿佛世界上所有困难，只要咬咬牙就都能挨过去。就算我现在二十几岁了，我仍旧是用"咬咬牙"这三个字忍受着一切我视为痛苦的人、事、物。

"你才十几岁，你着什么急当作家啊！再说了，网上写写小说，那能算作家吗！"班主任语重心长地劝我，"先把市三好拿了，别急着休学！"

我妈妈专门带着我去了一趟北京四中参观。

"你知道吗，这所高中的历史比清华大学还要久。"我妈妈开始向我输出她头一天晚上在网上查到的资料，"北岛、李敖、冯至、谢飞、陈凯歌……都在这所学校上过学。你难道不想先见识见识他们是怎么被培养出来的吗？"

隔着校园外的栅栏，我看到这所学校 400 米一圈的奥运规格的跑道、绿茵茵的足球场、雪白的教学楼、球形穹顶的天文台、古老而挺拔的银杏树，以及校门口金灿灿的郭沫若亲笔题下的 4 个大字：北京四中。

我动摇了。

思考了半个月后，我决定"咬咬牙"。我放弃了休学，搁置了我那本网络小说。

班主任和妈妈都松了口气。

我被评选为市三好后，老师把班里几个成绩不错的孩子叫到了办公室。她从抽屉里取出一沓名校提招时间表递给我们："大家赶紧回家做简历，去这些学校考实验班！要是被提前录取了，对中考帮助很大！这叫双保险！"

我们低头看了一眼提招时间表，上面密密麻麻列满了北京各大知名高中的各类实验班的提招信息。例如：北京师范大学第二附属中学的文科实验班、广渠门中学的宏志班、汇文中学的理科实验班、北京市第一零九中学的小语种实验班等。

　　学生们面面相觑，心里打鼓，不知道自己能不能考上。

　　我把这张时间表带回了家，交给了妈妈。有了小升初的前车之鉴，她再也不敢耽误时间，每周请两天假，帮我去各个学校递交简历。我当时准备报考的是北京四中的人文实验班。但校园开放日那天，招生老师拿到我的简历和那本刊登了我的小说的三流杂志后，却提议让我妈妈试着投一投"道元培养计划"（以下简称道元班）。

　　"这个道元班啊，只招收在专业领域有独特热爱的学生。"人文班的老师如是说，"你女儿既然这么喜欢写作，比起我们人文实验班，应该更适合道元班！"

　　我们根本不了解这个"培养计划"到底是什么。它是以北京四中的第一任校长王道元的名字命名的，听起来有点像高中版的北京大学"元培计划"。但当时，我妈妈误以为是人文实验班的招生老师没看上我，想把我撵走。

　　"老师，"我妈妈紧张地攥着我的简历，强调了一遍，"我女儿是北京市级三好生。"

　　她以为这样就可以挽回人文实验班的招生老师，让他留下我的简历。但招生老师笑吟吟地回答她："我们是北京四中，来考我们学校的孩子都是三好生，我们并不看重这个。"招生老师指了指那本三流杂志，说："我们看中的是你女儿发表的小说。"

　　我妈妈目瞪口呆。她从未想过，能让我与北京四中产生交集的居然不是我的成绩单和我的三好生奖状，而是她最反对的写作。

没过多久，我就收到了北京四中发来的提招考试通知。道元班一共有4轮考试，具体考什么，在进入考场前，大家都是一头雾水。我没法做太多准备，只带了个文具袋就奔赴考场了。

第一轮考文化课。上百名学生坐在北京四中最大的教室——国学讲堂内，从早考到晚。语、数、英、物、化共5科，卷子的难度基本上是高中竞赛级别的。来自民办初中的我，从来没做过这么难的题。语文和英语我还能应付，但数学可以说是从第一道题开始就蒙了。

交卷出来后我特别沮丧，以为自己将和北京四中失之交臂。但我站在校门口，猛然听到那些重点初中的学生们也哭着告诉父母，说："爸、妈，我一道题都不会！"

我突然放心了：嘻！大家都半斤八两嘛！

一周后，北京四中通知我成功通过了文化课考核，让我去参加第二轮考试。这一次是面试和笔试的结合。而且，老师们已经根据学生的专长进行了划分。我们偏向文学和艺术创作的学生在一个考场里，被问了很多专业相关的问题，以及未来的职业规划。考官还让我们回家和家长共同完成一篇小散文。隔壁生物组的同学们，则被每人发了一台相机，并被要求分组拍摄校园内的生物学现象，然后完成一份实验报告。物理组的同学在物理实验室捣鼓一些我们不懂的东西；数学组的同学一边面试，一边解答老师们随机提出的数学谜题。

这一轮考试，我特别有信心，而且我确实很快就得到了通过的通知。

第三轮考试又是笔试，而且又是在国学讲堂进行的。但是，国学讲堂里并不像上次那样坐满了考生，这一次，只有几十人。有几个考生我在第二轮考试时见过，我跟他们打了招呼。他们和我一样，都是幸运儿。随后，老师发了一大堆作文纸，让我们现场写一篇小论文。

这种考试有点像法国的语文高考，充满哲学和思辨。我以一篇科学与幻想的辩论文章进入了最后一轮考试。

在最后一轮考试中，文学和艺术创作类的学生只剩下了几组，每组只有几个人。我们那组有 5 名同学通过了最终考核。我们这 5 个人中，有人可以将《大学》倒背如流，有人初中就出版了长篇小说，有人是电视台的小主持人……总之，他们都比我强多了。

其中一个男生给我留下了特别深的印象。他很喜欢研究国学，特别是老庄道家、易学星象。考试那天，他看起来特别自信，因为他觉得自己一定能考上。

考官笑着问他："要是你觉得能成的事就一定能成，那你的人生还有什么意思呢？"

但你们猜怎么着？他后来果然考上道元班了！如今这个男孩已经从美国一流大学毕业，回国从事金融行业的工作了。

面试结束后，两周内，北京四中音讯全无。我很担心自己落选，终日惶惶不安。好在，我和小毛球同时拿到了汇文中学的实验班录取通知书，算是有了一个保底学校。不过，汇文中学为了抢夺优质生源，开始不断让班主任找我们谈话，希望我们立刻和他们签约。为了吸引我们，汇文中学还提出了学杂费减免等优渥条件。班里的其他学生陆续与广渠门中学的宏志班、北京市第一零九中学的小语种实验班等签约了。

小毛球劝我别等北京四中的消息了，赶紧和汇文中学签吧。说实话我也很想和她继续念同一所高中，但想起北京四中那个充满趣味的道元班和那个满嘴老庄、神神道道的男同学，我又有些不舍得。

在汇文中学的签约截止日的最后一个小时，我妈妈得知我考上了北京四中的消息。当时我还在学校里，坐在班主任的办公室中。别的同学都已经签好汇文中学的合同了，我还迟迟没有落笔。妈妈赶紧给我打了电话。当得知我被北京四中录取后，我耳畔仿佛响起了《卡门序曲》的欢快旋律。我直接把汇文中学的合同一丢，跑到学校走廊里大喊："我被北京四中录取啦！"

一部分同学恭贺我，大部分同学瞪着我。哈德门男孩看向我时，目光灼灼，好似心里藏着事儿。那天放学后，他在教室门外"埋伏"我，悄悄跟我说："我也考上北京四中了。我是以篮球特长被特招的。咱俩以后……就是高中同学了。"

我猜，对于哈德门男孩来说，他每天放学后的那场篮球练习课是真的很重要吧。初中 3 年都在勤奋练习篮球，却经常被"纪律本"给留堂，他讨厌我也是可以理解的。在得知他是篮球特长生的那一瞬间，我突然原谅了他在椅子底板上粘那堆口香糖的行为。

"那咱俩能和好了吗？"哈德门男孩推着自行车，跟我往公交车站走，"你能别在纪律本上写我名儿了吗？"

"你上课别交头接耳，我自然不用写你。"我回答他。

哈德门男孩挠了挠头，不高兴地嘟囔着："初一选三好生，我还给你投票了呢！"

哦。原来另外那张票是你投的啊？！哦。是这么回事啊？！
我还以为是那个有智力缺陷的同学投的我呢！

"我当初可是号召了全班女生给你投票呢！"哈德门男孩一脸正义凛然，"要不是我帮你拉票，就凭你自己，你以为你能当上三好生？"

怪不得班里的女生都联合起来要抵制我呢！怪不得我那两"好朋友"都不投我的票呢！哈德门男孩可真是小瞧了初中女学生们的少女心思。

"算我求你了，"我严肃地对哈德门男孩说，"以后不要再投我的票了。进了北京四中咱俩就当不认识。还有，周日有空，就去你们家那肯德基溜达溜达。咱班有个女生成天在那儿等你。"

　　哈德门男孩不明所以，愣愣地看着我上了公交车。

　　两个月后，我们参加了中考。我考了546分，比当年的北京四中录取分数线还高了几分。小毛球考得比我还要好，但可惜她提前签约了汇文中学，无法被北京四中提档。我们不能再做校友了。

　　那个夏天，大家都取得了不错的成绩。就连那个自我介绍都说不利索的同学，也成功考上了一所幼师职高。我的班主任乐开了花。这一届，我们学校居然出了两个考上北京四中的学生，而且，还都是她的学生。

| **女儿成了"精致的利己主义者"，而我则荣登"优秀家长榜"**

上了初中，女儿懂事了，开始"自鸡"学习

2007 年的暑假，我跟女儿说："即将来临的初中生活一定是紧张而忙碌的，咱家的猫不能再养了，你会分心。"

女儿万般不情愿地答应了我，那之后却天天抱着她的猫，亲了又亲，摸了又摸，把每一天都当成跟猫在一起的最后一天。临近开学，我们找了一家饭店，那家饭店有个粮库，经常有老鼠出入，老板非常愿意收留我们的猫，猫看起来也很喜欢那家大大的饭店。女儿挥着手跟她的大白猫告别，号啕着："从今天开始，我没猫了！"

是的，你没猫了。因为从今天开始，我们要为上初中做好一切准备。

那年秋天到来的时候，女儿上了初中。上学的路很长，单程需要近一个半小时的公交车车程。学校规定早上 7 点开始上早自习，因此，女儿必须在早上 6 点之前就站在公交车站等车，我则必须在 5 点左右就给女儿准备好早饭。

女儿的小学离家很近，下楼走几分钟就能到。女儿在小学时代，每天都可以睡个饱觉。可惜家门口的那些初中都没有录取她。为了求学，她必须长途跋涉在北京这座道路复杂的钢铁丛林里。这对于十一二岁的她来说，非常辛苦，但她从来都没有跟我抱怨过。小升初的失败，让她在突然之间变得成熟且能吃苦。她对自己的要求几乎到了苛刻的地步。从入学的第一天开始，她就不允许自己迟到。她会把闹铃设在 5 点，闹铃一响，立马起床，从不贪睡，起床后背半个小时的语文课文和英语单词，然后吃早饭。差 5 分钟到 6 点我们就出门去公交车站等车。

　　初中之前，她上各类辅导班都是我接送，从来没有独自去过。初一开学，路途很远，我担心她会迷失在偌大的北京城，不敢让十一二岁的她独自乘坐公交车去上学，非要送她。每天早晨，我们娘儿俩会准时出现在公交车站。因为走得早，公交车上很空，我们会有个座位。在公交车的摇晃中，她会睡上一觉。不到 7 点，我们到达学校，她进入校园，我坐车去上班。下午 4 点左右放学，我就让她独自原路返回。一个月下来，她基本已经能够独立上下学了，但我还是每天早上坚持送她。因为我觉得，有了我的陪伴，女儿就不会觉得路太长、生活太苦了。

　　平时还好，但下雨、下雪的日子，就特别艰难，我们常常会被雨雪打湿。到了寒冬腊月，我们娘儿俩经常会在黎明时分被冻得瑟瑟发抖，公交车却迟迟不来。

　　为了孩子，我决定学开车、考驾照。只要能让女儿这 3 年少受点罪，一切都值得。女儿上初一的后半年，我已经能够胆战心惊地开车上路了。有了汽车，女儿早上可以多睡一个小时，我们再也不用担心刮风下雨啦！

在这个"吃苦耐劳"的阶段，我惊讶地发现，女儿竟然把自己的时间规划得非常好：她6点起床，用15分钟洗漱好出门，我开车送她上学，她在车里吃我给她做好的早餐，然后背语文课文和英语单词，7点前到校上早自习；下午放学的公交车或地铁上，她就能站着写完老师当天布置的所有家庭作业；回到家，她还要自己找各种习题集来做。当然，她偶尔也会奖励自己去那家饭店，看看她那只亲爱的大白猫。

毫无疑问，上了初中，女儿开始"自鸡"了。她的学习态度和学习意愿全部是积极的。她想考进全校前10名，自然会努力想办法。

作为妈妈，没有能在小升初的激烈竞争中为女儿争得优质教育资源，我自责过、懊恼过。但看到女儿小小年纪，遭遇失败后能坚强且勤奋刻苦地去面对新的生活，我又充满了欣喜。那时的我暗下决心，一定要尽自己最大的努力扶持孩子走过成人前的每一步。而最首要和最基础的，就是用自己的辛勤劳动，照顾好孩子的身体。

好的身体是学习的根本保障，作为妈妈，我不能懒怠。自从有了女儿，我就没有睡过懒觉。女儿上的小学是公立名校，孩子们有丰富的早午餐，各种营养搭配不用我操心。初中学校因为规模小，又是民办公助学校，硬件差了很多，学校没有早餐，中午的饭也是从外面订的盒饭或者大锅饭。我必须给女儿做好可口的、营养丰富的早餐，保证她一个上午的能量。

这3年时间里，我是女儿的司机，风雨无阻地送她上学；我是她的厨师，早晚两餐照顾她的身体；我还是她的陪读，即使我已经看不太懂她的数学习题了。

我一直珍藏着一个硬纸壳做的拼贴板，那是我给女儿做的成绩卡片。那张卡片上记录了女儿初中3年大大小小各种考试的单科成绩、总成绩、班级排名、年级排名。那是她3年里辛勤汗水的结晶。

民办学校没有公立重点学校那样宽阔的操场，没有体育馆，没有草坪，没有大的图书馆等硬件设施，但这里有勤恳负责的教师队伍。学校领导和老师们的目标非常明确，甚至有些单一，那就是学习成绩必须搞好。

我那张成绩卡片就是女儿当时的班主任要求每个家长制作的。她在家长会上跟我们说："这个很重要，孩子每一次成绩的进步和退步都是有原因的，这个卡片可以时时警醒大家关注孩子。"

女儿每次考试后，我都要把成绩登记上去，然后认真研究每一科的每一张试卷：女儿为什么没有得满分？错在哪里了？为什么会错？

12岁的女儿以为只要好好听老师讲课、认真做好作业，考试就一定能有好成绩。她根本不知道还有教学大纲、考点。

我陪读的任务之一就是帮她分析试卷，分析考点，分析她对哪个知识点的理解有误。这样的分析很快就在她的学习中起到了作用，让她能够事半功倍地完成学习任务，拿到高分。

我陪读的任务之二就是帮她抄错题本。我给她准备了几个厚厚的笔记本，分门别类地帮她抄错题。每次考试，每次作业，只要是错了的题，我就抄录上去，但是不抄答案，只抄题。考试前，我就让她把所有的错题再做一遍。如果她还会做错，我就让她把课本找来，找出对应的知识点，再复习一遍，并找出原因。我还会把错题归类，分析出她学习中的薄弱知识点，记录下来，复习的时候帮她温故知新。

陪读，虽然辛苦，但减轻了女儿的学习负担，提高了她的学习效率。从成绩卡片上能明显看到她的飞跃式进步：从初一期中考试的全校30多名到初三时的前3名。

民办公助学校的考试非常频繁。月考、季考、期中考、期末考，孩子们每天都紧绷着考试的神经。大的考试还要给孩子们排名，不仅班级要排名，年级也要排名。要是名次靠后了，下次考试的考场就会靠后，孩子会对考场号和考号产生直接的反应。那感觉就是把孩子们放在饼铛上来回翻动着烙，烙糊了算。

因为学校很重视孩子们的成绩，老师们就特别上心地盯紧孩子们。即使是不在学校的时间，他们也有办法让孩子们学习——督促家长。老师们会在家长会上说："某某同学这次考试进步特别大，我跟她父母聊过了，每个周末人家孩子都在补课，大家不想自己孩子落下的话，就给孩子报个辅导班吧！"

女儿所在的年级一共6个班，每个班有30多个学生，一个年级200多人。由于学校总按考试成绩排名，家长和学生都特别"卷"。看到别的孩子成绩好，其他家长和孩子就会回家想各种办法暗暗使劲，下次考试努力超越人家。因此，老师在家长会上的倡导就特别有效，几乎所有的孩子都报了辅导班，我的女儿也不例外。

于是，初中这3年里，我还得负责陪上辅导班。北京市有辅导班的地方，我们几乎都去过。周末把孩子送进辅导班，我也会找个地方去给孩子抄抄错题集，看看自己的职称考试用书。虽然孩子在辅导班无外乎就是把学校的那点知识再学一遍，这既浪费家长的钱，又浪费孩子的精力。但是，我们还是不敢不学，唯恐因为不学，下次考个差名次，就又要跟好学校失之交臂了。温故而知新嘛，大概学得越熟，知识点掌握得越扎实，成绩越会稳步提高。

辅导班上得多了，费用自然就会上去。女儿有时还会央求我给她报她认为有用的辅导班。可我只是一个薪资普通的小白领，怎么分配好上辅导班的钱，成了我研究的一项课题。我研究的结论是：把有限的教育经费用在刀刃上。

我经常会跟家长们取经，问他们哪个辅导班的老师教得好（当然这些家长往往不是孩子同校同班的同学家长，因为有竞争关系，跟同校同班学生的家长打听很可能得不到有效信息）。一般情况下，辅导班快下课的前半个小时，接孩子的家长就陆陆续续来了。这些家长的孩子来自北京市的各个中学，家长之间聊天没有戒备心，我往往可以取到真经。通过和他们攀谈，我知道了这些辅导学校里的一些知名老师，下次报班时，就奔着那几位老师去。

还有的时候，我会在网络论坛上看家长们发的帖子。那个时候，许多论坛都有家长发的校园主题帖。关于每个学校的教学质量、学生的感受的内容都会被那个学校的家长和孩子写出来、挂上去。很多帖子真实地反映了学校的情况，以及这所学校的孩子们通常会去哪个辅导班。

此外，女儿的反馈最重要。如果女儿回来说："这个老师讲的都是我们老师讲过的，没什么新鲜！我没有收获。"这个时候，我就会跟女儿商量，不上这个老师的辅导班。如果女儿回来说："哦，这个老师太牛了，她的解题思路新颖独特，不同寻常！"那我会接着报这个老师的班。时间长了，女儿也跟着我学会了计算培训班费用的投入产出比。而如果遇到的老师具有上面那两种老师的特点，她会把辅导班上成跟老师的"一对一模式"。遇到会的知识点，她一定会在课堂上跟老师呼应："这个您讲得非常清楚了，但遇到另外的情况怎么解决呢？"老师不自觉地就被她引导了，开始讲她不懂的知识点。在这样的辅导班上，很多孩子都是被父母逼迫着去上的，和我女儿的目的完全不同。他们或者忙着趁上辅导班的时间谈恋爱，或者坐在后排打游戏，他们甚至连老师讲了什么都不知道。这样，老师往往也就顺着我女儿和几个坐在前排、有强烈求知欲的学生的思路往下讲课了。

有一年，我的一个女性朋友花了 10 万元给她儿子报了一个中考辅导班，跟我说："据说，这个辅导班特别有效，承诺 10 万元提高中考成绩 30 分。"

我问："那中考成绩提高不了 30 分，给退钱吗？"

她说："给退，1 分退 2000 元。如果 1 分都没有提高，退 6 万元。"

我说："那中考成绩跟哪个成绩比较来确定提高的分数呢？"

她说："跟第一次模拟考试的成绩比较。"

我想："那培训机构无论怎样都有 4 万元的收入。"

她儿子在第一次模拟考试后去了那个辅导班。至于她儿子愿不愿意学，想不想学，能不能真的提高分数，她已经不再管了，花了钱后，剩下的就是老师跟她儿子的事情了。事情的结果是她花了 4 万元，因为培训机构给她退了 6 万元，她儿子的成绩 1 分也没有提高，却浪费了整整 3 个月的时间。

这样盲目花钱上辅导班的事情，我从来没有做过。并且，到了初三，我就不让孩子再去辅导班消耗时间了。根据孩子历次考试情况，我已经总结出了孩子丢分最多的题型，有针对性地请了一对一的老师专门攻克。

比如，数学试卷的最后一道题的最后一问，女儿每次丢分都很严重。我请了一位重点中学的老师，上了 3 次一对一的课程就解决了这个问题。一对一的课时费很高，一次 500 元。可就算如此，3 次课花费的钱还不到辅导班学费的 1/3。最为关键的是，这节省了孩子的时间。

不过，千算万算，报了这么多班，我愣是没算到一件重要的事。

2008 年的秋冬季节，我居然被学校的体育老师给"叫家长"了。体育老师跟我说："听说您女儿各项文化课成绩都名列前茅，但为什么就不重视我的体育课成绩呢？"

我呆住了："孩子们不是都很喜欢上体育课吗？我女儿也一定喜欢您的课啊！"

"拉倒吧，您女儿上我课还带着英语单词卡，根本不认真。"那位体育老师说，"您知不知道，他们这届学生毕业时中考成绩的总分中，体育满分由 30 分提高到了 40 分？您说拿到这 40 分是不是比文化课成绩提高 40 分更容易？"

坏了。我还真把体育分数计入中考成绩这事儿给抛到脑后了。我赶紧认同地点点头："您说得很对。您是不是觉得我女儿体育差，得不了 40 分的满分？"

和我对话的是一位女性体育老师，做事非常果决。她说："是啊，我们领导跟我说了，要保证孩子们都拿到这 40 分。特别是年级排名前 30 的学生，必须拿满！不能因为体育成绩影响学校进入市重点高中学生的比率。您女儿我看够呛！一是太胖，仰卧起坐一个都起不来；二是不爱动，跑两步就大喘气停那儿了！"

这是我万万没有想到的，女儿的体育竟然这么差。为了上个好学校，这些体育项目必须过关。我谢过体育老师，并表示回去一定狠抓体育，让她放心，不会拖学校后腿。

临走的时候，体育老师跟我说："最好给孩子报个培训班，篮球障碍跑需要技巧。"

我震惊地问："体育居然还有培训班吗？！"

体育老师回答："我听其他家长说，首都体育馆那里有培训班，你可以带孩子去看看。"

跟老师道别后，我直接开车去了首都体育馆。果然，那里有针对中考体育项目的培训班。我不敢迟疑，赶紧给孩子报了名。回家的路上，我禁不住笑起来，一门体育课竟然也要上培训班来帮助孩子考出好成绩。

报了培训班并不意味着体育成绩就能提高，无论报了什么科目的培训班，家长的参与都十分重要。体育培训班能够教会孩子怎么利用技巧获得更高的分数，但是体质的锻炼可是日日功。体质不好、耐力不够、肥胖等直接影响体育竞技能力。这些方面不提高，有技巧也是枉然。

于是，陪读的我，开始了"陪跑"。每天晚上8点，我们娘儿俩会到周边公园或者中学的操场上跑几圈，一直把一个将近140斤重的大胖姑娘跑掉了40斤。随着体能的增强，女儿的各项体育测试成绩越来越接近满分。到中考前，我和体育老师已经不再担心了。我的女儿也变成了一个身材苗条的漂亮姑娘。

2021年的7月，就是我写这本书的此刻，中共中央办公厅、国务院办公厅印发了《关于进一步减轻义务教育阶段学生作业负担和校外培训负担的意见》。之后，北京又出台了教师轮岗制细则。"双减"加"教师轮岗"政策一出，很多校外培训机构纷纷"撤摊"。我感慨万千，自此后，我们家长再不用花额外的钱给孩子们补课，孩子们在周末也能去做一些自己喜欢的事情。这些年，我带着孩子东奔西跑地上辅导班，浪费了孩子和我多少宝贵的时间。而"教师轮岗"一落实，普通学校的孩子也能享受到好的师资了。

在家长会上分享教育经验，我深感"成功与荣耀"

进入这所民办公助的外国语学校，我才从其他家长的聊天中得知，原来学生想来这所学校读书也很难。我们对朝阳区的学校如数家珍，对于崇文区的学校却不是很了解，只知道这所学校是可以在北京市范围内招生的民办公助学校，我们每年需要额外花几千元学费。实际上，这所学校的中考成绩排在崇文区前 5 名，这所学校也曾培养出很多进入北京市知名高中的学生，甚至还出过崇文区的中考状元。正因为这样，在我女儿入学的第二年，这所学校就被收编为公立学校了。我们只多交了一年的学费，它就由民办公助学校变成了九年义务制学校。

围绕中考成绩这根指挥棒，学校首先在招生时就对学生进行严格筛选，招进来一大批有学习潜质的孩子，他们是为学校赢得声誉的主力军；其次，学校招聘的都是好胜心强、非常有责任感，教学经验丰富的老师；还有就是，学校有很好的激励机制，会对学生取得优秀中考成绩的老师进行奖励。

为了中考取得好成绩，学校和老师们会用很多办法，让孩子们形成你追我赶的学习氛围，考试排名就是学校常采用的办法。

女儿从进入初中，月考、季考时有班级排名，期末还有年级大排名。年级大排名时，榜单还要挂在教学楼楼道里，直到下次大排名之前，它都不会被撤下去。这样，同学之间差多少分、差了多少名就清清楚楚、明明白白了。这张榜单冷冰冰地挂在那里，看着学生们的酸甜苦辣。考得好的，自然开心快乐；没有考好的，难免感到难过；第二名会盯着第一名的成绩羡慕；考了倒数第一的会感到羞耻，甚至还要准备好回家挨揍……

榜单挂出来后，老师们还会让考了前几名的孩子上台给同学们讲学习经验，让倒数几名的孩子请家长。

拿到第一名就成了孩子们争先恐后要达到的目的。为了达到这个目的，除了要"卷"自己，通过勤奋刻苦让自己变得更强；还要"卷"别人，想办法让别人变得更差。

我记得女儿上初一的时候，发生过一件令我印象深刻的事情。有一天，我下班去接孩子放学。那天去得有点早，学校还没有下课。我就站在学校外面等，学校门口还有很多等待接孩子的家长。突然，两个妈妈就开始争吵起来。

　　其中一个妈妈说："警告你，如果你女儿再偷偷撕我女儿的练习册，我就去告老师。"

　　另外一个妈妈也不示弱，说："你女儿的练习册被撕了，凭什么就是我女儿干的？我女儿比你女儿学习好，为什么要撕你女儿的练习册！"

　　那个妈妈说："因为你女儿心术不正，唯恐我女儿超过她！"

　　……最后，学校里的一个领导出来才制止了吵闹。

　　后来，我一打听才知道，这两个妈妈的女儿在同一个班。两个孩子都非常优秀，轮着当第一名。那个据说撕了别人练习册的孩子学习成绩相对要好一些，为了不被排名紧跟她的女同学超过，就偷偷把人家练习册撕了。

　　还有一次我参加女儿的家长会，碰到一个家长，她跟我说："我儿子特别傻，一直跟班里一个男同学疯玩，不好好学习。那个同学天天跟他嘲笑那些勤奋用功的孩子，觉得他们特别笨。我儿子怕人家笑话自己笨，连课也不听了。可您知道吗？那个同学在学校从来不学习，白天上课时趴在桌上睡觉，下课就跟同学们疯玩，但每次成绩都名列前茅！后来，我儿子才知道，人家每堂课都偷偷录了音回家学！"

　　我瞪大了眼睛看着那个家长，说："那他为什么要这样？"

　　那个家长说："这就是最可恶的地方，一个班的男同学白天在学校都跟他疯玩，晚上回家又不学，成绩肯定上不去啊！人家可不一样，天天晚上学，每次都考前几名！"

　　这两个孩子的举动突然让我想起自己的求学时代。我上学的时候，也经常有类似的事件发生。令我印象最深刻的一件事发生在小学，因为妒忌考试成绩第一名的同学，我们班第二名的同学，竟然发动全班同学把第一名的同学给孤立了。我记得，第二名的同学是班长，她管着各个小组长，各个小组长都管着组员。每天放了学或者周末，我们都会被叫到第二名同学的家里跳皮筋。如果谁要是敢跟第一名的同学说一句话，第二名的同学就让小组长欺负他，最终班里的同学都吓得不敢跟第一名的同学说话。

尽管长大后，大家已经不会受某个同学控制，但类似第二名那样的同学很多，只是因"妒忌"而"踩压"别人的方式不同罢了。即使后来工作了，我仍然能够看到这样的人。他们从学生时代带来的那套做法——"卷"自己强，"卷"别人差，会被自然而然地应用于工作中。他们会处心积虑地把别人踩在自己脚下，想方设法往更高职位上爬。

我一直不知道怎样定义这样的人，直到后来看到北大中文系钱理群教授定义他们为"精致的利己主义者"，才恍然明白，并深以为然。在钱教授看来，"精致的利己主义者"有着高于常人的智商和情商，为人世俗、老到，善于表演，懂得配合，更擅长利用规则的漏洞达到自己的目的。分析其形成原因时，钱教授认为，"唯分数论"是根源。

处在这样的环境中，我女儿也不例外。"好"在她只"逼"自己强，不"卷"别人差。

小升初的挫折给我女儿的一个深刻教训就是，一定要做一个老师心中的好孩子，才有可能当上三好生、班长和团干部。所以，初一开始，她突然之间变成了一个"精致的利己主义者"和"实用主义者"。

她努力"自鸡"，每门功课都设法考第一。她严格按照老师的要求规范自己。每天课间她都主动擦黑板，放学后主动留下来帮老师打扫教室卫生，很快就成了班主任的得力助手。

她的"自鸡"不仅限于文化课，只要能给中考加分的技能统统不放过：画画、弹古筝、跑步、仰卧起坐……另外，她还热衷于竞选三好生、班长、团干部。似乎她抓到得越多，未来上名校的概率就越大。最终她把自己"鸡"进了班级前三，全年级前五，各个方面都很优秀。

　　初中时的女儿真的是我当时的骄傲。自从她上了那所外国语学校，我就是一些家长羡慕的对象，因为他们孩子的成绩实在太差；同时我也是一些家长嫉妒的对象，因为他们孩子的成绩也很优秀。

　　女儿取得这样的成绩，我内心窃喜，深感成功与荣耀。特别是被老师请到讲台上给其他家长分享教育经验的时候。

　　那时，我会站在讲台上，看着教室里黑压压的家长们，看着他们或羡慕或嫉妒的眼神，我的得意就像遇到阳光的肥皂泡，变得五彩斑斓。

　　我会跟家长们分享辅导班的相关信息，讲什么样的辅导班对孩子提高成绩有益；也会给家长们分享怎样参与孩子的学习；还会分享怎么给孩子做好后勤工作；还会跟家长们说如何让自己的孩子尊重老师，以及家长应该怎样配合老师让自己的孩子考出好成绩。

　　我在一次发言中这样讲道："举个不恰当的例子，教育孩子就像放羊，咱们的孩子就像小羊，家长和老师就是牧羊人。咱们牧羊人的目的是一致的，那就是把咱们的小羊往北京市区重点学校赶。因此，提高分数非常关键！"

　　"分，分，学生的命根！"为了让孩子取得高分，进重点高中，我把女儿"鸡"成了钱教授口中的"精致的利己主义者"，而我则荣登"优秀家长榜"。

　　多少年后，这段经历留在女儿精神上的印迹还在折磨着她，让她焦虑痛苦。回望这段历史，至少有两点让我无法释怀且深深后悔。

第一点是，我把女儿"鸡"成了"永动机"，让她不停地运转，从不停歇，不懂生活，也没有了生活情趣，一旦停下来，她就会变成"空心人"——无聊、空虚、焦虑。

　　女儿并不是考试的"常胜将军"，初中期间，也屡次失手。考不好的时候，她会特别痛苦，后悔自己考前没有好好复习，考场上没有好好发挥。我发现，她的那种痛苦要维持两周，这两周内她几乎无法全心学习。看到她这样，我总跟她说："与其这样痛苦，不如事前好好学习。"

　　"与其这样痛苦，不如现在努力，争取下次考好。"

　　"天道酬勤，你勤奋了，自然有好成绩回报你！"

　　这些话就像唐僧念给孙悟空的紧箍咒。多年过去，这些紧箍咒仍禁锢着女儿，让她无法松懈下来。她从来不敢偷懒，唯恐自己懒怠了，就会被别人超越。她就像一只永远都停不下来的陀螺，被自己抽打得一路狂奔，焦躁不安。

　　一旦停歇下来，她就会恐惧焦虑，她就会觉得活着毫无意义，了无生趣。

　　第二点是，这个时期的经历经常会让女儿产生盲目攀比的痛苦。

　　初中阶段的竞争让女儿有了一种惯性竞争意识。无论在哪个方面，只要人家有了进步，她就焦虑，担心自己落后。攀比之心就像一个魔鬼住在她的心里，折磨着她。

　　毕业后，看到自己二十出头的同学已经年薪百万时，她便抱怨："当初我也应该在本科阶段出国留学，跟她一样成为高级白领，年薪百万！"

　　换了以前，我会很后悔自己没有在本科阶段送她出国读书。但现在，她说这话时，我发现问题的症结不在"是不是送她出国留学"上。

我会跟她说："你跟那些出国留学的同学走的是不同的路，没有可比性了，如果还要比，那就是盲目攀比。你这是跟自己过不去，为难自己。也许，此时此刻你那年薪百万的同学还在羡慕你呢！"

生活是多彩多样的，人生的道路千千万万条。我们常常把学校比喻为花园，把老师比喻为园丁，把孩子比喻为花朵。我认为，教育就应该是让百花齐放，让每一朵花都散发出独特的清香。那样，我们就能优雅地赞美别人取得的成绩，庆贺自己努力后得到的回报，而不是在不同的道路上盲目攀比。

升学大转折！女儿要退学写作

"鸡娃"的过程并不是一帆风顺的。

当我盯着市区重点高中努力给孩子"打鸡血"的时候，突然发现孩子开始"跑偏"了。初二的时候，我发现她成绩下滑严重，就去找原因。每天看她坐在桌前不停地写呀算的，也没有什么异常，怎么成绩就掉下来了呢？有一天，趁她去上厕所，我悄悄走近她的书桌，发现她在修改一篇小说，而且这本小说是打印出的完稿，叫《凉烟》。我当时很狐疑，你说她是在读手抄本吧，不太像，上面都是她改动的字迹；你说是她写的吧，这么长的小说，至少十几万字，是一部完整的文稿，她是什么时候写出来的呢？

她从厕所回来后，看我捧着她的厚厚一沓文稿在认真地读，有点心虚。她明白我的心，知道短视、功利的"小镇做题家"只允许搞与中考成绩有关的学习。于是她就站在那里，缩起肩膀，故意怯怯地装出一副可怜的样子，试图阻止我对她发火。我问："这是怎么回事？"

她小声说："妈妈，这是我写的。"

我疑惑地问："你写的？这么长？什么时候写的？写了多长时间？最近考试成绩下滑，跟写这个是不是有直接关系？"

她看我咄咄逼人，立马就会发火的样子，便机灵地转移话题："妈妈，你看看我的小说，好不好看！"然后，她很快跑到书桌前，从抽屉里拽了一本杂志递给我，接着说："妈妈，你看我最近投出去的稿件，被这家杂志社用了，他们还给我寄了稿费！妈妈，你看我都能挣钱了！我觉得我能靠这个吃饭！我想休学，专心写作！"

她从小就是报喜不报忧，用报喜的方式稳住我，是她惯用的伎俩。我曾经跟一位同事说起此事，他说："她会报喜不报忧，说明你管她太严格了！"

听她说要休学写小说，我心里咯噔一下，放下她辛苦写的长篇小说，看着她说："妈妈劝你读读《梵高传》。读完了，咱们再讨论你休学写小说的事情。"然后，我就把那本欧文·斯通的经典传记小说递给了她，同时把她写的小说和发表了她的文章的杂志拿走了，并跟她说："时间紧迫，就一个月，你必须看完《梵高传》。与此同时，妈妈保证看完你的小说，然后咱们交换意见！但这一个月，学习不能落下，成绩不能下滑！"

这是孩子出现的第一个闪光点，是她的第一个成形的爱好。"小镇做题家"深知自己的眼界不够，不敢妄做决定。虽然我是家长，负责抚养她，但也不能想怎样对她就怎样对她，尤其是事关她前途的事情。

这一个月里，我认真读了她写的长篇小说《凉烟》。那是一个发生在民国时期的上海滩的故事。这篇小说能吸引我读完，但不是那种拿起就放不下的小说。那种拿起就放不下的小说，我看过很多。那种现实的残酷、灵魂的震撼、心灵的颤动，让人难以忘怀，读后能有"咂巴"的滋味。她的小说勾画出的生活充满了模仿痕迹，结构处理得也很稚嫩，没有跌宕起伏。但毫无疑问的是，她的语言过关了，有文采；她也查阅了大量历史资料，引用准确、合理。

与《凉烟》相比，发表在那本名不见经传的中学生杂志上的短篇小说其实更有意思一些。这部短篇小说模仿的应该是鲁迅的《狂人日记》的风格。小说从一个精神病人的视角，把米开朗琪罗、大卫和断臂维纳斯错乱地放在一起，看起来没有逻辑，却充满了想象力，表达的是一种舍身的爱恋，读起来有一种令人窒息的激动。杂志的编辑在文末是这样评价这篇小说的：

这是一篇短篇小说，属于幻想类，讲了两个艺术家的故事，历史背景是二战刚刚结束。小说魔幻色彩浓郁，情节曲折，故事性强。作者巧妙设置悬念，吸引读者阅读，在叙述过程中，注重细节描写，人物语言、神态表情都很有特色，符合人物形象，而且为下文做了铺垫，耐人寻味。

上榜理由：语言生动细腻，人物形象鲜明，故事曲折动人。

作为一名初二的学生，女儿能够写出这样的短篇小说和长篇小说，已超出同龄孩子的写作水平了，但是距离成为作家还很远，她只是具备了尚可的语言表达能力而已。这是我的看法。

为了证实我的看法，我把这篇小说拿给一位好朋友阅读。她是一名藏族女作家，叫白玛娜珍。那时候，娜珍从拉萨来，在距离我家不远的鲁迅文学院进修。她写了很多书，是一位用汉字表达藏族人生活、思想及民族习俗的作家。看了我女儿的短篇小说，她赞叹不已，觉得孩子可以朝写作这个方向发展。但当我问她："如果孩子没有完成义务教育阶段的学业就休学写作，你觉得行吗？"话一出口，我就感觉到她有些犹豫。

停顿了一下，她说："这是一件关系孩子一生的大事，一定要好好想想。"

　　其实，我知道，她的儿子非常热爱画画，她也曾经多次跟我提到将来要送儿子丹拉去学画唐卡。可她每次提及此事时，总说："等他再长大一点点，初中毕业以后吧！"

　　这期间，我也征求了很多朋友的意见和建议。大家都觉得一个初中学生暂停学业，全力以赴去写作，是一件不可思议的事情。在我的周围，所有人家的孩子都是要上完大学才会决定自己的职业方向的。

　　如果女儿真的选择休学写作，是非常冒险的。如果她能写出名堂，像当时的年轻作家韩寒、郭敬明一样还好；可如果写不出名堂来怎么办？那时再想重新回到学校接受教育就很难了。文化底子差，没有学历，就业的选择面就会很小。

　　"小镇做题家"是普通人家的孩子，只知道脚踏实地地靠自己的努力去够自己够得着的生活，天生不敢冒险。我不敢拿女儿的前途去做试验。

　　最后，我决定跟孩子的爸爸商量一下。毕竟这个孩子不是我的"私有财产"。孩子的前途，爸爸也应当参与计划。爸爸也赞同我的想法，不允许孩子休学写作。如果她想走写作这条路，至少要等大学毕业以后。那才是她能理智确定职业方向的年龄。

　　当我把这个决定告诉女儿，并要求她以后把精力放在提高学习成绩上，暂时放弃写作的时候，她是绝望的。看着女儿难过的样子，我说："我想你也看了《梵高传》，想要成为一个大艺术家，要经历多少磨难，不仅是创作上的，更有生活上的。梵高，一直靠接受弟弟提奥提供的生活补贴才能维持职业画家生涯。妈妈爸爸活着还好，能养着你，我们离开之后呢？"

对于休学以后的写作生活，稚嫩的女儿是无法想象的。她也不能确定命运会赠予她什么，是名利还是痛苦？她在不情愿中，选择了暂时放弃休学写作，努力学习。

女儿上大学后，聊起当年，会调皮地逗弄我："妈妈，当时要是休学写作，我会赶上网文 IP 最好的售卖时代。我也许已经卖出几千万元的 IP 了。如果能够回到过去，你会选择让我休学写作吗？"

女儿的这个问题，我深思了很久。是啊，那个时候正是网络文学兴起之时，充满了机会，也很容易成名。但历史的选择不可能更改，我的眼界受历史条件、个人观念、个体经验等多种因素限制，我阻止她休学的选择是必然的。

我无奈地跟女儿说："如果能够回到过去，估计妈妈的选择还是会让你失望的。"

但我坚信，热爱就是这样有力量。女儿绕了很多路，最后还是回归她最喜欢的文学之路。何况，对于上初中的她来说，能与一个文学网站签约就是她最大的理想了；而现在的她，则对自己的写作水平有更高的要求。

好在当年我的女儿还是听话的，她没有用反抗和"躺平"对抗我的决定，而是乖乖地回到课堂去提高她的成绩了。而我周边的很多家长就没有我这么幸运了，有的孩子被"鸡"得厌学了，天天骗父母；有的父母和孩子连话都不说了，他们之间的关系变得非常紧张和糟糕，恨不得一辈子都不想互相看见了；有的孩子甚至离家出走了……

"鸡娃"要付出代价，有时甚至是我们不能承受的代价。

停止写作的女儿迎来了初中最紧张的一年。学业繁重、竞争激烈、内卷严重压得她喘不过气来。好几次，她都跟我说："妈妈，我的心脏疼，喘不上气来。"

我想，不能再像她小时候耳朵里进塑料珠子那样漠视她的健康了。我必须带她去看看。我带她去了医院，把她的情况跟医生说了。医生要求女儿去做心脏方面的各项检查：心脏 CT、彩超、静态心电图、动态心电图等。检查结果显示没有异常，医生看完检查结果，眼睛从眼镜后抬起来，看看我们说："要不，你们去看看心理咨询师？"

我一下子蒙了，问医生："她心理有问题？"

医生说："中考临近，压力太大，很多孩子都这样。去找个心理咨询师聊聊吧。"

我开始整天在网络论坛上看关于心理咨询的帖子，最后锁定了一位口碑不错的私人心理咨询师。虽然这位咨询师的费用很高，但我还是预约了他。

一个周六没课的下午，我和女儿走了很远的路，去拜访了这位大名鼎鼎的咨询师。那天是女儿自己进去的，我在外面等。女儿出来后，跟我说："妈妈，不要再花这个钱了，他解决不了我的问题！"

我还想追问，女儿却愤怒地背上包走了。其实，当时我的女儿已经患上了轻度的躁郁症，而我却浑然不知。

女儿进了北京四中道元班

北京的"原住民"对北京四中是很有情怀的。如果谁家的孩子去了北京四中读书，他们都会眼睛一亮，投去羡慕的眼光，还会夸上一句："您的孩子真棒！"

北京四中的前身是清末赫赫有名的"顺天中学堂"。1912 年，它改名为"京师公立第四中学校"。1949 年，它又改名为"北京市第四中学"。这所学校自成立以来，一直秉承着一种校风：敦厚优良、思想独立、精神自由。在我看来，它是一所有独特灵魂的学校，更多的时候是用人文精神去熏陶孩子，而不是单纯追求升学率。

受北京"原住民"的影响，我这个外地来的姑娘一直对北京四中心心念念。小升初时，我就想让女儿到北京四中初中部就读。为了实现这个目标，我曾为女儿精心制作了一本厚厚的简历，亲自跑到北京四中初中部投递。

那是 2007 年 3 月，北京四中初中部的一个开放日。来自北京市各个地方的家长和学生挤在校园里。我怯怯地把简历递给了招生老师，老师扫了一眼，顺手把它放在了旁边码得高高的学生简历上，跟我说："上面留电话了吧？我们有意向的话，会通知您。"

递完简历，我站在旁边听周边的家长们聊天。那些家长看起来非常自信，我一打听，人家的孩子都是"牛娃"，不是市区三好生，就是红领巾奖章获得者，还有各类比赛的获奖证书。而我女儿所拥有的那些证书在人家那里都显得太普通。我有些气馁。理所当然地，我也一直没有等到北京四中的录取电话。

2010 年的春天来临了，女儿即将初中毕业。这 3 年里，通过各方面努力，她终于收获了一沓证书：区级三好生、区优秀学生干部、区优秀共青团员和若干校级获奖证书。同时，她的绘画作品还获得了北京市学生艺术节、区学生艺术节的大奖，为中考成绩加了 5 分。她更强的核心竞争力则是各科文化课成绩在全校乃至全区内都非常突出。中考只要正常发挥，她进北京四中应该问题不大，就算考试发挥得不好，上个市重点的汇文中学还是没有问题的。当然了，如果能够被这些学校提前招录，那是最踏实的。

2010 年过完春节，我就整天在网上看各个学校的提前招录信息，当时我的目标是北京四中的"人文实验班"。但那年3月，得益于校园开放日的现场咨询，"道元班"成了我的新目标。网络上有一段关于道元班的简短解释：北京四中将在2010年新高一年级开办"北京四中杰出创新后备人才培养道元实验班"，简称"道元班"。这个班在全北京市只招收30名学生，选拔的标准是：

在某一领域具有浓厚的兴趣甚至达到痴迷、迷恋的程度，有着扎实的基础和超越同龄人的学习潜力，且在此领域具有超常的认知能力、思维能力、敏感性和创造性，并有超乎寻常的学习内在动力。

看了这段解释，我心里有点打鼓，觉得自己的女儿跟这个"创新后备人才"的距离有点远。但是我女儿一度痴迷写作到了要休学的程度，跟这个道元班又挺对路子。我想，不管怎样，我必须去咨询一下。咨询之前，我把女儿这几年写的长篇小说和在杂志上发表的那些文章全部翻找出来，复印后跟女儿的个人简历及各种获奖证书装订在一起，并且让女儿专门给北京四中的招生领导写了一封自荐信，一起塞进那本厚厚的简历里。我记得女儿在那封自荐信里这样写道：

尊敬的校领导，我非常青睐贵校独树一帜的素质教育方式，心中无数遍想象着贵校的学习氛围，也曾偷偷地参观过校园。希望您给我一个机会，我一定能在自己无比热爱的文史哲领域有所建树！

也许是这封信的真挚感动了学校，这次我们很快接到了学校的考试电话通知。

我记得第一次考试是在2010年的4月初，那次考试是跟其他实验班一起进行的。北京四中的西校门外停满了家长们的车。家长们三三两两地聊着天，站在外面等。那天，女儿出来的第一句话就是："参加笔试的同学坐满了一个礼堂！"

她手里拿着张纸条，说这张纸条是贴在每一张考桌上的。我接过纸条一看，北京四中贴心地对每一位考生写了以下这段话：

亲爱的同学：感谢你对我们的信任并参加本次活动，祝你取得好成绩！我们深知，所有参加测试的同学都是各学校的优秀学生，无论在学习还是活动方面都有自己的特点。需要特别说明的是，由于本次测试与中考侧重点不同，因此，如果你在测试中表现不够理想，并不表明你的实际学习能力不足，你更不能因此丧失自信，希望你一如既往地投入中考复习，争取中考取得好成绩，顺利考进我校。阅卷工作将很快完成，为了减少本次测试对你带来的影响，测试成绩不公布，也不提供成绩查询服务，希望各位同学和家长能够理解。入围的同学将在3周内收到电话通知，希望没有收到通知的同学继续努力，争取中考取得好成绩。我校欢迎你的加盟！

这张纸条上的内容，让我感慨了很久：这是一所怎样的学校，如此尊重、体谅和爱护孩子们！

为了化解这3周等待的焦急，我和孩子去考察了崇文区排名第二的广渠门中学，那个学校有个宏志班闻名全国。那是个为优秀的贫困生特设的高考班，减免3年的学费及书费，每个学生还有一定的补助。我们的经济条件算不上贫困，不符合要求，就算能考上，也不会被录取。于是，我们又去了西城区。那里有北师大二附中，它的文科实验班一时风头无两。上过《百家讲坛》的纪连海老师也在那所学校任教。我也替女儿投递了一份简历。

4月20日左右，我接到了北京四中通知女儿一试通过的电话，我和女儿都非常激动。一试之后就是二试。去二试的时候，北京四中西门外面就没有那么多家长了。站在那里等孩子考试的工夫，我结识了一位跟我们一样报名"道元班"的女孩的妈妈。她的女儿来自宣武区（现为西城区）某中学，她是某报社的编辑，女孩的爸爸是驻外参赞，家庭氛围好得不得了。他们家的女儿聪明伶俐又漂亮，一提起女儿，妈妈就满脸掩不住的自豪。然而，这位妈妈对道元班充满了质疑："网上都说，这个首届道元班能成为 21 世纪的'黄埔一期'。我看够呛！"

然后她又说："我家孩子想考，那就让她考考吧！我总觉得这首届道元班就没有个准谱！我们不想当小白鼠，考上了我们也不来！"

瞧瞧，人家考上都不来，我却只担心考不上。

"我们都被北京八中实验班提招了。那个学校离家近，也非常好！"

我羡慕地看看这个保养得当、苗条知性的女人，不敢再贸然搭话了。

跟那位妈妈一样，我也无法确定道元班未来的走向。但看到道元班实行"导师制"的教学计划，我想，这一对一的高级师资力量，孩子能差到哪里？再说了，能够成功被北京四中提前录取，拿到这个道元班的录取通知，就是女儿的一次解放。我不想让她在中考前大把地掉头发，心情抑郁。

第三次通知我们去考试时，已经过了五一劳动节。北京四中西门外等待的家长又少了很多。这次，我没有见到那位女儿被北京八中提招的编辑妈妈。一轮一轮的淘汰，让我胆战心惊。全北京市就要 30 个学生，据说北京四中初中部就已经占了将近一半的名额，来回筛选，过程熬人。

这次孩子参加面试出来的时候，又递给我一张纸条。纸条上写道："近日向加试合格的同学发放合格证明，并通知家长来校签订协议。"同时还说："没有接到通知的同学，希望继续努力。"

看到这张纸条，我知道所有的考试结束了。

我们在忐忑中开始准备迎接中考。很快到了 5 月中旬，女儿所在的外国语学校的学生们都处在一种箭在弦上的备考状态中。

　　有一天，我突然接到女儿从学校打来的电话："妈妈，北京四中有结果了吗？他们要不要我？现在汇文中学的招生老师正在我们学校，想跟我们这几个年级排名靠前的学生签提前招生协议，咱们要不要签啊？"

　　我赶紧跟女儿说："你告诉老师，妈妈要考虑一下。一个小时后再决定行不行？"

　　女儿说："那要快一点啊。招生老师等着大家签字呢！我已经被老师'摁'在办公室了。放学前必须签好，否则汇文中学就不要我了。"

　　挂了女儿的电话，我试着给北京四中的招生办公室打了一个电话。接电话的是一名男老师，我问他北京四中有没有录取我女儿。

　　他回答："现在还没有确定下来。"

　　我赶紧把汇文中学要跟我女儿签提招协议的事情跟他说了，并恳求他："如果咱们学校打算要她，我们就不签这个协议了。"

　　于是他问："您女儿叫什么？哪个学校的？"

　　我告诉他女儿的名字和学校，听到电话那头"哗啦哗啦"翻动纸页的声音。

　　过了一会儿，那位老师拿起电话跟我说："不用跟汇文中学签了！"

　　我赶紧追问道："您的意思是咱们学校打算录取我女儿？"

　　那位老师严谨地说："录取名单上有您女儿，但这不是最后结果，我们需要报教委批准！所以我不能肯定你女儿被录取了！"

　　我赶紧向对方道谢，挂了电话。至今，我都不知道接电话的老师是谁，但那个时刻，我非常高兴和激动。撂下电话，坐在一旁的同事看向我，说："你女儿真厉害！"

我心中还有迟疑，仿佛不相信女儿能够优秀到被北京四中录取。我问同事："对方说不能肯定我女儿被录取，这话什么意思？你帮我分析分析，这是要我女儿了吗？"

我同事对我的不自信翻起了白眼："啊呀，这还用说吗？人家都说得很明白了！不用跟汇文签啦！"

我又在心中天人交战了片刻，给女儿打了电话，告诉了她这个结果。

3天后，我们得到了北京四中的正式通知，女儿被首届道元班录取了。

这个时候距离中考还剩下一个月，炎热的夏天即将来临。

话题 4
Topic Four

第一次在地理课本上见到
东非大裂谷时，我的同学已经去过了

女儿篇 | 岂曰无衣，与子同袍

须知人之所以生，要以自食其力为本根，以协同尚义为荣卫。所贡献于群众者不啬，斯群众之报施我者必丰。藉势倚权，常与祸构，不可为也。故求其可恃莫如学，势可踣也。学不得而阒也。今学者每期期焉，以学不见用为虑，而不以致用不足为忧，窃以为过矣。不知学无止境，致用亦无止境，有生之年，皆学之日。其受用处，非根器浅薄者所能知，亦非佻达纨绔者所能任也。诸生方盛年，志高而气锐，将欲厚其积储以大效于世耶？抑将浅尝自放以侪于俗耶？是不可不审所处矣。诸生勉乎哉！

——《京师训诫》，王道元

第一次在地理课本上见到东非大裂谷时，我的同学已经去过了

2010年9月1日，我第一次以新生的身份进入了四中。一走进校门就能看到雪白的教学楼、葱然的绿植和穿着时髦校服的学生。青春蓬勃的气息扑面而来，一切都和曾经的那所民办初中不同。这里的老师健康且充满活力，不似我初中的班主任那般疲惫和瘦弱。我的新班主任捧着一台雪银色的苹果笔记本电脑，热情而真挚地站在校门口迎接我们。他穿着浅色的半袖衬衫和休闲裤，气色红润。后来我才知道，他十分年轻，20多岁的年纪，从名校毕业，思维开放而活跃，教学水平很高。他优秀得让我觉得他来教我们这群中学生，简直是浪费人才。

但这种"浪费"的现象似乎在四中比比皆是。那高得吓人的特级教师占比、巨大的泳池、铺着木地板的篮球馆、可以做木工和电焊的科技实验室、种满鲜花的生物阳光棚、配备正版付费软件的计算机房、专业的音乐阶梯教室、有着明亮天窗的美术工作室、有着旋转楼梯的图书馆（图书馆里还有学生自营的咖啡厅）……这些都是我在从小到大的教育过程中从未见过的。

当我第一天跟着班主任游览校园时，我被这里惊讶得目瞪口呆。我悄声问班主任我能否把我的古筝带到学校里，利用午休时间练练琴？班主任高兴地点点头，说他欢迎同学们把自己的乐器带到学校里和大家交流。而且，他还特意告诉我，可以把古筝存放在闲置的音乐教室里。"闲置"这个词我听起来都有些陌生。在我的初中，我们没有闲置的教室。教学楼寸土寸金，恨不得一间教室做两种用途。而四中的艺术楼居然还有闲置的空间给学生们做琴房。

年轻的班主任健步如飞地在前面走着，嘴边挂着一个叫"orientation"

的单词。这是个高级词语，我从来没听说过。我初中学的那点英语应付个中考还够，但应付四中的开学第一天就显得有些捉襟见肘了。我偷偷拿出文曲星来查，才知道这是"迎新"的意思。每一位四中学生第一次参观学校时，班主任都会给他们做一次迎新的情况介绍，让他们熟悉校园，也让他们跟老师和其他同学更加亲近。

我看了看道元班的学生们，他们镇定自若，仿佛早就对这一切感到习惯了。事实上也确实如此。班里有不少学生是从四中初中部直升上来，还有不少学生是从各区的重点中学选拔上来的，甚至有学生是从一年二十几万元学费，教学生马术和高尔夫的私立中学考过来的。他们博览群书，见多识广。当我第一次在高中地理课本上看到"东非大裂谷"的照片时，身边已经有同学在暑假期间去过了。他可以站起来向大家侃侃而谈，他所掌握的知识比地理课本上的还要丰富。英语好的孩子，高一时 SAT 就已经接近满分了，考托福、雅思扣个几分，可以想象成给考试个面子。英语学得无聊了，人家还顺带学学法语呢。

在全班同学中，我的教育背景可以说是最处于劣势的。按理说，我应该会感到自卑。但事实上我根本无暇自卑。四中独特和令人赞叹的教学方式扑面而来，我连新奇都顾不上呢，哪有闲工夫浪费在自卑上？

进入四中的第一个学期，我每天都在探索校园。我发现这所学校有属于自己的流行。一到午休和课间，同学们会开始讨论自己最近阅读的书目。当时有 3 本书风靡校园：乔治·奥威尔的《一九八四》，北岛曹一凡、维一的《暴风雨的记忆》以及罗素的《西方哲学史》。除此以外，马尔克斯、赫塔·米勒、斯蒂芬·金、苏珊·桑塔格、王小波、张枣、史铁生、村上春树、弗吉尼亚·伍尔芙等作家也备受推崇。学校对面有一家小书店，每到放学，里面就挤满了来买书的四中学生。书店老板十分有品位：8月末9月初，下半年的日本的芥川龙之介奖一公布新获奖名单，书架上就摆满了获奖者过往的作品；到了年底，书架上就换成诺贝尔文学奖的相关书目。我戏称这家书店为四中的"三味书屋"。我高中时期一半以上的书都是从这里购入的。在这样的文学氛围的影响下，就连我的初中同学哈德门男孩，都不再每天游手好闲地在操场上和女同学们搭讪了，而是安安静静地坐在教室里读徐志摩的诗。

除了"三味书屋"外，平安大街上还有一家 CD 店，也常被我身边的几个同学光顾。这家 CD 店就是北京赫赫有名的"福声唱片"，店内配备优质的 Hi-Fi 音响、黑胶唱片机。这里贩售非主流音乐、古典乐、民乐、世界音乐等类型的唱片。品类繁多，架子上塞满了小众独立厂牌的作品，但就是不卖流行音乐唱片。想在这里买一张 QQ 音乐热销榜单前 10 的专辑，店员小哥会对你翻白眼的。你都来福声唱片了，最差也得听个赵雷或者马頔是吧？福声唱片的存在，影响了我身边的很多同学。我们开始了解皇后乐队、地下丝绒乐队、涅槃乐队、大卫·鲍伊、魔岩三杰；开始关注 iPod Classic 的贩售日期和铁三角、森海塞尔、歌德的耳机。店员们会在闲聊时告诉我们近期哪里有哪支乐队的演出。那时候北京的 Live House 文化正当时，我们在周五放学后的晚上，会把校服藏进书包里，然后溜去麻雀瓦舍、MAO、愚公移山和 SCHOOL，听周云蓬、PK14 和低苦艾。

四中对学生携带电子设备上学并没有严格的管控。出于在课堂上做学习项目演示的目的，一些同学会带笔记本电脑和平板电脑到学校。当然了，说是出于学习目的，但还是有不少同学会偷偷玩一局《英雄联盟》或者看两集《生活大爆炸》。为了让同学们不要分心，学校给学生网设置了流量和网速的限制。不过，我们班一位十分擅长计算机技术的同学，在教室后排的储物柜里藏了一个路由器，悄悄接上了教师网，以便让我们这些"网生"的"Z世代""快乐冲浪"。

当时大家经常浏览的两个网站是知乎和豆瓣。当然，知网和谷歌学术也在同学们的涉猎范围内，只是登录得相对没有那么频繁。豆瓣的同城活动很受四中的文艺少年们的关注，特别是各类798小美术馆的展出。2011年，北京的798艺术区还不算很热闹，但周末的艺术展上已经出现了同学们的身影。我和几个同学在UCCA尤伦斯当代艺术中心办了会员，参加了不少次交流项目。在这些艺术展中，我们了解到了安迪·沃霍尔、萨尔瓦多·达利、薇薇安·迈尔、坂本龙一、王兵、隈研吾等艺术家。我也接触到了我们"95后"并不熟悉的8毫米电影、中画幅胶片、磁带、无线电等诸多以前的表达媒介。其实了解这些知识对升学没有什么直接的助益，顶多是作文里的名人名言引用得比别人丰富或小众些罢了。毕竟，798艺术区门口卖的磁带和打口碟可不能帮我参加高考，但审美能力的培育和积累是润物细无声的。

以上我描述的大多是我们校园外的活动，而四中校园内的活动则围绕千奇百怪的社团展开。国学社的同学每年9月10日都会去国子监纪念孔子诞辰，每到那时，学长们会拿出自己写的文章，琅琅成诵。一篇文言文一千多字，里面大概有二百多个字我不认识，可见学长们的汉语能力多么卓绝，国学社的很多学生都升入了北大中文系；话剧社正在排练当时最受年轻人欢迎的孟京辉和田沁鑫导演的剧；英语话剧社竟然能受到法国文化部的邀请，去阿维尼翁戏剧节表演；桥牌俱乐部的学生们用扑克牌训练自己的数学思维；爱心社的同学们正在为缅甸因一场洪水受灾的人们组织义卖助捐……

在所有的社团当中，我印象最深的是一个叫"模拟联合国"（以下简称模联）的社团。这个社团起源于 1923 年的哈佛大学。那时联合国尚未成立，但哈佛的学生们已经开始模拟和扮演各国外交官，进行政治切磋与协商，试图从模拟政治中寻求世界问题的解决办法。在 20 世纪 50 年代，加州伯克利大学率先成立了模联社团。紧接着，这个社团便在全球范围内的高校和高中风靡起来。北京除了四中以外，也有不少学校如清华附中、北师大二附、一零一中学等，引进了模联社团。在我入学那年，北京的高中生们还成立了完全由学生自主运营的"北京市高中生模拟联合国协会"。模联，可谓是当时风头最盛的校园社团了。

而我，在进入四中前，都没听说过世界上还有这样一个社团。

四中的模联在礼堂的会议室内举办活动。每次有社团活动时，男生们就换上了笔挺的小西装，女生们则穿着学校的制服裙，踩着黑色的小皮鞋。大家坐在会议室内，每个人面前都插着一面小国旗，表明 Ta 所代表的国家。他们激烈地讨论，试图解决非洲饥荒、东南亚洪水和北极冰川融化等诸多世界问题。

我对模联非常好奇，一开学就报名想要参加。但进入四中的模联是要接受考核的。结果在考核时，我为了帮英国进口 10 万吨红茶，和斯里兰卡"签订"了不平等条约。紧接着，我也不知道我做错了什么，冰岛向玻利维亚"宣战"了。在考核结束后，社团的学姐委婉地告诉我，她不能录取我成为新的成员。我充分理解并支持她的决定：为了英国和冰岛等国人民的幸福，我确实不应该进入这个社团。但同时，落选的我心里也酸溜溜地想："你们这模联实在是太可笑了！就这么一群高中生，怎么可能对世界产生影响力呢？"

然而，没过几年，这些模联的成员从大学毕业后，有的人就真的在联合国就职；有的人成了英国议员的秘书，开启了国际政治生涯；

还有人选择在国内入伍当兵，报效祖国。我当时还在嘲讽这只是社团活动、学生玩闹罢了。可在四中，似乎没有什么只是"玩闹"。

除了社团活动，四中还有3个重要的晚会：五四灯火晚会、中秋"天下明月白"晚会，以及新年的跨年舞会。五四灯火晚会在每年五四青年节的傍晚举行。届时操场上会点亮灯火，每个学生手中都摇晃着荧光棒。各个班级或是社团都可以推出自己的节目。街舞社的同学跳个少女时代的舞蹈，理科实验班的同学用化学试剂做一台魔术表演……以此展现青年风貌。中秋节的"天下明月白"晚会则是人文实验班的主场。我在这个晚会上看到有学生穿汉服参加，也听到了同学们诵唱的《诗经》和《楚辞》。新年的跨年舞会在篮球馆举行。男生可以邀请自己喜欢的女生跳舞。在跨年舞会举行的前一个月，体育老师还会教我们跳国标舞。

上述的这些社团和晚会，在十几年前的北京高中里，算是独树一帜的。但在如今的北上广深的重点中学里，这类素质教育活动已经相当普遍。不过，仍旧有一点，是我认为许多学校难以和四中比肩的，那就是文化上的包容。

四中是一所非常包容的学校。对此，我有切身的体验。我在14岁时，决定成为一个素食主义者，以拒绝"杀生"作为我的人生坚持。这意味着我夏天不会拍死一只蚊子，冬天不穿动物皮毛制成的衣物。这样的习惯，我维持至今已有十余年。我之所以能够坚持，少不了四中一位生物老师对我的包容。

有一天午休，我听闻生物实验课要解剖一只活体青蛙。我感到非常生气，不理解一群高中生有什么必要非得去牺牲一个生命，来做这种完全可以从课本图片上习得的验证性实验。我跑到课堂上，呼吁大家不要解剖青蛙，也请求生物老师改变他的课程设置。老师拒绝了我的申请，认为培养学生的科学实验精神同样重要。在这之后，生物老师专门找了时间和我谈话。

进他办公室的时候，我心里还挺紧张的。我刚刚在他的实验课上大闹了一番，我担心他对我生气。但他仅仅是耐心地问我："你为什么要吃素呢？吃素在国内并不是一个很常见的饮食选择，你将来会遇到不少困难。"

"我知道。"我别别扭扭地说。我很清楚做素食主义者可能会让我远离非常多的职业选择，如厨师、餐厅服务员、动物制品的营销人员、服装设计师等。在与他人社交的过程中，我也会不断被质疑、会感受到尴尬和排挤。但是我不介意，我希望我的老师能够理解我的这种"不介意"。

"你看，从生物学角度来说，植物也算一种生命。"生物老师略带好奇地问我，"你要是戒'杀'的话，是不是连植物都不能吃呀？"

其实在我吃素的十多年时间里，我经常被人问到这类问题。我往往会给出一个统一的解释。我回答老师说："不是生物学的逻辑。我没有在做理性选择，戒'杀'纯粹出于情感原因。我很怜悯那只青蛙，我不忍心。"

"那以后的生物实验课你怎么参加呢？"他问我，"我不能为了你一个人改变全班同学的教学计划。"

"我没打算让您这么做。大家彼此尊重。您尊重我吃素的想法，我也不该干涉您的教学。虽然我还是坚持认为高中生没必要做解剖实验。"我想了想，然后提出了一个大胆的想法，"要不……我以后就不上生物课了吧。"

生物老师瞪大了眼睛，问："那你怎么学习啊？你可以不选理科高考，但你得通过高中会考呀。不然你连毕业证都拿不到！"

"我打算自学。"我小心翼翼地看着他说，"我自己读课本来学生物，不参与解剖类的实验课。您看，这样您也省心，我也舒心。是不是挺好？"

　　他提醒我："你这么做风险很大哦。"

　　"您放心，期末考试和会考我照常参加。不及格您就让我留级。"

　　生物老师盯着我思索了很久。然后，他居然答应了。

　　我其实很清楚，他内心并不理解我为什么要戒'杀'，而且他八成也不太赞同我吃素。他的生物学知识会告诉他，学生在生长发育期吃素对身体不好。但他了不起的一点在于——即使他不认同我，也能尊重我。

　　"这件事我得和学校商量一下。"生物老师皱皱眉，"你不上课的话，出勤率会是个问题。"

　　一周后，生物老师再次叫我去了办公室。他告诉我学校批准了我的自学计划。不过，我需要完成比其他同学更多的作业和学研项目，以弥补我缺失的出勤率。就此，老师提议："你不是很喜欢电影吗？你在学校里拍一个生物学方面的微电影吧。另外，如果你在自学过程中遇到什么困难，放学后可以来办公室问我。"

　　我非常感激这位老师。为了包容我的想法，他需要牺牲更多个人的休息时间来批改我额外的作业，以及一对一地辅导我。因此，我尽可能地自学，减少课后打扰他的次数。在高二的最后一个学期，我用微距镜头拍摄了一则名为《足边世界》的小短片交给了他。短片记录了校园内蚁群的生活习性和搬迁节奏，结合了高中生物课本的相关知识。我自己拍摄、剪辑、配音、调色并添加字幕，不仅学会了生物知识，还顺带学会了拍摄视频。至于考试，我为了向生物老师证明不做实验也能达到教学要求，而勤奋自学课本知识。最终，我顺利通过了高中会考。

没有留级真是万幸。

一堂选修课，改变了我的人生轨迹

四中这所学校很新奇，这所学校的学生们更新奇。我被录取为第一届道元班的学生后，我发现这个班居然只有 18 个学生。教我们的老师人数都比我们学生多。在这 18 个学生当中，大家各有特长。我是因写作特长被招进来的，还有人是因为喜欢研究历史，或喜欢化学实验、生物科研、理论物理、国学、数学、国际政治……而被招进来的。有一个男孩让人印象深刻。他擅长汽车设计，十几岁就有了专利，立志制造出最人性化的公交车。后来，他被美国克莱斯勒公司聘用，目前已回国进行相关领域的创业。

我的这些同学兴趣广泛，稀奇古怪。当他们谈论起自己喜爱的东西时，眼睛里几乎都在冒光。从小到大被视为异类的我，在道元班里突然欣喜地找到了归属感。在这里，我可以谈论我喜欢的书、电影，而不会被其他同学视为书呆子。同学们互相尊重，也经常进行激烈的学习讨论。在道元班上课，充满了思辨的乐趣。

10 多年过后，我们这 18 个学生当中，有不少人投身学术，在哈佛大学、耶鲁大学、普林斯顿大学、斯坦福大学、伦敦大学学院、纽约大学等名校读硕士或博士。可以说，道元班的大部分人都在坚持自己少年时代的梦想。

道元班从不搞成绩排名那一套。就算数学小测试时我一道题都不会做，也感受不到什么来自学业的压力。这和我的初中完全不同。我的初中几乎每周都有测试，每学期都有一次大排名。每次考试成绩出来时，我都是焦虑而紧张的。可是，道元班就完全不同了。在我印象中，道元班最严酷的考试不过就是一次"智力测试"。有一天午休时，班主任突然叫我们去计算机实验室做一套测试题。这些题目大多稀奇古怪，令人头疼。做完了我们才知道这是一次智力测试。但即使是这场考试，我们也不知道自己的得分和排名，一切只能从班主任拿到成绩后的微表情里进行推断。

道元班的课程设置非常独特。我们虽然也会学语文、数学、英语等高考科目，但学法却和高考没什么关系。拿历史课举例，历史教学更注重训练我们对历史事件的思辨能力，而不是死记硬背知识点。我们的考试不是做卷子，而经常是写一篇论文。考虑到有的同学在专业科目上已经进展飞速，四中还允许道元班的同学到其他班插班听课，就像国外的高中一样。例如，班里一位数学很优秀的女孩，每到道元班的数学课，她就拉着小椅子去高年级的理科实验班里听讲了。道元班教的那些对我来说难得像天书一样的数学题，在她看来，简直不需要动脑子。她都开始拿着全英文的美国大学的微积分教材自学了。

每周三和每周四的下午是没有学科课程的。学生们可以留在学校内自学，或者离开校园去找自己的"校外导师"。在道元班，每个学生会被分配一名校内导师和一名校外导师。校内导师是四中的在职老师，指导学生的校园生活和学业；校外导师则是四中帮我们从各大高校联系到的大学教授或独立艺术家、学者。他们将对我们进行专业方面的指导。就以那位做汽车设计的同学为例，他在上高中时就已经参与某一流大学的研究生设计项目了。

周五的最后一节课是我们最期待的选修课。四中的所有同学都可以登录校园内网，挑选自己喜欢的课程，从古典音乐鉴赏到油画基础，从生物实验课到 C 语言编程……可选课程实在太丰富，感觉高中 3 年都上不过来。

四中的选修课是我人生的关键节点，因为它直接改变了我的职业规划。

2011 年，四中邀请了北京电影学院各系的教授来学校开办电影讲座。这是我第一次如此翔实地了解电影。我也见到了著名的王红卫教授、薛晓路导演，听他们讲了非常多的影视行业的奇闻趣事。这堂选修课给我打开了一扇新的大门。我开始关注电影及影像的表达方式。

为此，我还参加了一次豆瓣的同城活动。当时优酷和土豆正在考虑合并，这两个网站的几名从业人员举办了一个线下交流会。我是现场的唯一一个高中生。我对他们所说的互联网术语并不熟悉，但这场交流会还是给了我非常重要的启示：随着各类视频网站的崛起，在未来，大众传媒将更倾向影像化的传播，而不是文本的传播。

产生了这个想法后，我再次仔细检视我的职业规划。我原先的打算是本科读个中文专业，或者出国学习英语文学专业，研究生再尝试社科类专业，毕业后就立即开始全职写作。这是一个 15 岁的孩子给自己立下的"宏伟志愿"。然而，北京电影学院的出场，让我开始动摇：只进行文本写作，是否能满足自己的创作需求呢？

经过我的反复思考以及和四中老师们的交流，我发现我着迷的并不是文字本身，而是叙事。我当时读了一本书，上面引用了罗兰·巴特的理论："叙事不一定是文字性的，它存在于日常的口语、手语、图像和影像中。它微妙地游走在所指与能指、传播者与接受者之间。"也就是说，云南的民歌调子是一种叙事、杨丽萍的舞蹈是一种叙事、PS4 上的电子游戏更是一种叙事（而且还是互动性的叙事）。叙事自原始人类在洞穴墙壁上按下手印的那一刻起，就已无处不在。那么，如果一部电视剧或电影更能让大众对我想要叙述的故事感兴趣，为什么我还要执着于文字呢？

思及此，我向四中申请，能否请一位北京电影学院的教授来做我的校外导师。四中很快帮我联系到了电影《海洋天堂》的导演薛晓路教授。

向薛老师学习是一件很愉快的事。即使我只是她众多学生之一，且或许是学生中最幼稚和最不具备任何基础的那一个，她也非常耐心地辅导我入门了剧本写作专业，并诚恳地和我讨论了放弃出国留学、考入北京电影学院的利与弊。在多方权衡下，我决定不再考虑留学和高考，而是早早开始准备北京电影学院的艺考。

更多和更自由的选择，让我看见了未来职业生涯的诸多可能性。我们小时候的那些想做科学家和宇航员的鸿鹄之志，在四中变得既现实又唾手可得。我产生了一种迷幻的自信：世界尽在掌握，似乎我只要踮踮脚尖，就能实现职业理想。

可是，当我把要去北京电影学院上学的消息告诉我的同学们时，大家都感到很诧异。毕竟，参加艺考，在四中同学看来是非常离经叛道的选择。当时学校的人人网论坛里流传着一句顺口溜：北大清华常春藤，高盛中金麦肯锡，古驰普拉达阿玛尼。这才是四中同学普遍的选择。而考艺术类院校，首先会远离顺口溜的前两句，其次也很难保证顺口溜的最后一句。

但是我不太在乎，而且我的老师们也很支持我，哪怕这绝对会拉低四中的高考名校录取率。

下定决心后，我向"腰缠万贯"的哈德门男孩借了一台专业的单反相机和几个镜头，然后开始在学校内拍摄各种各样的短片。我拍摄了四中篮球队打"耐克杯"的全过程；又追随班里一个休学去旅行的女孩，拍了一段她骑自行车去西藏的 Vlog。很快，我不再满足于在校园内创作。高二时，我和我的一位女同学向学校申请了短假。我们拿着相机走了 5 个省，拍了一部有关职业病题材的纪录片。作为四中爱心社的成员，我的同学努力地多方游说，请爱心社组织放映了这则 25 分钟的纪录片，并在校友和家长间募集了 5 万元人民币。我们将这笔钱全部捐赠给了片中需要治疗职业病的工人。

大部分同学在看到我拍摄的短片后，都鼓励和支持我。但还是有一些同学，嘴上说着"你要去电影学院啊，你好酷啊"，可看我的眼神中却闪烁着一丝"怜悯"。这种"怜悯"的目光，我曾见到过。

四中隔壁的高中校门口有一个橱窗，橱窗里贴着一张二本录取学生榜单。有一次我和一位四中同学放学路过那所学校。她看着榜单，感到不解：二本录取率有什么好炫耀的？在这所学校的孩子们看来，这是一张光荣榜；但在四中同学看来，二本，完全不在自己的人生规划里。

我无法责怪同学们这种"何不食肉糜"的心态。毕竟在一本率 100% 的四中，每年有 1/5~1/4 的学生会选择留学，且考入的都是美国、加拿大、澳大利亚、英国等地的名校。留在国内的学生也有很多进入北大、清华。就连我校高考的平均分，也基本与北师大这类重点本科高校的录取分数线齐平。四中的校门口是没有这样的橱窗的。因为，如果要贴这样的榜单，恐怕需要一整面墙。

我清晰地记得有个学姐高考失利，仅被第二志愿的一所"双一流"大学录取，她的好朋友们围在她身边安慰她："没关系，大不了就复读一年吧！"

说实话，我觉得我要是能被这样一所"双一流"大学录取，都要高兴得跳舞了。但我没有资格去评价别人的想法。毕竟这位学姐的第一志愿是北大，而她复读一年后，也确实顺利考入了北大。

因为这样优秀到"内卷"的风气，我的同学们当然想不明白我为什么要做这种"社会性自杀式"的升学选择。甚至有一个女同学悄悄问我："北京电影学院算一本吗？你这样，将来可怎么参加咱们学校的同学会呀？"

　　我听到了非常多的质疑，但好在，四中的同学并不是那么爱管闲事。他们表达惊讶，但不会阻挠。因为我已经不再参与他们的竞争，他们又何必给予我过多的关注呢？

　　我成年后反思过这件事。其实，学生们的"饱汉不知饿汉饥"的心态并不仅仅来源于学校优越的教育环境，更多是源自学生们的家庭教育。

　　四中的学生大部分来自城市的中产家庭。"中产"在中国是一个很广泛的概念。年收入刚过 10 万元的家庭可以被称为中产，而年收入超过 100 万元的家庭，在这片广阔而人口众多的土地上，也只能算作中产。用收入来衡量四中学生的父母所处的社会阶层，是有失偏颇的。因此，我这里想表达的"中产"更像是一种文化上的概念，而非收入上的概念。

　　中产文化体现在四中学生的教育上，有一个非常鲜明的特点。这个特点几乎标示着全体四中学生的同一性——大部分家庭都会对孩子进行协作培养。协作培养的概念在社会学教授安妮特·拉鲁的著作《不平等的童年》中有详细的阐述和例证。如各位读者感兴趣，可以仔细读一读她的书，我这里只做扼要的解释。所谓的协作培养，指的是父母（或者监护人）会积极地参与子女的教育过程。四中学生大多和父母保持着不错的亲子关系，家庭决策和教育方向并非都由父母说了算。而且，但凡有专横决断的父母，他们都会在家长会时被老师细心地提醒，或是在其他父母言论的影响下多少做出些改变。四中学生在成长过程中经常参与家庭讨论，小到要不要花钱报名上补习班，大到家里想要再买一辆新车或者父母的职业升迁、生意事业的选择等。四中学生的父母并不避讳和孩子探讨成人世界的问题，甚至非常鼓励孩子挑战成年人的想法。他们相信这样的讨论可以让孩子尽快形成独立思考的能力，甚至能训练孩子的领导力。这样的家庭环境让年幼的学生和成年人几乎站到了平等的位置，也让孩子产生了一种"优越感"——"我"在家里是重要的，"我"的意见是重要的，"我"是重要的。这种"优越感"在社会生活中其实非常关键。这是自信心的一个来源。在未来的社会生活中，孩子会觉得自己不管做什么，只要甘愿付出，就一定能做得到。这让孩子很少胆怯，充满了闯劲。

同时，四中学生父母的言谈举止成了一种文化资本，通过家庭讨论的形式传承给了孩子。这让孩子习惯于模仿成年人的谈判技巧，通过更成熟的话术将自己的想法进行包装，努力去说服其他人，并让他人追随自己。不自觉地，孩子就开始在集体中竞争"领头羊"的位置，并试图对其他同侪提供领导力。四中的学生们不约而同地或多或少地习得了这样的本领。我在后来创业时，也是依靠这些技巧来管理团队的。只不过因我个人性格的问题，我一直认为提供领导力是一件非常辛苦的事，因此我也相当逃避这项责任。但即使如此，我也不得不承认，我的家庭和学校给予我的文化性的能力确实在我的职场生活中发挥了重大作用。

高中时期的我，一直认为所有孩子都和四中的学生一样，可以和父母平等交流。但等到我走出校园，和更多的同龄人相熟后，我才发现，能够参与家庭讨论和决策的孩子简直少之又少。大部分的传统父母，习惯于让孩子服从自己的指令，因为这可能是最高效的家庭管理办法。拿我的好朋友小龙来举例，他就来自这样的传统家庭。他形容他小时候的家庭生活，往往会用到"压抑""烦""得不到支持"等词语。他的父亲是一名公交车司机，母亲是同一班车上的售票员。电子车票普及后，小龙的母亲被迫下岗，转行做开荒清洁的家政工。小龙告诉我，他上高中时，正是家里经济情况最紧张的时候。为了维持家用，他的父母经常需要打两份工。每天的晚饭几乎都是小龙自己想办法解决的。等到父母回来时，他已经快要睡觉了。在这种情况下，他根本没办法和父母沟通，就连高考志愿也是他拿着志愿册随便填报的。因为他的父母只和他交代了一句"尽量考个一本"，便疲惫地倒头昏睡了。

这样看来，四中的学生所拥有的"教育优势"，根本不局限于校园内，更是辐射到了家庭中。如果升学还能由学生们的成绩和能力所掌控，"家学"则几乎划出了一道教育资源上的鸿沟。四中学生的家庭对他们的教育是潜移默化，甚至是不被公众所见的。但就是这种不为人知的家学教育，让他们形成了难以摆脱的"优越感"。如果我没有对教育或社会学相关领域感兴趣，我可能也不会反思自己所获得的一切隐形的教育优势。有些享有教育优势的孩子理所应当地认为："我站在离靶子最近的位置拉弓，如果射中靶心，那是因为我很优秀，与距离无关。如果你们这些站得远的人嫉妒我，有本事就往前走两步啊？"殊不知，那些站在远处的孩子，与享有教育优势的孩子们之间的距离根本不是走个三两步就能拉近的。他们更有甚者，因为站得太远，以至于连别的孩子的背影都看不到，更别说拉弓射向靶心了。

每个人眼中都有不同的北京四中

在北京四中读书的 3 年，可以说是我人生中最快乐的时光。假如有一天我死了，我希望我墓碑上的生卒时间是"2010年9月——2013年7月"。因为只有这3年我无忧无虑，几乎没有一天产生过悲观情绪，就连我曾飞速发展的近视度数在这3年里都没有涨过。

我实在是太喜欢这所学校了，这导致我发表在《Vista看天下》的约稿文章看起来简直像一则"北京四中招生广告"。然而，在这篇文章发表之后，有不少校友联系了我。他们表示我写的文章太片面、太吹捧。因为在他们看来，四中并不是那么阳光、快乐且充满正能量的。

每一个四中的毕业生对这所学校的看法都不同，记忆也不同。甚至，10年前的四中与当下的四中也千差万别。在升学率的压力下，四中引以为傲的素质教育有些举步维艰；社团的数量减少了；学生越来越多，教室不再"闲置"，老师们忙得难以保持从容；福声唱片搬走了，校门口对面的"三味书屋"也因违建被拆除了……我对这些变化感到沮丧。我期待的"教育公平"是四中的教育模式能够推广到全国的每一所公立高中。于是，在撰写《北京第一代"鸡娃"自述：鸡了20年，还是归于平凡》之后，我又发布了一篇文章，我在这篇文章中提出了一些关于母校未来发展的疑问。但我没想到，文章发布后的第二天，我就收到了4位老师的来电和微信消息。他们向我解释了产生这些变化的原因和他们正在持续做出的努力。老师们依然非常尊重和包容地表示不会要求我删除文章，但仍旧希望我能重新审视一下我的看法。

在我看来，因为爱一所学校，才会情真意切地关注它、期待它和改变它，而这过程中表现出的批判精神也正是四中3年来带给我们的。理性和批判的确不能轻易放弃，但情感上，我还是不希望这些我敬重的老师焦心和为难。因此，我最终删除了那篇文章。

这次事件让我在创作本节内容时，陷入了两难的境地。一方面，我想展示更多维的信息，为更大众层面的读者们提供更有价值的观点；另一方面，我感受到了来自母校的凝视。经过反复的思考，我意识到其实我并不需要，也不可能有能力去描绘每一个学生、每一位老师眼中的四中。大而全的工作应当留给统计与时间。我在本书中所做的，就是诚实地展现我个人视角下的四中，以及我对它的思考。这是最真挚也是最无愧于心的叙事方法。如果你是我的校友，你认为我写的四中和你眼中的四中有所不同，互联网给予了我们更宽松和去中心化的发言空间，欢迎你在书评网站上和相关话题下补充你的观点。如果你在读完我的书后，对这所学校心生向往，那么，也欢迎你或你的孩子报考四中。

在《Vista看天下》中的那篇文章被大量转发和阅读之后，一名和我年纪差不多的女校友联系了我。她不是我的同班同学，我们在学校里几乎没说过话。就算毕业了，我和她也只能算朋友圈的"点赞之交"。时隔这么久，她突然说要约我到三元桥的一家日料店吃饭，这让我感到很诧异。

到日料店的时候，我发现这些年来女校友的变化十分惊人。她曾经是一个坐在教室角落里永远低着头涂涂写写的女孩，现在则穿着白色的小西装裙和高跟鞋，很认真地化了妆，在餐厅里显得相当有存在感。我走过去，在榻榻米的对面坐下，闻到了她的香水味。一时间，我对自己朴素的着装感到有些羞愧：我就这么毫不修饰地来见她，是不是有些不尊重她？

"你瘦了挺多的。"我客气地评价道。

她抬起手臂指了指胳膊肘上几道细长弯曲的白色疤痕，说："32斤，我都瘦出肥胖纹了。"

"你是怎么瘦下来的？这么厉害！"我惊异地问她。

"上高中时压力太大才胖的，一毕业就瘦回去了。"她淡淡地回答。

"不会吧！四中哪有什么压力啊！"此时的我并没有意识到她话语间的黯然，还在嘻嘻哈哈地和她调侃。

"那是对于你来说没有压力。"女校友放下了她卷起的袖子，遮住了她的肥胖纹，"你们道元班从来不参与年级排名，期中考试、期末考试用的卷子都和我们不同，也没有各科竞赛的压力。"

"也不能这么说吧。"我尴尬地搓起了茶杯，"我高三的时候也转去人文实验班了，我们一起参加了高考啊。就算中间那些考试是有差异的，但最后那场考试，全市的学生都是一张卷子呀。"

"你高三的时候从道元班转到人文实验班，你是直接就可以上实验班了。但你知不知道，我们都是要一年一年、一次一次地通过考试才能进实验班的？"女校友有些语气不善，"我中考成绩在我们区考进了前10名，至少能进理科实验班的。结果开学第一天的分班考试，我有好几道题都不会做，被分配到了平行班。我没日没夜地刷了两年的题才终于在高三进了实验班。结果我发现你们道元班的学生可以理直气壮地拉着椅子来实验班旁听，可我们这些人却不能去道元班上课。"

"你干嘛要刷题？四中不鼓励刷题。"我避重就轻，试图熄灭她突然升起的怒火。四中的作业量根本到不了"刷题"的程度。就算是最辛苦的理科实验班，大部分时候的作业也能在晚上9点前完成。

"你以为大家写完作业后不会再去做其他练习册了吗？"女校友义愤填膺地反问我，"学校是不鼓励大家补课，可是每次考试都是有排名的。学生们私下里都较着劲呢！我每个寒暑假都是在学而思、金钥匙、龙文学校里度过的。你的寒暑假呢？去美国做交换生？去法国演戏剧？去贵州的山里拍纪录片？我可不像你一样。周三、周四你们班下午一两点就放学了，我却要在学校自习到晚上才能回宿舍。"

"我进四中前，是我们学校的前 3 名，老师和同学们都喜欢我。开学典礼和毕业典礼上都是我做优秀生发言。但进了四中，我特别不起眼，没人看得见我。"女校友继续说道。

"四中的每个学生都是自己原先初中里数一数二的。"我承认她的观点，"我之前也是我们初中的前几名，可我高考时只在四中考了个中不溜秋的名次。大家都一样。"

"不一样。"她高声说，"你说你不想杀青蛙，生物老师就允许你不上实验课了。这事儿放我身上，他能一样吗？"

"当然能。"我替老师辩解，"我相信老师会公平、友善地对待每一个学生。"

"你拍纪录片、你搞戏剧表演，你是学校里大家都认识的学生，但我不是。上个月我们班组织同学聚会，班长都忘记通知我了，还是我同桌叫我去的。老师们是想公平地对待每一个学生，可他们的注意力都被你们这样特殊的学生，还有班里那些成绩好的学生给抢走了。你从学校获得的教育资源比我多太多了。"

她的声音有点大，隔壁桌的食客看向我们。我给她倒了杯茶，希望她能平静一些。说实话我不知道该怎么安慰她，我也没有立场和资格来安慰她。不过，比起其他高中的学生来说，她也是四中教育资源的受惠者。

我还记得四中开学的第一天，校长站在礼堂讲台上跟我们说："你们是四中的学生，你们和其他公立高中的学生出的是同样的学费，却获得了他们几十倍的教育资源。等你们毕业了，我希望你们能够几十倍地回馈社会。厚其积储，以大效于世。"

校长的这段话让 15 岁的我心中燃起了一腔热血，让我恨不得马上报答每一位纳税人。可后来内检自观，我发现这段话也给我带来了巨大的责任。它压在我心上，时刻提醒着我：你不能平庸，不能泯然众人，否则你就浪费了你曾经拥有的教育资源。每当我工作时懈怠了、想要休息了，我就会陷入深深的自责。我真情实意地因自己没有给身边的人提供价值而生气，并为自己的懒惰而愧疚不已。我想，我这位女校友恐怕和我一样。我们就像一根绷紧的琴弦，为了发声而无法松懈，但又随时会绷断。

当然，这种责任感有时是建立在优越感之上的。名校的孩子们习惯了排名以及排名带来的光环与不甘。我们总是在做比较，因落于人后而恼怒，因竞争失利而辗转难眠。

"我看了你写的那篇文章了。"我的女校友终于冷静了下来，"你说的只是你身边那些四中学生的情况，一点儿都不普遍。咱们学校每届有四五百人，可你只挑了那特殊的几十个人来展示给公众。你知道吗，其实一半以上的学生没有去常春藤，也没有去清华和北大。我们去了其他那些没那么有名的高校，然后努力毕业、努力实习、努力找个会计师事务所、律所、互联网大厂，赚一些在北京刚够生活的工资。到了 30 岁，我们还得想办法抓个人结婚、凑个首付买房、生孩子、还房贷、代购一个贵一点的奢侈品包去参加同学会……这是我们这些普通学生的人生。可你都没写。你写的那些就像是在向大家炫耀。"女校友缓了缓，频繁拨弄着盘子里已经被她戳碎的寿司，"我公司坐我对面的同事把你的文章转发给了我。我看完以后特别焦虑，因为有的同学在高中时取得的成就都比我现在还要大。然后你猜我的同事说什么。她说：'原来你是四中毕业的呀？你同学写的文章是不

163

是假的啊？你们学校的学生这么优秀，你怎么会来我们这种小公司上班啊？'"

我的女校友眼圈红了。我推测她的职场生活可能并不好过。而我那篇仅从我个人情感和视野出发写下的"朋友圈爆款文"，恐怕加剧了她背负了二十几年的同辈压力。

"我同事跟我说这话的时候，我心里可难受了。"女校友继续向我倾诉，"但我难受的不是因为她跟我这儿阴阳怪气，是因为你写的都是真的。咱们学校就是有那些创业后公司上市的、当摇滚明星的、一毕业就年薪百万的。四中的名气，对你们来说是光环，对我来说就是负担。你干嘛要把这些真相告诉大家？你明明已经占到便宜了，为什么就不能闭嘴？"

她引起了我强烈的愧怍感，仿佛她遭受这些苦楚，也有我的原因。或许我真的应该闭嘴，就连本书的这一节也不该写。但闭嘴就能解决问题了吗？鸵鸟把头埋在沙子里，就可以逃避一切了吗？

在女校友的故事中，没有人站在她的对立面。道元班的学生没有，那些成绩好的学生也没有，四中的老师们更没有。压在她身上的是一种不进则退的规则、一种焦虑的氛围，以及一种精英主义的信念。而这样的规则、氛围和信念同样压在道元班的学生、成绩好的学生身上。我和她一样，不喜欢参加同学聚会。因为在四中，总有比我优秀的人。曾经成绩好的那些学生，不一定还能继续在职场上当佼佼者，他们也不一定热衷于高调地混迹于母校的圈子里。名校的攀比存在于方方面面、角角落落。你开什么车、在几环买了房、配偶的职业、子女的成绩……我们的一举一动、一言一行，都会被同辈们紧迫地凝视。因此，我们中的任何一个人都没有站在这位女校友的对立面，我们和她共同承担着同辈压力。

我忽然想起了一个柬埔寨少年。大二那年，我去吴哥窟摄影，在暹粒街头迷路了。我指着手机上的地图，向一个柬埔寨少年问路。他瘦瘦小小的，大眼睛，几乎不太会说英文。他把我带到一个僻静的角落，然后一把抢走了我的手机。我在他身后狂追。几乎就能追上他时，我却停下了脚步。他不解地回头看了我一眼，然后跳上了摩托车，消失在了夜幕中。我是心甘情愿地让他抢走我的手机的。因为我忽然意识到：我十四五岁时坐在有空调的教室里学习，而他却在街头求生。命运并不公平，给了我的，却没有给他。他无法向命运打劫，就只能来打劫我。于是，我放弃了追赶他。就像此时此刻，我坐在日料店里，放弃了和我的女校友辩驳。我希望她的这通发泄能让她心里好过一些。

　　"我已经连续 3 个月没有一个完整的周末了。坐我旁边的同事每天都在加班。他不下班，我也不敢下班。我高考前都没现在上班这么辛苦！" 我的女校友单手撑着额头，疲惫地看着桌上的酒菜。

　　"工作是永远都做不完的，加班也做不完的。" 我对她说，"你们干嘛不商量一下，一起早点下班？"

　　"因为我们的领导也没下班！"

　　这就像是在电影院里看电影。大家原本都坐在椅子上，很舒服、很愉快。但突然有人非要站起来。这个人站起来了，就挡住了后排的观众。后排的观众也只好一起站起来。再到后面，所有人都得站着看，甚至有人还得站到椅子上去看。明明大家坐下时，是都能看见银幕的。竞争开始缺乏差异化，就好比考试成了我们的升学出路，加班成了我们的绩效考核标准。我们最终只能用肉体上的勤奋，来掩盖战略上的懒惰。

　　"道元班暂停招生了。希望这个消息能让你心理平衡一点。" 我尴尬地告诉她，"听学弟跟我说，学校这几年，已经招不到符合道元班标准的学生了。最后一届道元班，只有 7 个人。"

女校友看我的眼神里有一瞬的同情，但她还是嘴硬地说："你们这种搞特殊的实验班，能坚持 10 年就算不错了。"

我苦笑，一句话也说不出来。对这件事情，我很难客观看待。我毕竟是这个"搞特殊的实验班"的第一届学生。我有时候也会怀疑，是不是我们第一届道元班的学生做得还不够好，让老师们对这个教学方式感到失望了？不过，有一点，我的女校友说得很对。这样的实验班，放之全国，乃至全世界，都是一次相当勇敢和令人惊讶的教育实验。四中能坚持 10 年，确实了不起。

我们那天几乎是在沉默中吃完的晚饭。女校友喝了两大扎朝日啤酒，站起身时都有些摇晃。走出日料店，外面淅淅沥沥地下起了春雨。我们都没有带伞，和不少等着打车的食客一起站在日料店的门口躲雨。我提议开车送她回家，但她好似还没有对我消气，嘟囔着拒绝了。然后她一头扎进雨幕中，说她要走回去。

"你要不穿我的外套回去吧？我的外套是防水的。"

我想把我的风衣给她，但她还是十分抗拒。夜已经深了，我不放心她一个人走在大街上，只好冒着雨追了上去。我们并肩走了一段路。我率先开口："一家出版社找我写一本关于教育的书。其中会有一章是讲四中的。"我对女校友做出了我的承诺，"我可以把你的观点表达出来，如果你愿意的话。"

她没搭理我。雨已经打透了她乳白色的西装裙，我几乎能看到她内衣的颜色了。不远处走来几个在雨中说说笑笑的年轻男孩。我把我的风衣脱了下来，披在她身上。我们又往前走了一站地铁的距离。她和我说话了："你的衣服太大了。"

"我个子高嘛。"我冲着她尴笑。

"你可以把我的观点写进你的书里。我也希望你在写文章时，别只盯着那些过分优秀的学生，多考虑考虑我这样的人。"她说。随后，她抬起左臂，将风衣撑起来，示意我和她一起避雨。我钻了进去。

我心里终于踏实了。她看起来已经不再埋怨我了，也许她的理智和逻辑战胜了她的愤怒，也许是她看我淋雨的样子太可怜了。总而言之，我意识到，就算我们会互相攀比、会互相给予同辈压力，但我们依旧是一起在银杏树下唱过校歌的同窗，依旧是面临着相似命运与挫折的同一代人。我们没有必要彼此对立，而是应当共同解决眼前的问题。

女校友终于放弃了徒步走回家的想法。我和她快步跑向了邻近的地铁站。我们站在入口的台阶上，拍打着身上的雨水。看着我俩共披一件风衣的狼狈模样，我忽然想起了一段高中时的回忆。我问她："你还记得有一年灯火晚会，你朗诵的诗吗？"

"啊？"她愣愣地看着我。随后，她又低头看了一眼手机屏幕上的时间，急急地从我的风衣下钻了出来。

"我要错过末班车了！"她向站内跑去，一边跑，一边对我挥手，"下次再约吧！"

我点点头，看着她走进了 10 号线地铁站。

高中那年的五四青年节，也像今天这样下着小雨，但同学们仍旧聚集在操场上按时举办了灯火晚会。我的女校友在上百支摇动挥舞的荧光棒中走上了讲台。她先前说四中没有人关注她，但那个晚上，明明所有人都看见了她。我清清楚楚地记得，她站在话筒前，拉了拉校服，遮了遮她曾肉乎乎的大腿。然后，她朗诵了一首《秦风》：

"岂曰无衣，与子同袍……"

妈妈篇 | "鸡娃"到最后，却被娃反"鸡"

我为什么要"鸡娃"？

我出生在中国中西部地区的一个小县城。我的姥爷身体不好，虽然出生在小县城周边的农村，但不能下地干活。于是，为了糊口，他开始给村子里的一位老中医进货、分门别类地整理药箱，帮病人照方抓药。因为博闻强识、勤奋好学，一辈子熬下来，他就成了闻名十里八乡的中医。因为有他打样板，他的两个儿子先后考上了当地的农业技术学校，之后又都上了农学院，成了正宗的本科毕业生。

我妈一说起她的两个哥哥，便充满了自豪和羡慕。她会跟我说："我二哥当年是七县联考的状元！考官们看到破衣烂衫却考了第一名的我二哥，噙着泪花说：'真是寒门出贵子啊！'"她这位二哥后来作为科学家代表参加了1978年那场著名的被称为"科学的春天"的全国科学大会。从一个贫困家庭走出来的我大舅和二舅，都反转了自己的人生。

我妈在"鸡"我们四兄妹的时候会说："看看你二舅，全家族的骄傲！"

　　相比之下，她会黯然伤神。她到了农村，结了婚，生了娃，成了家庭主妇。她没有收入，经济不独立，每花一块钱都要跟自己的丈夫伸手要。这样的生活经历让她体会到了一个女人必须经济上独立才能思想上独立，而要获得这两样必须通过读书改变自己的命运。

　　可她已经不能通过读书去改变自己的命运了。因为她生了 4 个孩子，抚养和教育这 4 个孩子已经让她无暇再顾及自己了。我是我妈唯一的女儿，她完全没有受到那个年代重男轻女思想的影响。相反，她更愿意倾斜一切家庭资源用于我的教育。我想，她潜意识里是把通过读书改变命运的希望寄托在了我身上。

　　她经常跟我说："男孩子还能靠卖苦力赚钱养活自己，你一个女孩子，不努力学习，以后怎么办呢！"

　　所以，在学习上，她"鸡"我最狠。她的"鸡"不是陪伴，不是帮我解决学习上的难题，她也没有时间倾听我的欢乐和忧愁。孩子多，日常的家庭工作已经占满了她的时间。她的"鸡"就是训诫。一旦有班里小组长来告状，说我没有完成作业，我就要倒霉了。我妈会坐在板凳上，指挥我干家务活。我干活，她训我。扫完地，她会指挥我洗衣服；洗完衣服，她便指挥我择菜做饭。而她嘴里一直不闲着，拿各种日子过得不好的女人的案例来训诫我。当我把家里所有的家务活都做了一遍的时候，她的训诫才能停下来。然后她会说："一辈子天天干这些家务活，有意思吗？不努力学习，就得天天干这些！"

　　仔细想想，当全职主妇这事儿，我是打小就被我妈吓怕了。她给我讲的那些案例，让我对女性的未来充满了恐惧。

　　我妈的妹妹——我的亲姨，长得苗条而貌美。她嫁给了一个常年跑长途运输的大卡车司机，前后生下了 4 个孩子。但因为没有经济来源，她有时会被丈夫打得鼻青脸肿。万般无奈的她在我妈的支持下，离了婚。带着两个大孩子离开婆家的时候，她抱着那两个被迫留给前夫的幼子号啕大哭。离婚后不久，那个最小的孩子因为思念妈妈，又不能得到很好的照料，没过多久就夭折了。热情开朗的亲姨从此变得沉默木讷。

我的大姑虽然没有经历过和自己的骨肉分别的痛苦，却依旧逃不掉女人为家庭过度付出的命运。我奶奶先后生下了我二叔、三叔、二姑和三姑后，她一个人照料不过来这些孩子，就让我大姑辍学在家看孩子。因此，我的大姑几乎没有上过一天学。她出嫁的时候，按照乡俗，奶奶跟男方家要了一大笔彩礼钱。出嫁当天，大姑抱着她的 4 个弟弟妹妹哭得稀里哗啦。在她的心里，这些不是她的弟弟妹妹，从小养大，跟自己的孩子有什么不同？那种撕心裂肺的别离，是大姑对弟弟妹妹们母亲般的刻骨铭心的疼爱。到了婆家，大姑还天天惦记她的弟弟妹妹们，一有时间就给他们做衣服、织毛衣、缝鞋子，担心这个吃不饱、那个穿不暖。后来，看电影《我的姐姐》时，我在电影院里泣不成声。我想起了我的大姑，万般感慨一个女孩子对她的原生家庭做出的贡献。

大姑出嫁之后，小学才毕业的二姑就开始下地劳动、浆洗衣服、烧火做饭了。三姑特别喜欢学习，初中毕业的时候，是整个乡里的第一名，因此上了乡里最好的高中。可是好景不长，她只念了 4 个月高中，奶奶就生病了。为了给奶奶看病，二姑被迫出嫁。有了二姑嫁人的彩礼钱，奶奶才能去医院看病。然而去了医院，奶奶查出了癌症，热爱学习的三姑也被迫辍学回家，照顾自己的妈妈。因为孩子多，生活艰难，奶奶含泪先后"牺牲"了自己的 3 个女儿。

这些存在于我妈生活里的七大姑八大姨的故事，让我从小就对女人充满了同情和感伤。我经常会暗暗对自己说，要努力、要自立，不能成为她们中的任何一个人，不能再让过去发生在女人身上的悲剧继续下去。

这令我想起日本 NHK 电视台的纪录片《女性贫困》，这部纪录片展示了光鲜大城市中的贫困女性群体。那些妆容精致、面带微笑的便利店女孩，要靠打几份零工才能勉强养活自己；因为租不起房子，那些穿着时尚、推着手提箱的女孩，只能睡在 24 小时营业的咖啡店。

那时候，女性贫困离我们并不遥远，很多女性努力挣扎就是为了逃离贫困。

奶奶去世之后，不甘止步于家庭妇女的三姑，从村子里的民办小学教师做起，一路进修、读在职大专、转公办教师，最后成了一所乡村小学的校长。她奋斗了一生，才实现了自己曾经险些失去的理想。三姑总是和我们感叹，她的老师曾经跟她说："你是考清华北大的人才，中途断学真是可惜了。"这句话让她不禁惆怅：如果她能够正常地接受教育，她的前途应该不止如此。因此，我三姑常跟我说："抓紧光阴、抓住机会，好好学习。你的父母愿意倾尽他们的全力培养你，真的非常可贵，不要浪费！"

在我家族的女性长辈们的集体鞭策和期望下，我成了家里唯一一名女大学生。毕业后被分配到北京工作，我走进了大城市。每当看到外面精彩的世界时，我都非常感谢自己的"鸡"妈和鼓励我上学的姑姑们。如果没有她们，我现在会是什么样子的呢？

逢年过节，回到家乡，和曾经的小学同学们聚会，我发现，我们这代人中，很多女同学都在初中毕业后就不再读书了。我读高中的时候，曾经在商店里碰到过一个女同学。她站在柜台后面，正忙着帮别人量布、扯布。她看到我时，露出了一个尴尬的笑容。这是一个让人仿佛能一眼就看到她未来的笑容：像一些小城女孩那样做一份低薪的工作，之后结婚、生子；如果遇上不好的丈夫，还要忍受家庭暴力。

我也曾因为家庭生活困难，在放寒暑假的时候，跑到县城火车站卖苹果。卖苹果的时候，如果遇到了熟人，我会快速地用布盖上筐里的苹果。我和帮人量布的女同学一样，不想让人家看到自己的窘迫。

高中时期的我，总是梦想着离开小县城，去更远的地方，过更美好的生活。这也成了我发奋读书的原因。尽管我到了大城市依旧要为谋生而奔波，但比起那些一辈子都在小县城打转的女同学，我自认为还是比她们有了更开阔的视野和更多的选择。

正因为有了这样的人生经历，我不由自主地要去"鸡"自己的下一代，尤其是我的下一代是女儿。为了让我的女儿站在我的肩膀上看得更远，可选择的机会更多，不陷入被动的生活，我必须"鸡"她。更何况，我女儿的"Z世代"同侪们，生活在比竞争更激烈的环境里。在我们挖沙坑、玩泥巴的年纪，他们已经十分早熟、懂事，甚至孩子们之间居然有了他们自己的"小江湖"。

有一次，我带女儿去参加几个妈妈和她们的孩子们的聚会。我们聚会的地方是一个酒店的大堂，大堂的中央有一台造型特别漂亮的钢琴。因为当时我女儿年龄最大，能玩出花样，那几个孩子就很喜欢黏着她。当我女儿领着几个孩子在宽敞明亮的酒店大堂跑来跑去玩捉迷藏时，我发现一个特别沉默的小姑娘正静静地看着我女儿领着这帮孩子钻来钻去，脸上满是不屑的样子。那个女孩子比我女儿小2岁，当时估计也就4岁。她看起来非常瘦弱纤细，穿着一条漂亮的白裙子。本来我想把女儿叫过来，嘱咐她带着小女孩一起玩，但还没等我向女儿招手，大堂里就传来了悦耳动听的钢琴声。

原来，是那个4岁的小女孩在弹琴。她小小的身子跟着音乐起伏着，柔弱的小手在钢琴键盘上流畅地移动，看得我们几个家长都呆了。我的女儿和其他孩子听到钢琴声也都跑了过来，他们崇拜地看着弹琴的小女孩。这个时候大堂里来来往往的客人也都围了过来，小声地夸赞着。钢琴曲弹奏完后，整个大堂响起了热烈的掌声。小女孩站起身来，立在凳子旁，恭恭敬敬给大家鞠了一个躬，向大家介绍自己刚刚弹的钢琴曲是《卡农》，她只用了两周就学会了。

那几个原本跟着我女儿在大堂里跑来跑去的孩子，现在都围向那个小女孩，叽叽喳喳地让她教自己弹钢琴。而我的女儿则失落地站在旁边，像丢了士兵的将军。我看着比那个小女孩高半头的女儿，心里很不是滋味。再听其他妈妈围着钢琴"小神童"的妈妈讨教怎么让女儿把钢琴弹得这么好，我无地自容。

回家的路上，女儿一直不说话。我想，她一定是被小朋友的"攀比江湖"给刺激到了，而这样的精神刺激才刚刚开始。

有一年暑假，我带上小学 1 年级的女儿去动物园。女儿很喜欢动物园的鸟，每次去动物园，我们就沿着鸟舍一路走过去。因为认识了字，这次去的时候，每到一个鸟舍，她就念上面标注的鸟名。一个妈妈抱着一个大约 3 岁的小男孩也在看鸟。

当经过"彩鹳"时，女儿大声地念道："cǎi huàn！"鸟名的汉字很复杂，由于女儿刚开始认字，我觉得念错也正常。当我正要纠正女儿的时候，我惊讶地听到那个在妈妈怀抱里的小男孩突然说："妈妈，姐姐念错了！那个字念 guàn，不念 huàn！"说完，他得意地看着我女儿。听到这话，女儿的脸腾地红了，不好意思地看向我，想求证是不是自己错了。

我看向那母子俩，问："您的孩子多大了？这么复杂的字都认识啊？"

那个妈妈说："不好意思哈，每次出来他都给人纠错。我儿子 3 岁半了，喜欢鸟，家里画册上的鸟名都认识了！"

我赶紧问："是您刻意教的吗？他只是认识这些鸟名还是已经认识很多字了？"

那个妈妈说："他从小就喜欢图片，图片下的汉字也顺便当图片认识了。小孩子学东西可快了，大多数汉字都会念了！"

女儿听后，自愧不如地看向那个小弟弟。这个比她小 3 岁的小男孩让她知道了什么叫人外有人、天外有天。为了不再露怯，她后来再也没有展现过她的识字才华。而我内心充满了自责，感觉自己"鸡娃"不够，耽误了孩子的黄金识字阶段。

"牛娃"见多了，看看人家的孩子，再看看自己的孩子，突然就会感到惭愧。你就会不由自主地想跟人家家长聊聊：怎么教的？怎么那么"牛"？聊得多了就发现，人家的父母花了很多的时间、精力和钱财去"鸡娃"。想到这些，我的紧迫感就更强了。我害怕自己的拮据和懒惰把孩子的大好前程给耽误了。于是我也跟这些望子成龙、望女成凤的家长们一起进入了"鸡娃"轨道，周而复始地"鸡"自己的孩子。

这一路走来，我把自己"鸡"得劳神费心，把孩子"鸡"得躁郁紧张。我终于把她"鸡"到了北京四中，以为大功告成了一半，再"鸡"一下，上个清华北大，毕业后找个好工作，就万事大吉了。

结果发现，孩子上了北京四中，我虽然不再焦虑，却对孩子的教育彻底手足无措了。

我不焦虑了，我手足无措，道元班颠覆了我的"鸡娃"理念

2010 年的暑假，是我和女儿最开心的一段时光。

因为北京四中提前招录了我的女儿，在没有任何考试压力的情况下，女儿中考发挥得非常好，拿到了全年级第 3 名的成绩。这个分数也超出了北京四中的录取分数线。

辛苦"鸡娃"9 年，我们娘俩终于站在了半山腰上。再往上爬爬，若女儿能考进清华北大，我自认为就到达了自己给女儿规划好的人生巅峰，她就可以看到无限好风光了。

然而，女儿从进入北京四中道元班的那一天起，就偏离了我的预设轨道。

毋庸置疑，北京四中是个非常好的学校，是多少"虎妈"想通过"鸡娃"把孩子送进去的学校。这个学校高考成绩最好的时候，几乎一半的学生能考上清北。那是个什么概念？就是你的孩子只要"PK"掉学校里的另外一个孩子就能考上清北了。当然，在这个学校里"PK"掉另外一个孩子也相当难，因为每个孩子都是各个区县好初中的尖子生。

北京四中设有文科实验班和理科实验班。进入实验班的学生未来考入清北复交的概率接近 100%，除非孩子高考发挥失常。就算是普通班的孩子，考个"985""211"也是轻而易举。北京四中的孩子，在高一、高二的时候，每年期中、期末考试都要年级大排名。到了高三，学校则要按排名调整文科实验班和理科实验班的学生名单，其竞争并不输外省高中的残酷和激烈。

作为"小镇做题家"的我，非常熟悉并了解北京四中的这种操作，因为我就是这样从一次次考试大排名中走出来的。如果我的女儿

选择的是北京四中里这种寻常的路线，作为家长，我是有心理准备的。我可以帮助、配合、陪伴她顺利完成高考，而且我非常有信心把她一脚一脚地"踹"进清北大门。

然而，我女儿去的不是文科实验班和理科实验班，而是"道元"实验班。

北京四中的文科实验班和理科实验班，虽然叫实验班，但还是围绕着高考这根指挥棒进行教学的，整体来说没有做更大动作的"教育实验"，最多算优质改良。而"道元"实验班是真"实验"，是彻底的改革创新，是大刀阔斧地把"种子"放在地里，让教育名师和专家去搞"科研"。它的日常教学完全脱离了高考，更不同于北京四中国际部让孩子们以常春藤名校为目标的"爬藤"式教学。

既不为高考做准备，也不为申请国外学校做准备，那道元班想做什么？它的教学方式完全颠覆了我多年来的"鸡娃"理念。不适应的不只我，还有我的女儿。

我女儿的初中学习完全依赖老师的灌输、重复性训练以及课外辅导班。她进入北京四中学习后，第一个不适应就是数学课。数学老师讲完了，下课了，她没有听懂。老师布置的 5 道测试题，她一道都不会，竟然交了白卷。她感到恐慌，从来都很优秀的她竟然听不懂老师讲的课了？这让她很绝望。

当女儿心情沮丧地回家跟我说起此事时，我就赶紧去拜访了她的数学老师。这位老师给我上了深刻的一课，至今都让我记忆犹新。

这位数学老师的课程，比起讲如何做数学题，更像是给孩子们讲数学理论和数学史。举个简单的例子，讲到数学公式时，她会着重讲这个公式在几千年前是如何被发现、被推导出来的，以及这个公式要怎么应用于实践，要解决什么问题，甚至，她允许学生们质疑这个数学公式会不会存在潜在的错误。在她看来，一些简单例题孩子们看看应该就会了，不该浪费课堂时间去讲。更让我惊讶的是，她告诉我，一个数学公式在她那里只需要一道例题。她只要引导学生不断改变条件，就能演变出无数道题来。在她的启发下，学生只要会做一道题，就会做所有题，就像孙悟空看白骨精，她无论怎样变换外表，在孙悟空眼中都还是白骨精。

对照我女儿的初中数学课。她的初中数学老师会把课本上的例题带着孩子们做一遍，女儿不用预习也能听懂老师讲的课，甚至有时候我女儿会觉得老师讲得慢。因为初中的数学老师面对的不只是尖子生，她还要照顾到那些后进生。北京四中的学生都是挑选出来的尖子生，完全不需要这样灌输式的教育，老师们自然就会从周边知识上给孩子们进行拓展。为了让孩子们高效学习，北京四中的老师们会自己提前做足功课，把某一知识点所涉及的与中高考相关的题型全部研究一遍，总结、归纳、分析后再去引导孩子们，喂到孩子们嘴里的都是精华。这避免了孩子们不断重复性地刷题，还能激发孩子们在数学的海洋里不断探索的兴趣。

跟老师道别的时候，她安慰我："这就是个学习方式的适应过程，别担心，孩子很快能适应的。"

除了数学有特殊的教学方法外，道元班的其他科目也毫不落后。我发现，高一、高二的大多数时光，我的女儿都不是在做题，而是在写论文和实验报告。

比如历史，在教科书之外，老师还会亲自筛选油印的古籍、国内外研究文献等资料作为女儿完成论文的素材。对于宏观的中国历史，因为道元班的孩子们已经熟知具体朝代和具体事件了，历史老师讲课时会着重从历史长河中的横断面入手，让孩子们以论文和课堂辩论的形式进行具体朝代、具体事件的专项研究。

我上高中时学历史，就是通读课本。老师给划划重点，我们背一背。老师出张试卷，我们考一考。反正，我这个理科生，高考时是不考历史的。整个高中历史学习下来，我连历史年代和主要历史事件都记不住。所以，在看到北京四中历史老师给学生们油印的李鸿章《筹议海防折》时，我真的有点吃惊。一群十五六岁的高中生，就要深入研究一份奏折了吗？在这份奏折的后面，老师引用了各种史料，如梁启超的《李鸿章传》和郭廷以的《中国近代史纲》等。根据这些资料，我猜测女儿写的论文应该是其中的一个侧面，或者切入的应该是一个点。无论是哪个侧面、哪个点，如果没有大量的扩展性阅读，她的论文一定很难写出来。

而他们的物理、化学、生物等课程则以实验为重。这训练了他们观察、对比和思考的能力，并让他们学会了如何辩证地写实验结论，以及当有新想法时，该怎么向学校提交新实验的开题报告。

跟其他班的同学相比，道元班的语文学习，也不同寻常。古文学习重点不在逐字逐句地通译，也不在分辨和背诵通假字。比起文字和文本本身，老师更注重文学和美学的熏陶与培养。我女儿曾跟我说，她的老师竟然花了小半学期只讲《聂小倩》这一篇选读课文。老师期待学生们可以透过这篇课文理解古人的爱情、明清时期的美学以及神秘主义的遐思。

这样的教学方式很明显并不适合所有学生，但它适合道元班的学生。

道元班是一个有着独特选拔标准的班级。首届道元班实际上没有招够原定的 30 人，最后考进来的只有 18 个孩子。这 18 个孩子有各自喜欢和热爱的领域。为了因材施教，老师无法用常规的方式组织教学。而撰写论文和写实验报告的方式，带动了孩子们对高中基础知识的学习，同时也拓展了孩子们对喜欢和热爱的领域的阅读兴趣。当然，更为重要的是，这培养了孩子们思考的积极主动性、活跃性及创造性。

作为家长，我深深体会到了学校改革创新的良苦用心。这种教学方式的益处，我明显地从女儿后来的成长中感觉到了。

除了教学内容和教学方式的不同寻常，颠覆我"鸡娃"理念的还有教育格局的不同。道元班里有个女同学，她初中的时候就已经是位畅销书作者了。高一的时候，她竟然提出要放下学业骑行全国。这么大胆的想法，家长居然能允许，学校还批准了！班里还有个男同学喜欢唱摇滚，家长和学校同样全力支持，如今这个孩子已经是一个知名乐队的主唱，签约了摩登天空，出了两张专辑，场场演出座无虚席。我女儿高中入学不久，学校就组织有兴趣的同学去南极科考，团费近10万元，名额很快就报满了。道元班家长在培养孩子方面的格局跟我完全不同，我能理解花10万元报培训班，却不能理解花10万元去南极科考。

跟女儿的心情不同，这个阶段，我既焦虑又痛苦。道元班的教育对我"鸡娃"理念的颠覆，让我有点不知如何是好。我这个通过"鸡娃"陪伴娃完成九年义务教育的妈妈，迷茫了。如果我的孩子要高考，那得赶紧去刷题；如果决定"爬藤"，那得赶紧去参加托福和SAT考试。3年高中生活，转瞬即逝，她既没有准备高考，也没有考SAT，难道3年结束后，女儿只能拿个高中毕业证吗？

思来想去，我决定还是要把她拉回自己规划的道路上来，继续"鸡"她，把她"鸡"到清华北大去。

"鸡"了半天，反倒被娃给"鸡"了！

道元班学生的出路，从孩子们入学的第一天起，就成了家长们关心的主要问题。从道元班实验性的教学方式上来看，孩子们如果参加高考，很难竞争过北京四中文科实验班和理科实验班的同学们，别说清北复交了，能不能考个一本，家长们心里都在打鼓。

有的家长说："别太担心，这么好的学校，会对孩子们负责的。学校正在给孩子们找出路呢！"

包括我在内的一些家长天真地幻想，如果道元班培养出来的孩子能受到国内重点大学的青睐，被提前招进去，就再好不过了。但我们也清楚地知道，如果我们的孩子不用参加高考就被提前招进去，对于其他孩子来说太不公平了。这样的好事恐怕只能存在于家长们的幻想中。

于是，我决定防患于未然，还是要"鸡"女儿，让她把精力从那些丰富的校园活动转到习题册上，准备高考。可这个时候，我突然发现自己"鸡"不动女儿了。让她参加高考，顺利考入清华北大成了我的梦想，而不是她的！因为在她看来，道元班的教育才是适合她的。放弃这样的教育，再像初中那样没日没夜地刷题，她已经不愿意了。她觉得那是对她生命的浪费。靠那种方式，即使考上了名校又能怎样？

她总跟我说："那些靠刷题、上辅导班考上清华北大的人，我一点也不羡慕！"

我跟她说："你不羡慕他们不重要，重要的是他们能够找到好工作！"

她回怼我："清华北大还有找不到工作的呢！有什么好羡慕的！"

我说："清华北大毕业，从事卖猪肉工作的人的格局都跟别人不一样，人家的猪肉能融资上市！"

她扑哧乐了，告诉我："上清华北大是你的梦想，自己圆自己的梦，别转嫁到我身上。我的梦想是写作、拍电影！"

"鸡"不动的时候，我就会非常忧虑。学校教得这么好，娃学得这么开心，我却有点后悔把她"鸡"进北京四中了。当然了，我的后悔也不仅仅是我转嫁在她身上的梦想大概率要落空，更是因为这所重点中学的家长们无时无刻不在刺激着我。北京四中孩子们的家长大都是精英。有的是公务员，有的是富商，还有的是高级知识分子。人家的爹妈比我有格局、有财富、有知识，人家的孩子还比我的孩子优秀。

在高一、高二的时光里，我们这对素来亲近的母女变得万般不和谐。有时候我会想，可能是我这个思想辅导员的水平不够，说服女儿的能力不足。晚上我会躺在床上想很多谈判策略，睡上一觉，第二天早上又精神百倍地去"鸡"她。

我会跟她说："你看某某某的女儿，北大毕业在高盛工作，一年交的税比妈妈的工资都高；你再看看某某某的侄女，清华毕业去了联合国工作；对了，还有你的某某哥哥，北大毕业，现在是外交官。咱们如果能考上清北，怎么都不会比他们差吧？"

可惜，"魔高一尺道高一丈"。女儿见招拆招，把我的所有谈判策略一一挡了回来。她这样回答我："妈妈，你不要再跟我较劲了。你干点自己的事情吧！你看谁谁谁的父母，可以让自己孩子'躺平'，根本不用上北大；或者你学学谁谁谁的父母也行，卖套房子送我去英国读高中，再卖套房子送我去美国读本科；再不济，你努把力成为谁谁谁那样的父母，一条街都是人家的店铺……"

听到这话，我直接"自闭"了。

我知道女儿并不是指责我，她只是想从我的掌控中夺回自己的人生而已。同时，我也能感觉到她的疑惑：为什么她的同学能有这么好的教育条件？十四五岁的她，还不能理解什么是"世界的参差"。在她的心中，父母是全能的。她以为只要听我的话，努力学习、努力成长，就能站在和同学们同样的起跑线上。但是，重点中学告诉她：她不能，无论她多努力，她的起跑线已经落于人后。

我不喜欢粉饰太平，更愿意将真相告诉女儿。我坦诚地对她说："我做不了社会精英，发财也晚了点。说实话，卖套房子送你出国读高中，我还舍不得你离开我，同时也觉得性价比太低。最重要的是，我确实没有竞争过你同学的父母。所以才希望你将来不要像我现在这样。"

她皱着眉头，严肃地跟我说："妈妈，只要你想，什么时候都不晚。你看从现在开始能不能努力一点？"她大手一挥，开始替我制定目标："这样吧！咱俩商量商量，期末考试我进年级前 30，你争取提个干？"

我惊得目瞪口呆，但为了那年级前 30，我也得先答应下来。"提干"这种事，哪是你妈我凭一己之力就能心想事成的……

"鸡娃"至今，反倒被娃给"鸡"了！

可是，你"鸡娃"时，娃小，未来很远，发展空间很大。但娃"鸡"你时，你已经知天命了。

那段时间，挫败感让我心情沮丧。有时，我坐在公园的长椅上，呆呆地看脚下的一群蚂蚁。它们在往窝里搬面包屑，有的搬得多，有的搬得少。它们的世界你能看得见：搬多搬少能改变什么？蚂蚁就是蚂蚁，搬得再多也是蚂蚁，变不成蝴蝶。我悲观地产生了渺小感：在浩瀚的宇宙里，人类就好像是这样的蚂蚁。

当时，有家长要拉我进什么"北京四中高端家长群"。据说里面是一群中产以上的爹妈讨论育儿经。我光是看群名就害怕了，直接拒绝了，心想："算了算了，我不高端，我不配。"

后来我发现，北京四中像我这样"感觉自己配不上自己娃"的父母居然有很多。大家都跟我一样焦虑，一样恐惧"内卷"。

和这些父母聊过之后，我才发现，很多孩子临近高考时，几乎都情绪失控了。

有的孩子才十五六岁，就不由自主地想出名。他们逼着父母给自己找出名的机会，上电视台、上报纸，只想快点超越那些比他们优秀的同学。

有的孩子被"鸡"着"鸡"着竟然焦虑抑郁了。我的女儿高三时总是回家跟我说，文科实验班里有个女生只要没考到年级第一，就会趴在桌子上号啕大哭。

而我女儿莫名其妙地想开了（也可能是想不开了）。她竟然开始研究宗教文化，有一次参加家长会前，她跟我说："妈妈，《金刚经》说了，一切有为法，如梦幻泡影。我这次没考到平均分，咱不能往心里去。别到时候看我成绩不好，回来骂我哦。"

话题 5
Topic Five

6 个月，从 200 多分到 628 分
——我的高考之路

6个月临时抱佛脚，
6个不走寻常路的学习方法

　　我是 2013 年在北京参加的文科高考，总分 628 分。这个分数并不算很高，而且距离清北的分数线中位数还差几十分。这不是我在虚情假意地自谦，而是这个分数在四中这个环境中，确实完全不值得炫耀。但我已经很满意了，因为别的学生可以用 3 年来准备高考，而我只有半年。

　　在道元班时，我们的课程完全没有按照应试教育进行设计。升入高三，班里一半的同学决定出国留学，剩下一半则被分配到了其他理科班或文科班就读。一部分人决定退回高二重读一年，以便多些时间准备，考个好学校。但我不想等了，我决定直升高三。并且，由于要报考北京电影学院，我从 2012 年 9 月开始就需要准备艺考，直到 2013 年 2 月底艺考结束为止。这就意味着，我零零散散加起来只有 6 个月的时间来准备高考。

　　和我一样"勇猛"、决定直接高考的还有一位道元班的同学。他因为讲话老气横秋，被我们起外号叫"老戴"。老戴因专长于历史而被招进四中。如今他在美国高校做明清史研究，偶尔会回国进行一些满语和蒙古语文物石碑的采拓及翻译工作，很幸福地实现了他自童年以来的职业理想。不过当年，我俩面对成堆的卷子时，可没有这么充满幸福与希望。

我们两个文科生被学校分配到了人文实验班插班上课。高三第一次模拟考试时，从来没学过高考内容的老戴和我，分别位居全班倒数第一和第二。我们只考了200多分，完完全全就是"学渣"。不过，道元班虽然没有让我们狂背高考知识，但却传授给了我们很多受益终身的学习方法。我和老戴披荆斩棘，最终把分数提了上去，都上了600分这个四中学生眼中的"分数底线"。在这篇文章中，我将列举一下我们当年不走寻常路的学习方法，希望对广大学子有所助益。

站在别人的肩膀上学习

我相信，很多学生都曾上过辅导班。我初中时上过不少校外辅导班，但是上了高中后，我发现那些辅导班并不能教会我学习的技巧，它们只是增加了我的学习时间而已。学习时间增加，成绩自然会提高。可这最终会让我对辅导班产生依赖，好似没人盯着我，我就不能主动学习。比起花重金去辅导班上课，我还不如利用好学校里的资源。我们应该学会的是对校内教育资源的精准识别与把握，而非泡在辅导班里消磨时间。把握手头现有或仅有的资源，不仅是缓解家长经济负担的学习方式，更是我们终身都该使用的学习策略。

校园内最重要的教育资源，当然就是老师。向他们咨询学习问题，其实就是站在巨人的肩膀上眺望远方。当然，面对大量学生，教师资源非常紧张。与其等待老师教我们，不如我们主动争取老师的时间。

我刚升入高三时，除了语文和英语还能勉强考 100 多分，对于其他科目，我都一头雾水。别的学生高三时上的是复习课，我上的则是"预习课"。每天课程结束，我都能攒出一大堆问题去咨询我的老师们。我会习惯性地把这些问题单独记录在一个本子上，放学后直奔老师们的办公室，挨个敲门提问。如果教高三的老师已经被学生团团围住，没空给我讲题，那我就去找那些教高一、高二的老师。虽然我不认识他们，但只要我礼貌地请求，他们都非常乐意为我讲解。如果当天的学习问题没有得到解决，我是不会离开学校的。

除此以外，在校园内，同学的学习资源更加重要。同伴学习一直是欧美高等教育体系中关键的学习能力。这意味着我们要多和同学交流，特别是要多观察成绩好的学生是怎么学习的。

我高三的前桌是我们那年的北京市文科高考状元。她是一个性格温柔且乐于助人的女孩。她看到我成绩那么差，有时候也蛮同情我的。她知道由于我上课时经常听不懂老师的授课内容，而记不下来任何笔记，就把她的笔记借给了我。每天午休，我拿着她的笔记本去学校图书馆复印，然后再将笔记本中的内容通读一遍。有的时候，我不仅需要复印她的笔记，连她的作业本都要复印。这样我可以清晰地看到她在上面写下的解题步骤，快速了解她在遇到问题时是怎么思考的。理解了她的思考模式，再换一个题干，我就也能解答出来了。

同时，我发现她热衷于和同学们讨论习题。我经常看到她在课间休息时拿着作业本和其他几个同学一起比对，看大家的解题思路是否一致。如果有谁写出了新的解法，她会马上记录下来，以便之后学习模仿。由此可见，同伴学习价值甚高，不仅对我这种"逆风翻盘"的"学渣"适用，学霸更是也善用此道。

除了能够给予我们学习模仿的对象外，同伴学习还可以为我们提供情感支持。在面对高考这种重大考试时，同学们之间并不只存在竞争关系，更存在着一种并肩作战的战友之情。我高三时的男同桌是一个细腻且共情能力很强的男孩。他总是将文具带得很齐，冬天桌上放着护手霜，夏天桌斗里装着面巾纸。我经常管他借东西，一来二去，我们的关系变得很好。一开始，我们的成绩都排在班里的末尾，但他比我强点。每次小测验发成绩单时，他都会激励我下次进步。后来，我的成绩超过了他，这种激励的方向就反了过来。最终他也考上了很好的大学，目前在日本读博。

由同伴学习所促进的沟通能够让我们短时间内获得其他人的经验与情绪价值。我认为，哪怕是两个好朋友一起放学后去咖啡馆写写作业，也是值得鼓励的课外活动。不论是模仿他人的学习方法，还是在高压环境中获得情绪支持，同伴对很多学生来讲都是非常宝贵的学习资源。

重视教科书，别依赖辅导书

要明确一点：高考出题人不是根据市面上各类眼花缭乱的辅导书出题的，而是根据教科书出题的。把教科书吃透，比做一堆辅导书的题目，或者那些网络教师出的押题练习册有效多了，毕竟这些辅导书都只是教科书的延伸。

当然，这里所说的"吃透"教科书，并不是简单地背诵公式或理解文本，而是要在背诵公式与理解文本的基础上，做推测和批判。我经常盯着课本发挥我的想象力，想象自己就是高考出题人。那么，针对这个知识点，我会从什么角度出题呢？为什么我要这么出？我打算考核的是学生的哪一种能力呢？

有了这样的想象力，我就不再是一个普通的考生了，而是将自己放在了考官的位置上。这便于我在学习过程中举一反三，而且能够不断提醒和逼迫自己对教科书进行深入思考。

当然，如果你实在觉得想象很艰难，还有一个方法——去看教科书里的基础练习题。没错，就是那些你平时嫌太简单而不重视的练习题。因为大部分高考试卷中的难题都是从这些看似简单的题目中衍生出来的，特别是数学题。

在高考前两周，我的数学老师做了一件特别令人惊讶的事情。她不要求我们去做高难度的大题，而是让我们重新把教科书上的基础练习题温习了一遍。这些精简的练习题给我们做了最后一次查漏补缺，引发了大家对平时不关注的生僻公式的二度复习。就我自己的观察而言，高考试卷上得分率最低的题，不一定是这张卷子上最难的题，而往往是那些略复杂且涉及的知识点经常被大家忽略的题。

重视教科书能够锻炼学生的自学能力。在吃透教科书的过程中，我们可以学会自己筛选重点和考点，通过研读文本进行自我导读，并对教科书的内容产生个人的意见性判断。其实，在我看来，学习就是阅读和理解。你把知识读下来，思考和批判它，它就可以为你所用了。学习真的不是坐在板凳上一味地刷题，刷题恐怕是效率最低的应试方式了。

四中有几个观念比较开放的老师也曾跟学生们建议："如果我留的作业你们觉得是重复性训练、没必要，那就可以不写。"这种给学生的放权其实增强了大家的判断能力和自主学习能力。我认为是值得在有自制力的学生中推广的。

在阅读过程中保持思考和批判，不仅适用于高考，更适用于人生不同阶段的学习。阅读是我在高中时积累的最重要的自学方法，它帮助我顺利从伦敦大学学院硕士毕业，也帮助我在工作中不断提升自己。

学会放弃你不擅长的

只有 6 个月，我照顾不了每一科了。我必须有所取舍。

我在复习到第 3 个月时，整理了一下我的"备考进度条"。语文和英语是我最先攻克的。我大概花了两个星期的时间，把该背的古文和不熟悉的单词都背了下来，然后又用了一个多月快速做完了这两科的《五年高考，三年模拟》，熟悉了不同题型的套路。在这之后，我这两个科目基本能考 120~135 分了。这个分数我已经满意了，"进度条"算是满了。我开始转移精力到其他科目上。

接下来攻克的是数学。在我基本掌握了数学教科书的内容后，我直接去做了当时近 10 年北京数学高考卷的最后两道大题。我差不多能够做出倒数第二道大题的前两问和最后一道大题的第一问。我努力找数学老师问这些题要怎么解答，但我发现，我根本听不懂老师在说什么。这个时候我就知道，我需要做减法了——我决定直接放弃选择题的最后一题、填空题的最后一题的第二个空、倒数第二道大题的最后一问，以及最后一道大题的最后两问。最糟糕的情况就是，在考场上这些题我都不会做或者都蒙错了，那么剩余的我能拿到的分数就是 118~125 分。我要保证把这些能拿的分数一分不扣地全部拿到手。于是，接下来我把全部精力都放在提升简单题的做题速度和中等难度题的准确性上。

制定了这个方案后，我对数学考试感到轻松多了。

其实高考也是一场取舍的战役。我只剩下 6 个月，我的目的性一定要很强，且我必须直接奔赴成绩目标。田忌赛马的道理相当适用于考试。学会平衡科目的优势与劣势，才能对自己有限的时间进行合理的分配与规划。

语、数、英这三科不是我最头疼的，我最头疼的还是文综。大家别忘了，我在高一、高二时，可是一个连教科书都没怎么碰过的学生啊。语文和英语的教科书都以文本性质为主，花不了太多时间来通读；数学教科书可以按照知识点来分块阅读，我可以在几个月里一点一点学完，学多少再做多少对应的题。但文综就不一样了。我必须把那些书全看完才有能力完成一套完整的卷子，是要实打实地去背诵的。

在高考前，我整理了一下我的预期分数：语文和英语争取考 125 分，数学考 120 分，文综考 230 分。这样 6 科的分数加起来应当正好 600 分，符合四中历届平均分数线或中位线，不会给母校丢人。最终的高考成绩果然如我所料：语文 135 分（超常发挥），英语 129 分，数学 118 分（低了 2 分），文综 246 分（平均下来，史、地、政 3 科各考了 82 分）。

我拿着这个成绩手舞足蹈地去找老师。

老师对我呵呵一笑："奇迹。"

别小看精力规划与心态调整

我在四中时，经常听到老师们说：高考不仅是智力的长跑，也是体力的长跑。学到最后，拼的是心理与生理的健康。精力规划与心态调整非常重要。

四中的高三学生照样天天都有体育课，而且田径、游泳、篮球、排球一项不差。这在很大程度上保证了我们的身体健康。在备考期间适当运动，分泌点多巴胺，也能让我心情舒畅一些，不那么为高考而焦虑难安。

四中是不提倡在高考期间强制晚自习的。因此，高三学生的上课时间一般是早上 8 点到下午 4 点。中午有大约 1 个小时的午休时间。我家住在朝阳，四中却在西城。虽然有地铁直达，但我每天往返通勤至少需要 1 小时 15 分钟。为了能在地铁上找个座位，好好坐着看看书、写写题，我和学校申请了不参加晚自习。每天放学，我就背上书包直接离校。

我不上晚自习，并不是偷懒，而是为了保证我在家自学时的精力是充沛的。对我来说，在学校听老师讲课的效率是没有我自学效率高的。这倒不是因为我的自学能力有多强，而是因为我落下的课程太多了，老师上课讲的我听不懂，对我来说，听老师讲课其实是浪费时间呀。因此，上学期间的精力没有我在家自学的精力宝贵。

我每天的作息时间也是根据我的精力分配计划来安排的，可以分享给大家，但并不建议大家直接模仿。每个人都有最适合自己的作息安排，找到适合自己的作息，才是最关键的事。每天放学回家，我就不再进行任何学习工作，而是直接洗澡睡觉。我在睡足 7 个半小时，彻底摆脱上了一天学的疲惫后，就会在半夜 1 点多爬起来，打电话叫个外卖，点亮台灯开始自学。边吃边学到早上 6 点，然后出门上课。

上学的路上，我总是在便利店给自己买好课间要吃的东西。我会在上午的课间摄入一整天需要的营养，而午饭则必须跳过。因为我夜里起床的作息，会导致我中午一吃饭，下午上课就要睡着。至于空闲的午饭时间，我一般不会在教室或者图书馆里自习。封闭的氛围再加上一群奋笔疾书的学生，会让我感到非常焦虑。我经常去生物实验室的阳光培育棚，读教科书或者读状元小姐姐的笔记。阳光培育棚的环境很好，冬天很温暖，开满了鲜花。在这种舒适的环境中进行有质量的阅读，对我来说比刷几十道题更有效果。

提高学习效率的 3 个小技巧

1. 别让你的大脑感到寂寞——提高专注力

我们在读书或者工作时，有时会忍不住把手伸向平板电脑或手机，刷一刷社交软件，或者看几个小猫咪的视频。一开始，我以为这是因为学习让我感到枯燥，我才忍不住去寻求一些更有意思的乐趣。后来我发现，即使是在玩手机的时候，我也会忍不住做点别的什么事，就像老奶奶们喜欢一边看电视一边织毛衣一样。

人类的大脑似乎不满足于只专注一项工作。其实我身边的很多孩子在小的时候就非常讨厌在同一时间段只做一件事，这也是为什么有的成年人会怀疑孩子有多动症。我上小学时就因为这个被送到了行为治疗中心。那段挑小棍儿的时光，简直让我难以忍受，因为只做挑小棍儿这一件事会让我的大脑感到寂寞和无聊。我反而喜欢同时做两件事，比如一边听英语广播，一边写数学题。这会迫使我的大脑满负荷运转，逼着自己没法再分心做第 3 件事。这样，我至少能做好这两件事中的一件半事，比我只做一件事还经常分心要强上许多。

但如果你更习惯在同一时间段专注做一件事，那我向你推荐史蒂夫·诺特伯格的《单核工作法图解》。这本书介绍了很多学习和工作技巧，能够有效改变拖延症，让我们变得更高效。

2. 带着剪刀去阅读——为你的知识点做好分类

很多人在阅读的时候喜欢拿着笔做记录，但我喜欢带一把剪刀。

虽然每个人都有不同的阅读习惯，不过用十几种不同颜色的荧光笔勾画教科书，或者在空白处写笔记等行为，在我看来更像是一种"假装学习"。我们的目光追随着荧光笔，光顾着思考这段话要用什么颜色来标记了，而忘了我们阅读这段话最根本的原因。这样做很难有效地记忆知识。当然，也有人总会自欺欺人地认为，只要我用荧光笔做了标记，后续我就会背下来的。我的建议是，别等后续了，现在就背下来吧！如果实在背不下来，那么你应该使用的不是荧光笔，而是剪刀。

我常常带着剪刀去阅读。如果遇到了不理解或者背不下来的知识点，我习惯于把这一页或者这一段话剪下来，放到盒子里。高中时，我的铅笔盒里装满了这样的书页卡片。随着卡片的数量越来越多，我开始对它们进行分类。

"分类"是系统学习知识的一条捷径。在分类的过程中，我们会不由自主地去定义这张卡片上的知识、去划分它在"知识树"上的等级，然后将它与和它相关的卡片进行联想式记忆。例如，有关坐标系的卡片可以和函数的卡片进行图像与数字之间的思维联结。又如，复习历史时，有关宋朝的知识点可以连接北宋、南宋、辽、金等的知识点。

我的每一张卡片都会被我标记上数字和字母，作为分类的索引。"宋朝"的左上角被我写上了字母"S"，那么北宋与南宋的卡片就可以用"S1"和"S2"来标记。这个方法，我是在高二时学习写剧本的过程中逐渐掌握的。当编剧们写完全剧剧本，又想往里面增加一两场戏的时候，他们会在该场次的后面加一个字母或数字。例如，在第7场戏和第8场戏之间加一场或多场戏，就可以将其标记为7a、7b、7c……

当然，用不同颜色的卡片来分类也是一个很好的办法。我们总是对颜色和形状记得更牢。我认识一位在维也纳学音乐的中国留学生，她就很擅长利用颜色来帮助自己提高记忆力。她是个很出色的作曲家，但刚到奥地利时，几乎不会德语，坐地铁都很困难。为了能找到上学和回家的路，她开始记地铁车厢和地面瓷砖的颜色。2019年，我去奥地利和她一起做一台音乐剧时，她给我发来的指路信息不是先坐哪号线的地铁，再如何中转，而是"出了机场先坐深蓝色的小火车往西走，等你到达一个巨大的火车站后，坐红色的线，往南，然后在第一个露天的站台下车，坐绿色的线，往东三站，我就在出站口等你"。我得到这样的指路信息后是非常崩溃的。我要求她必须给我一个地名和地铁线路图，但她自己也说不清楚。我最后放弃了，飞机落地后按照她的指示在维也纳展开了一次"大冒险"。结果你们猜怎么着？我居然顺利地到达了约定地点，而且整个过程比想象中的简单多了。我根本不需要留心站牌或者车厢的德语名称，因为维也纳地铁站的地板上刷满了各种颜色的指引线，每一种颜色都可以准确地把我带到站台上。这位女作曲家给我的这条色彩缤纷的指路信息，一目了然，我至今记忆犹新。

制作知识卡片不仅是一个非常好用且顺手的学习方法，还增加了我的碎片化学习时间。毕竟，我不太可能在拥挤的地铁里掏出一本8开的大教材来复习。但我可以在兜里揣几张卡片，随手拿出来看一看。有的时候看着看着就理解了，多看几次就记住了。

高中时的我并不知道这种"剪刀阅读"学习法具体叫什么。后来我在申克·阿伦斯博士的一本书里发现，这个方法其实就是"卡片式笔记法"的变体。当然了，你不必非要把知识点都做成卡片，将它们写在一个分类索引的小笔记本里也是非常聪明的办法。这种卡片式笔记法，我一直模模糊糊地从中学时期用到了现在，积攒了十几册的手抄笔记和数十万字的电子文档。我写作缺乏灵感时，就会翻看它们，它们总是能很快地帮助我解决问题。

3. 建造你的"记忆宫殿"——把知识点储藏在大脑里

政治科目的知识点背诵一直是我最头疼的。为了记住那些我没能力理解的文本，我只好借助各类技巧。那时网上很流行"记忆宫殿"的概念。我一开始以为这是伪科学，是侦探小说里骗人的把戏。但走投无路的我，还是决定试一试。我在豆瓣同城上看到北京某大学有一场免费的心理学讲座会提到记忆宫殿的相关知识，就报名参加了。

这场讲座让我知道，"记忆宫殿"居然确有其事。早在古希腊时期，就有人发现这种精妙的记忆方法了。如今有不少参加记忆大赛的智力运动员也在使用这种方法备赛。而且，根据相关论文，"记忆宫殿"甚至可以提高阿尔茨海默病患者的生活质量。后来的一部风靡全球的英剧《神探夏洛克》也视觉化地呈现了"记忆宫殿"的使用方法。

我觉得这个方法可能是靠谱的。因此我不再耽误时间，赶紧开始为学会这样的记忆方法而付出行动。我搜集了不少论文和资料，利用课间或者放学回家路上的闲暇时光，按照研究所示的步骤，去建造我的"记忆宫殿"。

我拿着我那堆从教科书里剪出来的卡片，把知识点按照科目分门别类地放进想象中的"宫殿"里。当然，我不会凭空在大脑里建造一个泰姬陵的，我没有那么强悍的智力和想象力。我直接把"记忆宫殿"建在了小时候和妈妈常去的朝阳区图书馆里。我对这里很熟悉，想象起来并不费力。一楼的儿童阅览区放数学知识点，隔壁的历史图书区就放历史知识点，二楼的茶水房放政治知识点……当我面对试卷，实在想不起来我需要的知识时，我会闭上眼，想象自己走进了朝阳区图书馆的那个存放特定知识的区域，找到对应的书架，然后把知识像取书一样从书架上取出来。

我发现这种记忆方法并非是少数人独有的。当我谈论起这件事时，我身边的一些同学和朋友会吃惊地告诉我，他们在准备高考、法考或雅思考试时，也曾使用过相似的办法。只不过他们把"记忆宫殿"盖在了他们的卧室里、博物馆里、北京的胡同里。

不仅是应对考试，我们中的大部分人，其实都在不知不觉中使用过"记忆宫殿"。比如，你不慎遗失了一件物品，于是你在脑海里回想你曾去过的地方。这个过程就是不加训练地建造"记忆宫殿"的雏形。只要掌握了这种空间与图像的联想技巧，回忆曾经背过的知识就不再是海底捞针，而我们也就成了掌管记忆海洋的波塞冬。

当然，上述情境并不会像《神探夏洛克》里展示的那么神奇。其实这个方法挺朴素、挺麻烦的，而且从我个人体验来看，它也不能保证长期可靠。但建造"记忆宫殿"的过程非常有意思，让人很享受。我也因此对学习和背诵我不感兴趣的科目的知识点更有信心了。

两个方法攻克高难知识点

有时候，我们会在学习过程中遇到一些怎么也无法理解的知识点。就算把教科书翻烂了、把老师问烦了、把题做光了，但下次遇到这些知识点时，我们还是会茫然不知所措。

攻克这类知识点，我摸索出了两个方法。它们虽不能百分之百地解决问题，但大部分情况下，可以给我提供一些解决思路。

1. 做知识疆域里的国王

先建立宏观概念，再攻克眼前的知识点。当我弄不明白一个高一难度的知识点时，我往往选择不去和它"死磕"，而是暂时假装它不存在，然后勇往直前地去学高二和高三的知识点。这么做是为了在深入解析一个高难知识点前，先让自己对高中 3 年全部的知识有整体的认知。我把自己想象成一个国王，也许我不了解我知识疆域里的一小块梯田，但当我把整片国土都巡游过一遍后，梯田里发生的事，就很清晰了。换言之，我要先整体地提高自己的学习水平，再去"居高临下"地解决单一的高难知识点。

我这么说可能有点玄乎。我用一个更直接的例子解释一下。你也许一开始不理解也记不住新中国推广普通话的历史意义，但纵观中国上下五千年的历史，当你了解到秦始皇一统六国后立刻要求各地"书同文、车同轨"时，你是否会恍然大悟——原来推广一种统一的语言可以增强多民族之间的信息沟通和交际效能，有助于国家统一和经济发展。这就是通过对其他知识点的认知，来辅助你对不理解的知识点进行剖析和解读。因此，你对该学科的其他知识了解得越多、知识疆域越辽阔，就越容易对高难知识点进行逻辑类推，进而越容易掌握这个知识点。

2. 和教科书来一场"角色扮演"

当我遇到一个高难知识点时，我习惯于对它进行历史溯源，找到它是由谁发现或提出的，然后想象自己就是这个人，并按照 Ta 当年的思维逻辑将这个知识点推演一遍。

我第一次学习圆周率的时候，就用过这样的方法。数学老师会让我们像 2000 多年前的数学家那样，在纸上先画一个正方形，再画正六边形、正十二边形……直到最初的正方形变得像一个边缘略有坑洼的圆形。然后我们通过测量其直径和总边长，并观测这二者之间的规律，推演出"π"的模糊数值。在这个过程中，我们其实就"扮演"了古代数学家。这让我们充满了参与感，极容易理解知识并且对此印象颇深。

我很喜欢把"角色扮演"的方法用于英语学习。我不推崇死记硬背单词的中文含义，但很喜欢背诵含有该单词的例句。例句往往会给我提供一种场景和语境，让我对这个单词印象深刻。有的时候，我甚至会把我经常忘记的单词串联起来写一段虚构的英文对话，然后在脑海里扮演对话中的两个人，自言自语。这听起来有点傻，但我强烈推荐你试一试，效果极佳。

其实，"角色扮演"的方法是我在四中戏剧节排演话剧时偶然发现的。我当时作为导演，和道元班的同学们一起排练了《一个无政府主义者的意外死亡》。这是一部对于高中生来说有些难以理解的先锋戏剧。我初看剧本时，对编剧到底要表达什么感到捉摸不透。但我很快发现，如果我不试图直接理解全剧的内涵，而是把自己带入不同的角色，我就能更快地掌握每个角色的目的，并且以此推测出全剧的内涵。警长是怎么想的？他要干什么？他为什么这么做？犯人呢？他因何入狱？他的语气是褒是贬？面对警长，他要如何做选择？最终人物是否达成了他的目标？如果没有达成，那么编剧到底想表达什么？这种角色扮演的方法，提升了我对剧本的学习效率。如今国内不少中学都在推广戏剧教育。我相信在角色扮演的过程中，学生们将会提高理解与想象的能力。

上高中时，我并不认为我常常做的这个"角色扮演"游戏是什么值得称道的学习方法。但我后来在伦敦大学学院念研究生时，有幸接触到了符号学家詹姆斯·保罗·吉的教育理论。吉在研究电子游戏如何教孩子们学习时，将学习方法分成了 36 类。其中一个被称为"身份法则"的学习方法与我少年时期胡乱进行的"角色扮演"有一定相似性。吉在研究中提到一名美国教师用《魔兽世界》来教孩子们数学。孩子们在扮演《魔兽世界》里的角色时，会不断地使自己真实世界的身份、虚拟世界的身份以及投射身份相互影响。这样的角色扮演和身份转换，让他们更热衷于参与教学讨论，且很容易进入学习情境。《魔兽世界》的实验甚至在现实的校园生活中帮助孩子们提高了社交能力。

本章并不是一篇普遍适用的指南性文章，它只是对我在高中时期用到的几个主要的学习方法的反思和总结。

在我看来，学习方法就像护肤品，有人用了容光焕发，有人用了满脸长痘。我的方法不一定适合所有人。因此，我建议大家在阅读本篇文章时保持批判性的态度，对自己的学习习惯和我的学习方法做一个理性的衡量。

最后，祝福每一位学子学业有成。

话题 6
Topic Six

没错，我非上这所学校不可了

女儿篇 | **北京电影学院的艺考，**
      | **到底在考什么？**

狮子、狼和狐狸的故事

　　虽然在四中的帮助下，我得到了一些剧本写作方面的指导，但我仍旧对于北京电影学院的艺考内容感到一头雾水。为了能更快地掌握考试内容，我决定报一个艺考培训班。当时北京的大部分艺考培训机构要求全日制学习，甚至有的机构还要求学生住宿。我不大情愿完全从四中休学，因此，我只能频繁请假，去艺考培训机构上小班或一对一的课程。

　　我去的那家艺考培训机构位于北京朝阳区的百子湾路，也就是现在大家所说的"网红"和"18 线"演员的聚集地。当时，百子湾还不算特别火爆的社区，人口密度很低，甚至可以说有点冷清。我第一次走进去时，被他们精致的装修打动了。那是一间工业风格的 LOFT 公寓。一楼被改造成了舞蹈练功房，有落地窗和落地镜。二楼则被分为大大小小的几间教室。大教室用于上公开课，小教室用于上一对一的课程。所有隔断都是用磨砂玻璃做的。这里没有黑板，老师们的板书就随性地用马克笔写在玻璃隔断上，感觉很酷、很艺术。这家艺考培训机构的隔壁是一家模特培训工作室。每天去上课时，我总能看见身高一米七几甚至一米八几的年轻姑娘们踩着高跟鞋在工作室里练习走台步。一切都让人心生憧憬。

艺考培训机构的老师大多是北京电影学院、中央戏剧学院和中国传媒大学的在校生或毕业生。这 3 所学校被考生们称为"艺术类三大院校"。教艺考生是三大院校很多学子的零花钱来源。这些老师没有受过专业的教师培训，不过，他们的课程虽然缺乏严谨的教纲，但他们传达给我的信息却十分直接且真实。在这里，我能够快速了解到我未来的同学们是怎样的面貌。我发现，培训机构里的其他艺考生们看起来都比我成熟。我不管怎么看都像一个乖巧的高中生：穿着校服、扎着马尾辫、踩着帆布鞋。而他们则着装时髦、烫染了头发，女生化着浓妆，有的男生也是。并且，他们的成熟不仅来自外表，他们的性格与阅历也和我身边的四中同学们完全不同。

在一节"虚构叙事创作课"上，老师让每个艺考生讲述一个发生在自己身上的心痛的故事。老师强调，很多院校在艺考时都会考查学生讲故事的能力，因此我们在叙事时，要注意内容和表现力。

班里有个芭蕾舞跳得很棒的女孩，叫梦梦，率先发了言。

"我爸出轨了。"

我一口水喷了出来。我以为老师说的"心痛的故事"是指我们在路边看到一只野猫死了这个级别的。没想到梦梦脱口而出的就是这么沉重的话题。

接下来，梦梦声泪俱下地讲述了她是如何对父亲起疑心，又如何跟踪父亲上班，并最终发现他出轨的事实的。

梦梦的故事说完了。老师给她递了张纸巾，让她擦擦眼泪。随后，他示意另外一位同学开始讲述。

这位同学外号叫"阿茂"，是一个皮肤白皙的南方人。他总是梳着油头，穿着不知真假的轻奢潮牌。他自称家里在当地开了几个洗车行，生活富裕。

"上个学期我刚考完期末考试。我妈开车来接我，说要带我去吃饭庆祝一下。"

阿茂语气平静，好似他要讲的事情并不令他心痛一般。

"我们去了学校对面的一家餐厅。坐进去后，我妈没让我看菜单，直接点了一份水煮鱼。我有点奇怪。因为往常我俩出门吃饭，她都会让我来点菜的。我当时没多想，就跟服务员说加一道红烧牛腩。我妈也不知道怎么了，脸一下子就拉长了。她非要让服务员把红烧牛腩取消，说她就只要一份水煮鱼。我那天考试考得不怎么样，心情挺差的，就和我妈吵起来了。我说：'你不是说要请我吃饭吗？连个菜都不让我点？'我这话一出口，我妈一下就崩溃了。她坐在餐厅里号啕大哭。我吓坏了。我问她：'妈，你怎么了？行了行了，我不吃红烧牛腩了，就要一份水煮鱼。你别哭了！'"

阿茂顿了顿，声音开始有点哽咽。

"然后，我妈告诉我，家里的生意不太好。她身上有 300 万元的债，怕影响我艺考，瞒了我半年。她只点水煮鱼，是因为她今天早上送我去考试的时候，在包里翻出来一张半年前的水煮鱼促销券，券还没过期。她就想着，好久没带儿子下馆子了，今天终于能让儿子吃顿好的了。说完，我妈把她的钱包翻出来，给我看。里面除了那张皱巴巴的水煮鱼券，就剩两张 10 块钱的纸币了。我妈跟我说：'宝儿，妈今天钱没带够。过两天再带你来吃红烧牛腩，好吗？'她这句话说完，我就哭了。服务员把水煮鱼端上来了，冒着好多热气。"

阿茂的故事讲完了。全班同学和老师看向了我。我支支吾吾，说不出话来。我没有梦梦和阿茂这样的经历。我爸不出轨，我家也没破产。我可以给他们编一个关于魔法的故事、武侠的故事、科幻的故事，但我没有素材来给他们讲一个关于我的故事。我的人生太平淡和常规了，不值得讲述。

"那个……"我紧张地开口，"我高一那年，学校有个新年舞会。我想和一个男同学一起去，但是这个男同学不想和我一起去。当时刚开学，大家都不太熟悉。我也找不到其他男同学了，最后只好和一个跟我从同一所初中考进来的男同学去跳了舞。我觉得这事儿挺心痛的。"

"就这？"老师略显失望地看了我一眼。

"啊。"我点点头，"就这。"

我觉得我完蛋了。要是北京电影学院考查的是这样的能力，我恐怕会落榜啊。

我那天特别沮丧，坐在舞蹈练功房里生闷气。练功房的落地镜里映着我稚气未脱的脸。我和梦梦、阿茂同样都是十七八岁的年纪，怎么人家看起来就这么成熟，人家的人生阅历就那么丰富呢？

"嘛呢？"

一个男孩走进了练功房。他叫昊昊，比我们大一岁，是这个培训班的助教，天津人，家住大海边，总爱穿花里胡哨的海滩衬衫。昊昊留着科特·柯本式的齐肩发，讲话缓慢，举止慵懒。他前一年在这家培训机构里当学生上课，但艺考结果不如意。落榜后他不想回天津复读，就留在了这家培训机构当助教。有的时候他会帮我们打扫练功房、整理教学讲义；有的时候他会从那些成功考入三大院校的学生那里接一些剧组拍摄的活儿，从举录音杆到写场记单，从统筹演员到制片记账，他什么都会做，全能得像一把瑞士军刀。大家都很喜欢他。

"我有点儿担心自己考不上电影学院。"我回答他。

昊昊大笑起来："嘻！你不是四中的嘛！考不上北电就去考北大呗！"

我笑不出来。

"哎哟，别伤心了。"昊昊围着我转悠了一圈，紧接着，他从兜里掏出两张票，"隔壁的美术馆有新展览，下午跟我去看吧。"

我们去了今日美术馆。这家美术馆因为离艺考培训机构很近，经常被学生们光顾。这里和 798 艺术区的美术馆很相似，以展出现代艺术作品为主。但这里比 798 艺术区的那堆小美术馆更大、展品更高端。

我们站在一幅画下，观赏了半天。昊昊赞叹："我的妈呀，这画上的蘑菇都长斑了。"

"这不是斑。这是草间弥生的波点。她有精神疾病，从小就这么画画。"我告诉昊昊，然后开始滔滔不绝地给他讲草间弥生和波普艺术。

昊昊安静地等我唠叨完，说："我认为你艺考不会有问题的。你不要被阿茂他们牵着鼻子走了。他那水煮鱼的故事我都听了十几遍了！你放心，艺考不考卖惨。这又不是综艺选秀！"

"那艺考就会考波普艺术吗？"

"当然！还考包豪斯呢！"昊昊说，"去年那道题我就没答出来。卷子上问我啥叫包豪斯，我头回听说这几个字！"

"包豪斯是一种设计风格。"

"是，是！我现在知道了。考试一结束我就在网上一通搜，但我搜得晚了，我没被录取。"

我皱皱眉："你没有背过《艺考文艺知识小百科：快速充电》

（以下简称《快速充电》）吗？"

"没人会背的。"他耸耸肩。

《快速充电》是一本在艺考生之间广为流传的复习资料。艺考第一关的笔试题大部分出自这里。艺考培训机构的老师无数次提醒学生们去背，但大家都懒得背它。这本书很薄，也就 200 多页，比起高考文综知识来说，背诵它根本没有想象中那么困难。这就好像考驾照一样，你明明背了就能通过考试了，可总有人不背。这导致许多有才情的人连一试也没有通过，令人遗憾。

"这世界上有两种智慧。"昊昊对我开起了小讲座，"一种叫Book Smart（书本智慧）——我这英文发音没问题吧？我高中英语成绩不差的——还有一种叫 Street Smart（街头智慧）。每个人擅长的不一样。"他自豪地戳戳胸口，"我就擅长 Street Smart。剧组的人际关系，我都能处得很好。我看你啊，你就擅长 Book Smart。这Book Smart 在学生时代占便宜啊，逢考必过说的就是你们这些人。但Street Smart 就不一样了，等你工作的时候，它更实用。"

我对昊昊的精彩发言深表认同。我谦虚地请教他："那你认为，除了背文艺常识外，我还应该为艺考准备点什么呢？"

"表演吧。"昊昊说，"你看，阿茂讲的故事之所以吸引人，是因为他讲的时候有肢体动作、面部表情，整体感染力好。你应该学一学。"

我在四中参加过几个戏剧小活动，但我不是演员，每一次我都躲在幕后当导演。我知道台词该怎么说、桥段要怎么演、情绪该怎么表现，但我自己说不出来、演不出来、表现不出来。我觉得在台上蹦蹦跳跳是一件很别扭的事情。

艺考培训机构里也有表演课程，而且课程划分得很详细。如果学生要考表演系，至少要上 4 门课：声乐、台词、形体、表演。不过我只打算考文学系和导演系，并不需要 4 门课都上，练好台词和表演就足够了。

教我的老师姓张，是中戏表演系的一名大四在校生。他相貌英俊，个子高高的，瘦得像一道闪电。他经常坐在窗台上，逆着光审视着他的学生们。这让年轻的他看起来很威严。张老师给了我一堆 A4 纸，上面印着几十条顺口溜，"八百标兵奔北坡""吃葡萄不吐葡萄皮"这一类的。他要求我每天早上练一遍，一周后过来交作业。我按照他的指示，每天练习。一周后，我已经能把顺口溜准确无误地念出来。张老师又给了我几份剧本，让我把上面的台词演绎出来。我能准确掌握每句台词的逻辑重音，但我的情绪却拘谨得像人工智能语音系统。

"你台词没啥毛病啊。"张老师点评道，"可为什么你的表演这么尴尬呢？"

"我是不是个子太高了，四肢不太协调？"我开始给自己挑毛病。

张老师乐了："我个子比你还高呢！跟那没关系。我认为是你没有'解放天性'。"

"解放天性是表演课的关键训练，它的目的是消除演员在舞台上的羞涩感。你太放不开了。"张老师盯着我，思索了好一会儿，"这样，我给你布置一个新的作业。你小时候读过《狮子、狼和狐狸的故事》吗？"

"啊？"我站在原地犯愣。

张老师从窗台上跳了下来，拿来他的笔记本电脑，给我发了一个 Word 文档。文档中是一则伊索寓言，叫《狮子、狼和狐狸的故事》。

"你把这则寓言背下来，然后找个公共场所，当众，声情并茂地把它朗诵和表演出来。"

我拿着那则寓言，发愁地回了家。

我从周一拖到了周五，但张老师给我布置的作业，我还是没有完成。眼看周六又要去上表演课了，我辗转反侧，最后毅然决然地从床上爬起来，去了地铁站。

周五晚高峰的永安里地铁站，人潮汹涌。我刷卡进站，抱着赴死的心，挤上了 1 号线地铁。地铁飞速地向八通线换乘站奔驰。我憋了两站地，到了大望路，眼看就要到目的地了。我知道不能再等了。我深吸了一口气，大声地对乘客们说："大家好！打扰了！我是个要参加艺考的学生！我要解放天性！"

我大脑放空，根本不敢看身边乘客的表情。我抬着头，盯着车厢顶部的灯管，开始了我"声情并茂"的表演。

"我给大家讲一个《狮子、狼和狐狸的故事》。年老的狮子得了重病，躺在洞里。除了狐狸，动物们都去问候大王。狼便趁机在狮子面前诬陷狐狸，说狐狸胆大包天，藐视大王，竟敢不来问候。正在此时，狐狸进来了。狮子一见到狐狸就怒吼起来，狐狸请求狮子让他解释几句。他说：'在所有向大王问候的动物之中，有谁像我这样忠诚，为你四处奔走，遍访名医，寻找妙方呢？'狮子立即命令他将药方说出来。狐狸说：'将狼的皮活剥下，趁热裹在身上。'狼立刻成了一具尸体，躺在了那里。狐狸得意地笑着说：'你不应当怂恿大王起恶念，而应该诱导他发善心才对呀。'"

我表演完了，小心翼翼地把视线挪到了车厢内。全车厢的乘客都在盯着我。有个年轻的妈妈鼓励地推了推她的小儿子，让他过来给我一个硬币。我红着脸，摆摆手说："地铁里不许乞讨！"

随后，车门在四惠东站打开了。我飞快地挤出了车厢，再也不敢回头看同车厢的乘客们。

《狮子、狼和狐狸的故事》成了整个艺考培训机构的笑柄。昊昊至今还在拿这件事打趣我。但我对他们的揶揄没有那么在乎。我获得了巨大的成功感和满足感，我挑战了自己。我能明显察觉到，我的性格因为这件事在悄悄地发生改变。至少，对于"矜持"这两个字，我不再耿耿于怀了。

准备艺考是一个"开窍"的过程

艺考培训机构的课程越来越贵。在 2012 年，小班和一对一的课程每小时单价已经飙升到 300 元甚至 500 元。我妈妈本身就不赞成我考北电，她总是念叨着："你都到四中了，离清北只有一步之遥，为什么要放弃？"妈妈愿意赞助我的课程费用越来越少。上了 3 个月的课程后，到了寒假，妈妈再也不愿意出学费了。我只好离开艺考培训机构，开始自学。

高三那年的寒假，我父母的工作似乎异常忙碌。他们总是没有时间给我做饭，家里的冰箱也空荡荡的。我从早到晚都要在外面找食吃，晚上再拿着当天吃饭的付款小票找妈妈报销。这种在城市中游荡的生活，虽然有些孤单，但给了我充足的自由与时间，让我可以施行我的自学艺考计划。

白天，我喜欢待在朝阳区图书馆里自习。那里的自习室费用十分低廉，且供应免费的热水。晚上，我就溜到商场里看电影。如果看到不错的片子，就到楼下的蛋糕店买一个 6 块 8 的甜甜圈吃掉，再坐地铁回家，到了家，再看两部电影。每天看 3 部电影，我才能在艺考前把该看的经典电影都看一遍。

除此以外，我还需要抽时间背诵《快速充电》。但这本书很快就背完了。我发现我不知道该看什么书来备考了。我只好上知乎搜索，看有没有北京电影学院的学长学姐们做书目推荐。但北电的学生似乎不喜欢把时间浪费在互联网上，我一无所获。我又听说朝阳大悦城里新开了一家书店，很有艺术气息，或许会售卖一些电影专业的相关图书。我当晚就跑到了那家书店，结果失望地发现，比起卖书，书店的主营业务竟然是卖咖啡和溢价严重的文具。我向店员小哥询问有无推荐，小哥从架子上抽取了一本演员陈坤的《突然就走到了西藏》。这书挺好看的，就是跟电影没有什么关系。

那些日子，我对"电影"这个领域感到十分迷茫，完全不能入门。我开始浪费我的时间，每天坐在这家书店里，买杯咖啡，乱翻书。

这家书店里坐着很多带着电脑来办公的人。北京的朝阳区是影视行业从业者的集中地。朝阳大悦城附近的几个小区因租金低且环境良好，而住满了小演员、年轻导演和制片人。他们有时候会坐在书店里喝着咖啡聊项目，张口闭口"院线""上亿"。我有时候就坐在那里，"偷听"他们说了什么。这种"偷听"对我来说也是特别棒的学习，我可以从他们的语气里推断是非对错，了解行业内的最新动态。

这些影视行业从业者来来去去，只有一个编剧永远坐在靠窗的角落里，对着一台老旧的笔记本电脑，敲敲打打。这位编剧大概三四十岁，很瘦，戴一副框架眼镜，许久未修剪的头发和邋遢的穿着显得他的经济状况不是很好。在头几天，我根本不知道他是编剧。我还以为他是个失业的中年男人，躲在书店里上网找工作、投简历。直到我看见他的咖啡桌上摆着一本贴满了荧光标签的书——《电影剧作观念》。我凑过去问他："您好，您是北京电影学院毕业的吗？"

他古怪地看了我一眼，似乎对回答一个高中生的提问感到兴趣缺缺。

"我上过这所学校的进修班。"他回答。

"太好了！"我不请自来地拉过他身旁的椅子坐下，"我今年高三，打算考北京电影学院的文学系和导演系。您算我的大师哥啊，您有什么书可以推荐我看看吗？我想学习学习，准备艺考。"

男编剧皱着眉劝我："你最好别干这行。收入不稳定、行业不规范，签了合同都没人付你编剧费。"

我感到非常尴尬。那时的我对这位编剧所描述的行业除了充满憧憬外，几乎毫无概念。我没有相信他，也不愿意相信他。直到我后来入行，才发现他所说的每一句都是血淋淋的现实。然而，在十七八岁的年纪，我能关注到的就只有眼前的艺考。考过了才有未来，考不过，就算这个未来很糟糕，我也体验不到了。

男编剧指了指他桌上的那本《电影剧作观念》，说："这是我最近在看的，你可以参考一下。"

我拿出手机，拍了一张书的封面，连声道谢，匆匆回家下单买书了。

这本《电影剧作观念》是由北电的老师编写的。里面选用的剧本范例大多是文学系学生的作业。这本书让我快速了解了北电学生的水平，以及老师们对剧本风格和写作手法的偏好。我也因此打开了一扇寻找学习资料的新大门——既然这些大学老师都在写书，为什么我不去看看他们的书呢？

我登录了北电的官网，把文学系和导演系师资信息截了图，然后在亚马逊和知网上挨个搜索老师的名字，看看他们写过什么书、发表过什么论文。我把书名抄下来，到图书馆借阅，或者在网上下单购买。我一本一本地浏览，遇到看不懂的段落，就翻到书末的附录，把和这个段落相关的参考文献买回来，再进一步阅读和学习。如法炮制，我在美国电影学会、英国电影协会、加州大学洛杉矶分校、南加州大学、纽约大学、伦敦大学金史密斯学院等的官网上，搜索到了电影制作相关课程的书目，并按照上面列出的书目进行阅读。其中，罗伯特·麦基的《故事》、沃尔特·默奇的《眨眼之间》和焦雄屏的《法国电影新浪潮》3本书，给予了我最大的启发和帮助。

在我看来，准备艺考其实是一个"开窍"的过程。我们需要把平时熟悉的文本性叙事逻辑，转换成视觉与听觉的叙事逻辑。这就好像在我们学外语时，不能总想着将外语单词挨个翻译成母语，而是应该丢掉母语这个"拐杖"，直接去学习和理解外语。《故事》《眨眼之间》《法国电影新浪潮》这3本书就分别从编剧、剪辑和电影理论3个方面，帮助我把电影语言建立为一种全新的叙事方式。当我再去看电影时，我不会等到声音和画面转换成文本后才去理解它们，而是学会了直接去分析声音和画面本身传递的信息。例如，特写镜头传递的情绪力量会强于中景镜头；战争片中对炮火声做消音处理，反而会比把炮火声音量增大更有情感上的震撼力……在接受和消化了这些知识后，我才算真正对电影专业入了门。

不过，随着我读的专业书籍越来越多，我愈发觉得自己十分愚昧和无知。入门后我才发现，这个才短短100多年历史的专业，竟然有如此浩瀚的知识等待我去学习。我对艺考再次产生了消极的念头。我联系了昊昊，希望向他寻求一些帮助。和他聊天，总能让我把很多我特别在意的事情轻松放下。他具备一种对生活十分无所谓也无所畏的"嬉皮士"精神，而这种精神很有感染力。

"你急什么？你是打算几个月就学成斯皮尔伯格吗？"昊昊翻起了白眼，"你只要比那些和你一起考试的学生准备得更充分就行啦！"

我点点头，随后跟着昊昊回了艺考培训机构，蹭了一节课听。课后老师告诉我们，北电文学系寒假期间要开办一个面向高中生的培训班。他说如果我们感兴趣，可以报名。我本想怂恿昊昊和我一起去上课，但昊昊今年不打算参加艺考了。我回到家，把这个消息告诉妈妈。妈妈犹豫再三，最终答应："这是最后一次赞助你艺考，之后考不考得上就看你自己了。考不上，给我回去参加高考。高考考砸了，就复读。"

我权且先答应下来，然后立刻拿着钱去报了名。

文学系冬季培训班的学费并不高，但师资力量相当强大。我在这个班上遇到了先前来四中上课的老师们。他们对我要参加艺考的事感到十分惊讶。北电的老师们都是性情中人，他们畅所欲言，充分而真诚地表达自己。在文学系冬季培训班上课的这段时间，我心情非常愉快，和老师们相处也很融洽。可以说，这个培训班完全打消了我对考北电的所有疑虑。课程结束后，我高高兴兴地报名了艺考。

我刷新导演系的成绩公布界面，上面写着数字"1"

导演系考试的第一天，我在校门外看到了拎着行李箱风尘仆仆地从出租车上跳下来的梦梦和阿茂。前几天，艺考培训机构的老师们带着学生们去了南方，参加南京艺术学院和浙江传媒学院的艺考。今天凌晨，他们回北京的飞机才刚刚落地。南艺和浙传总是会把考期安排在北京的三大院校之前，因为一旦撞了考期，大家多半会选择北京的三大院校，放弃飞往南京或杭州赴考。可是，三大院校的考试时间却好似故意安排在了一起。从二试和三试开始，同一时间段，我们只能选择一所学校参加考试，并放弃另外两所学校。

我原先只打算报考北电，但在艺考培训机构老师的劝说下，也报了中戏和中传。不过这两所学校从二试和北电撞档后，我就再也没有继续考下去，也不打算和各校的考官们协调考试时间。梦梦和阿茂认为我疯了，忍不住问："要是北电没要你怎么办？你不考个南艺垫个底？"

　　我知道他俩已经分别拿到了南艺和浙传的艺考录取通知。但这两所学校对高考成绩要求较高，就算艺考通过了，如果高考考砸，恐怕也会落榜。对于梦梦和阿茂来说，最好的选择还是"不拘一格降人才"的北电。毕竟，在北电，如果能考进一些科系的前 6 名，就不需要看高考成绩了。

　　昊昊给出租车司机结了账，也跟着跳下车。他今年不打算再参加考试，就成了学生们的陪考。很多艺考培训机构都有带着学生们全中国飞来飞去参加艺考的陪考服务。昊昊头年把这些学校都考过一轮，他最有经验。他接过梦梦和阿茂手里的行李箱，催促道："愣着干什么呀？赶紧进去啊！"

　　我们跑进了校门，站在北电的操场。操场的围栏上张贴着考生的考号和对应的考室。梦梦盯着那几十张巨大无比的纸，喃喃道："妈呀……这得多少人参加考试啊！"

　　"导演系每年至少有 8000 多人考吧。"阿茂回答她。他已经放弃考导演系了，他今天要考的是录取概率相对高一些的制片管理专业。

　　"8000 多人才选十几个？"梦梦耷拉下脸。她和我在一个考场。我拉着她往教学楼走。当我看见操场围栏上贴着的那几十张密密麻麻写着考号的纸时，我也慌了。这可比四中难考多了。

　　第一场考试是笔试。文学系的卷子很简单，题目基本来自《快速充电》和国内一些影视相关的教材。卷子一共 100 道选择题，一题一分，我可以拿到七八十分。但导演系的卷子则有所不同，除了一部分文艺常识外，大部分题目天马行空。我竟然看到了物理题和数学题。除此以外，我们还需要回答许多社会、政治、体育、历史方面的问题。例如，韩寒的微博粉丝数是多少？中国在伦敦奥运会拿了几块金牌？红色霓虹灯里充的是什么气体？哪家公司收购了 IBM 的电脑事业部？巴甫洛夫的第一次条件反射实验用的是什么生物？黄健翔在凤凰卫视主持的节目叫什么？龚古尔文学奖是哪个国家的？用你的眼睛估算一下，作家王朔的年龄多大？织田信长在哪里逝世的？金庸办的报纸叫什么？这些题目过于庞杂，考生们基本无法提前准备，答题只能依赖平时的积累。

走出考场后，梦梦的脸色十分难看，她匆匆拉着行李回了艺考培训机构的宿舍。几天过后，我们收到了通知。梦梦落榜了。我只能独自参加二试。

导演系的二试是面试。七八个学生一组。先测视力，再进考场。学电影的话，可以近视，但不可以有色盲和色弱的问题。测完了视力，我和几个学生被分到了一组。我看了看他们，有两个男生看起来年纪很大，穿着打扮也不像高中生。我和他们攀谈了片刻，得知其中一人已经在某工业大学读过 4 年本科，因为不喜欢自己的专业，决定重新高考，来北电再读一次本科。而另一位男生 30 多岁了，没上过大学，但曾在剧组待过多年。他打算来电影学院正式进修一下，脱离他做了十几年的剧组底层工作。我以为像他们这样有更高学历或者有社会阅历的考生，会更容易被导演系录取。但可惜的是，他们都止步于二试。

二试的考场内坐着一排导演系的教授。有几个看起来十分眼熟，或是活跃在行业内的导演，或是曾经来四中上过课的老师。只不过我看他们很眼熟，但他们都不记得我。

考生们坐在考官们对面。考官们开始对我们提一些问题。例如，请形容一下你最近做的一场梦。有的考生把梦形容得天花乱坠：什么我梦见自己在一个马戏团里，和大象一起飞起来了；或者我梦见自己开着宇宙飞船，指挥一场星际大战……轮到我讲的时候，我实在不敢胡乱编造，也怕自己编不出他们那么精彩的情节。我只好十分朴素地回答："我幼儿园时的一位好朋友得了白血病，去世了。但在我梦里，她长大了，和我一个年纪。我带着她去西单商场买裙子，她穿每一条裙子都很好看。"

说完我们的梦境后，考官们没有做任何点评。他们给我们每人发了一张照片，让我们从左到右，逐个依据照片的内容讲故事，而且每个人的故事都要头尾相连。

我一听，这不就是我和小毛球在放学回家的路上经常玩的"故事接龙"吗？我立刻对考试有了信心。

可惜，和我一起考试的考生们并不是小毛球，我们之间毫无默契。第一位考生手中拿着一张汽车的照片，她很轻松地编出了一段动作类电影中常见的匪徒抢银行、警察飙车追逐的情节。我们本可以按照她开的头，完整地描述出一部精彩且有反转的警匪电影的故事。可惜，从第二位考生开始，画风完全变了。在他的故事里，匪徒被警察逼到了一栋废弃建筑物里，紧接着，废弃建筑物中出现了一个"天使"，直接把匪徒给杀了。警匪片立刻变成了魔幻片，而且剧情光怪陆离、毫无逻辑。经过第三位和第四位考生的"加工"，故事传递到我这里时，都快结束了——天使回到天堂述职，表示她已经完成了除暴安良的工作。

我看了一眼考官，他们似乎也没料到会有这样夸张的展开。我想了想，硬着头皮编下去了。

"啊……这个天使呢，"我看了一眼我手中的照片，照片上是一个井盖的特写，简直和天使毫无关系，"这个天使一直以来都有个竞争对手。那就是魔鬼。天使降临凡间是坐着飞机来的，但魔鬼总是从地下通道里打开井盖爬出来。那个匪徒本来是受魔鬼指使去抢银行的，明明匪徒都要逃离警察的追击范围了，结果中途被天使给杀了。魔鬼认为天使是在作弊。于是，他也作弊了。他诱惑了一名被抢银行的职员，让他栽赃善良的警察，说那名警察也参与了抢银行的行动。刚述职完毕的天使只好坐着飞机又来到凡间，成为警察的辩护律师。而魔鬼则打开井盖爬出来，附身在了一名关键证人身上。紧接着，一场体现天使与魔鬼之间权力斗争的紧张而刺激的法庭辩论展开了……"

说完，我看了看我后面的考生，示意让他接下去。他回望我的眼神中充满了感激：至少，我给他留了一个可以展开很多情节的戏剧矛盾点，以及充满对抗性的人物关系。

后来进入导演系学习后，我曾和其他同学讨论过到底这个故事接龙想考察我们哪方面的能力。我的同学调侃道："估计是想考察我们在胡说八道中寻找秩序的能力吧。"

除了故事接龙以外，考官们还给我们看了一些图片素材、听了几段音乐，并要求我们描述画面和声音中的信息，同时做出艺术批评。

面试结束后，天都已经黑了。我们疲惫地走出考场，没人敢说自己能进下一轮考试。我们彼此留下了联系方式，建了QQ群。没过几天，群里只有我和那位给故事开头的女生得到了进入三试的通知。

三试还是笔试。这一次是要现场写一篇2000~4000字的散文式小说。这叫"命题创作"，我曾在艺考培训机构进行过相关培训。但在我看来，培训只能训练你的心理素质和反应能力，并帮助你为各类考题准备一些创作内容。但真正能不能写好，还要看平日点点滴滴的积累。

我们那届的考题是"光"和"完美"二选一。一位和我同届的考生，以"光"为题，写了一篇朴素的校园故事。她高中时总喜欢拿着一面小镜子偷看后座的男生。她以为那个男生没有留意到她，但毕业那天，男生向她抱怨，她手中的小镜子总会反光并将光照到他眼镜上，他都看不清黑板了。这位考生把一个很简单的情节写得妙趣横生，非常讨读者喜欢。

另一位考生写的故事也与"光"有关。他讲了一个真实的故事，就发生在他家小区。他家小区物业在给外墙刷漆，脚手架总会挡着窗外的光。因为缺少阳光，一位邻居在阳台上养的花全死了。他很生气，就故意举报油漆工，说他入室盗窃。故事最终以喜剧收场。

这两位考生最终都通过了三试。由此可见，命题创作，一般不会给太多限制，写出的内容符合题目要求即可。

导演系的四试要考整整一天，四试的考试形式非常简单：几人一组，共同排练一出舞台短剧。上午大家研究剧本、排练，下午开始一组一组地上场表演。表演结束后，老师会让所有考生坐在舞台上，拿着话筒挨个做自我介绍。

坐在我旁边的男生那年24岁，高中毕业后一直在广州打工。他声泪俱下地向导演系的老师们讲述了自己借钱参加考试的不易，以及家里对他的不支持。并且，这已经是他第三次参加考试了，前两次都落榜了，他希望这次老师们能给他一个念书的机会。我看他泣不成声的模样，赶紧给他递了一包纸巾。

等他哭诉完，话筒就递到了我手上。我一时间不知道该说什么。想了想，我清了清嗓子，道："老师们、同学们好。我今年17岁，想来北京电影学院上学，是因为贵校的老师曾来四中开过讲座，让我对电影产生了兴趣。我……没有这位考生这么多的人生阅历，也没有受到过什么巨大的挫折。对此我既感到幸运，也感到遗憾。因为，白居易说过：'文章憎命达，魑魅喜人过。'我觉得想要成为一名艺术家，首先要有丰富的人生经历。但我恐怕是没有机会去广州打工了……不过，我很愿意倾听和观察。如果……"我看了一眼那位拿着我的纸巾擦眼泪的男生，"如果他能成为我的同学，我很想和他继续交流。我对他的打工生活非常感兴趣。"

　　我发表完这段高中生小作文一般的演讲后，羞得满脸通红，然后把话筒递给了下一位。这些考生一个比一个有意思，每个人的生活都充满了意外，似乎只有我的成长轨迹十分寡淡和寻常。四试结束后，我心里非常忐忑。我不知道我这 4 次考试表现得如何，但我知道我在考场上非常真诚。

　　很快，四中高三的第二个学期要开学了。一整个寒假我都在到处考试，寒假作业一点没写。我只好一边补寒假作业，一边准备高考。距离高考只剩下 4 个多月，我的成绩还停留在四五百分。如果北电落榜，凭我目前的成绩，恐怕上一本也颇为艰难。

　　出结果的那一天，艺考培训机构的老师把我们都叫了回去，准备做个升学总结。我再次见到了梦梦和阿茂，他们的表情看起来不是很好。阿茂中戏落榜，梦梦虽然通过了中传的艺考，但排名一般，而中传的高考分数线她似乎也难以企及。我们打开电脑，登录北电的官网，然后开始一遍一遍地刷新，等待着出成绩的瞬间。

　　"我出成绩了。"阿茂失落地说，"制片管理系，第 32 名，还是要看高考成绩。完了。我上不了北电了。"

　　"也别这么说。"梦梦试图安慰他，"回家好好准备高考，说不定能过分数线呢！"

他们的目光落在我身上。昊昊对我点点头，催促我赶紧查成绩。我紧张地双击触控板，刷新网页。我的成绩出来了。我先查的是文学系的成绩。

"我考了第 2 名。"我指着屏幕说。

阿茂和梦梦哀号起来："最不需要发愁文化课的人，竟然免看高考成绩了！"

"那导演系呢？"昊昊问。

我刷新导演系的成绩公布界面，上面写着数字"1"。

"你考了导演系全国第一？"同学们盯着屏幕，瞠目结舌。老师们也凑了过来，他们七嘴八舌地说要把我的录取通知复印一份，装裱起来，挂在艺考培训机构的墙上。

我没有参与他们的讨论，而是悄悄起身走出了教室，站在电梯间里，给妈妈打了个电话。

"你查成绩了吗？"我忍着激动，低声问她，"8000 多个人，我考了第一。你花钱给我买的 DVD、电影票、书还有培训课，都值了，你不能再说我浪费你钱了。"

妈妈在电话另一头叹了口气，她刚刚在家也查了我的成绩。她的语气听起来相当失望："看来你是非上这个学校不可了。"

"没错。"我告诉她，"我非上这个学校不可了。"

| **留学还是高考？万万没想到女儿做出了另一种选择**

本科阶段要不要出国留学？

道元班虽然有它独特的教学方式，但这种教学方式让许多家长感到不安——不学高考内容，不以课本为教纲，真的能让孩子们顺利地考上大学吗？

高一后半学期，一些想留在国内读本科的道元班学生的家长跟班主任提出，能不能让孩子们到理科实验班或者文科实验班去旁听。学校考虑到道元班教学方式的特殊性、实验性，答应了家长们的请求。

我也为此感到高兴，这样的话，即使女儿将来不能被重点大学提前招录，考取重点大学也是有希望的。

在女儿初中三年级时，我们就已经确定她将来一定要学文，她的天赋和爱好都在文学方面。女儿初中学校一位经验丰富、眼光独到的老教师也曾经跟我说过："您的女儿是块学文的好材料！"因此，我希望她能去北京四中的文科实验班上课，夯实高考所涉及的基础知识。

但是，我的女儿很少去文科实验班上课。

焦虑的我说："宝贝，你不去文科实验班上课的话，将来考大学怎么办？你怎么能竞争过全北京市都在努力刷题的高中生啊？"

这成了我在她高一、高二时几乎天天都要叨唠的一句话，而每次她都笑笑，不做回答。

"鸡"不动的时候，就想算了，不跟她较劲了。无论道元班将来是个什么情况，既来之则安之，顺其自然吧！就像其他家长说的，这么好的学校一定会对孩子们负责任的。反正道元班的学制是 5 年，大不了高中多读一年或两年。作为家长，我虽然不希望孩子走弯路，但那时候，女儿根本听不进去我说的话。我想，也许再像小升初那样遭受一次挫折，会对她的成长有利。

道元班 18 个孩子的家长都在考虑自己孩子的出路。准备出国的，家长已经陪着孩子飞去考 SAT、托福了。除了准备英文考试，孩子们还在以各种方式给自己申请"藤校"增加资历，如出书、参加公益活动等。不准备出国的，家长陪着孩子去参加物理、化学方面的竞赛，为获得重点大学的保送或降分资格做准备。

而我和女儿都处在迷茫中，不知道如何应对即将来临的一切。文科生获得重点大学的保送资格通常比理科生难，没有太多竞赛路径，被提前招录的可能性很小。那能不能像有的孩子一样选择出国留学？

说实在的，女儿上高中之前，我们就从来没有想过让她出国留学。身边出国留学的失败案例实在是太多，我不愿意让女儿走上这条路。

有一年，我陪一位朋友到首都机场接她从德国留学回来的女儿。去机场的路上，朋友就跟我说："孩子离开我一年多了，这一年多从来没有回过国。她总是报喜不报忧，也不知道在那边过得好不好。"

她的女儿学习成绩一直不是很好，但他们夫妇又非常要强，跟我一样，他们一直以各种方式"鸡"自己的女儿。只是他们"鸡娃"的方式过于生硬，结果孩子在初中时被父母"鸡"得几乎要崩溃了，整天跟他俩抹眼泪，甚至发展到了绝食、拒绝上学的地步。最后，夫妇俩为了孩子的精神健康，只好放弃了"鸡娃"这条路。

中考结束，她女儿的成绩只够上职业高中。夫妇俩觉得，职业高中也挺好，可以让孩子学习一技之长，毕业后也能靠技艺有口饭吃，而她的女儿却提出要到国外去上高中。夫妇俩带着女儿跑遍了北京的出国留学机构，最后选择了德国。因为那里有他们的一个远房亲戚，亲戚能够照顾她女儿。折腾了 6 个月后，她女儿顺利拿到了德国一个高中的录取通知书，她女儿很开心。送女儿离开首都机场时，娘俩相拥拍照留念。她那个身材偏胖、显得很壮的女儿，脸上满是灿烂的笑容，充满了对未来的憧憬和期盼。

在德国学习一年多后，她女儿说想回家过暑假。

在首都机场，我们一直等在出口，却迟迟不见她女儿出来。从慕尼黑飞北京的那趟航班的旅客都已经散去了，我们还是没有看到她的女儿。我们正准备去问讯处咨询，扭头看到了一个瘦弱的女孩推着大大小小五六个行李箱站在我们身后，在那一堆行李后面，那个女孩几乎瘦弱到我们不加注意都无法看到她的程度。她凝视着我朋友，泪水哗哗地流淌在她那张秀气俊俏的小脸蛋上。

我朋友怔愣在那里，一动不动，说："你是娟娟吗？"

女孩扑向我朋友，紧紧抱着自己的妈妈，放声大哭起来，说："妈妈，您都不认识我了吗？"

是的，我朋友已经认不出自己的女儿了，我更是不敢认。短短一年多时间都发生了什么，让走时还身体健壮的小姑娘如今却骨瘦如柴？朋友的第一反应竟然是："宝贝，你是染上什么坏毛病了吗？怎么变得这么瘦？"

她女儿哭着摇摇头。娘儿俩已经无暇顾及周边环境和其他人的感受，抱在一起哭成了一团。我也忍不住地在旁边陪着掉了眼泪。十五六岁到异国他乡独立生活，其实是一项重大挑战。

后来我听朋友说，她女儿所在的德国高中里没有其他华人。她女儿刚去的第一年语言不通，上课也听不懂，很难融入其中，常常感到孤独。亲戚住在另外一个城市，去看她女儿一趟也很难。再加上朋友从来没有让自己的女儿干过家务活，她什么都不会做，德国的饮食吃不习惯，带去的方便面吃光了也不知道去哪里买，经常挨饿。

假期结束，她女儿没有再返回德国。夫妇俩商量后决定放弃德国留学的机会，让女儿留在身边，重读职业高中。

首都机场的这一幕让我暗下决心，如果孩子要出国留学，也要等她长大一些，最好在国内读完本科再出国读硕士。

女儿读初中时，一些成绩不是很好的孩子，通常是因为忍受不了"内卷"教育而做出了留学的无奈选择。虽然我的女儿也承受着"内卷"教育的巨大压力，但她脑子还算灵光并且勤奋坚强，好歹还能和这些同龄人"卷"得动。因此，出国留学的这个念头一直就没有在我们的脑海里产生过。同时，出国留学失败的案例一个一个地出现在我们身边，也让我们望而却步。

我们有个邻居，她每次见到我的时候都会说："如果再让我选择一次，我一定不会同意自己的女儿出国读本科！"

她是北京的"原住民"，她的丈夫跟我一样是从外地小县城考到北京的。只是她的丈夫更加优秀，是当地的高考状元，现在则是北京某三甲医院的专家。她女儿比我女儿大几岁，从小学习成绩非常优秀，一路顺顺利利考入了朝阳区最好的中学，但在高考的时候，没有能竞争过班里的其他同学，遗憾地跟清华、北大擦肩而过。高考结束，失利的孩子死活不想去国内第二梯队的大学读本科，也不想再复读一年。于是，这家人萌生了让女儿出国留学的念头。

为了送女儿出国，爸爸选择到香港某大学去教书，这样收入才能覆盖女儿出国留学所需的所有费用。女儿也很争气，申请到了美国的"藤校"。一家人被迫分隔在3个城市生活：女儿在洛杉矶，爸爸去了香港，我的邻居则被孤独地留在了北京，早早成了空巢"老人"。女儿在美国读本、读研、读博。女儿在加州生活了6年，她爸爸就在香港工作了6年，而她妈妈也在北京孤独了6年。

她女儿刚去美国的时候，我的邻居每次见到都会说："留学费用太高了，我一辈子都没有花过那么多钱，都给女儿花了！"有时她会心疼地跟我说："我女儿在美国超市买东西总说便宜，这个东西才1美元，那个东西才2美元，可她不想想1美元那就是6元人民币啊！去一次超市100多美元花完了，她感觉再普通不过，可是乘以6，那得是600多元人民币啊！她嘱咐我说，您别乘以6，您就当100多元人民币！"

听到她抱怨，我总安慰她："高投入、高产出，女儿学成了总是有收获的。"

是啊，如果我女儿像她女儿一样，我还要不要送女儿出国留学？从身边这些送孩子出国留学的朋友和同事的经历里，我越来越清楚地认识到，对于孩子教育的投资，并不是高投入就有高回报，也并不是投入越高，对孩子越好，只有适合自己孩子的教育投资才最有效。

但不管怎样，至少这两个女孩子出国离开父母后，没有走上歪路。我另外一个朋友的儿子就没有那么幸运了。

这个朋友是一个小县城里大专院校的老师。他的儿子从小就调皮捣蛋，不爱学习。但他还是把高中毕业的儿子送到了加拿大的一所大学读书。读那所大学之前，他儿子先去读了语言班。他跟我们说："我儿子用了一年的时间英语才过关，顺利进入那所大学学习。"当得知儿子拿到了录取通知书，他特别高兴，逢人就夸儿子。他及时给儿子寄生活费，并经常鼓励儿子努力读书。

一个小县城的老师，薪水并不高，维持儿子在国外读书的花销难度很大。但为了儿子，他业余时间做多份兼职，省吃俭用，非常不容易。但想到孩子正在努力学习，他觉得再累再苦也值了。

儿子出国两年，没有回过家。他总是跟身边人说："儿子很孝顺，知道父亲赚钱不容易，连家都不敢回，飞机票真的是太贵了。"想念儿子的时候，他就打个电话，儿子总是跟爸爸说："一切都好，不用挂念。"

而这件事的突然反转，却让我的朋友差点崩溃。

有一年，他的学生去加拿大看望亲戚，他便委托人家去看看他的儿子。那个学生跟她的亲戚在加拿大找到他儿子时，惊呆了！他的儿子压根就没有在上大学，甚至连语言班也没有读完。他的儿子跟另外一个孩子租住在一栋小别墅里，约会、喝酒，整日无所事事。

他的学生想起自己老师在国内辛苦赚钱养育这个儿子，禁不住心疼得哭了。她狠狠地骂了老师的儿子。儿子一直低头挨骂，并恳求这个学生不要告诉自己的爸爸。他知道自己做的事情对爸爸的打击有多大，他害怕爸爸承受不住。学生的亲戚跟儿子说："我们暂时不告诉你父亲，但你必须回国，我给你买飞机票！"

离开加拿大前，我朋友的学生还是决定把这个坏消息告诉他，好让他有个心理准备。我朋友跟我们说起这事的时候，不住感叹："听到那个坏消息时，我真的很绝望，很自责，非常后悔送他到国外读书！"

这也许还不能算是最糟糕的。我经常能从新闻报道中看到很多优秀的孩子出国留学后因为抑郁自杀，再也不能回来，他们的家长永远地成了失独老人。

这些孩子自杀时跟我的女儿年龄相仿。如果我送女儿出国读本科，年龄尚小的她会不会成为其中的一个？每每想到这里，我都会不寒而栗，同时也会庆幸，幸亏没有在孩子高中毕业时送她出国读本科。

2018年，我女儿在国内读完本科去英国读硕士的时候，已经23岁了。这个年龄出国留学，我足够放心。然而，有一天她突然从英国给我打电话，哭着说要跳泰晤士河，那时我心碎了一地。天各一方，我几乎是在央求孩子千万别做傻事。我早已经从那些年纪轻轻就自杀的孩子的父母那里体会到了什么叫失去。

当读到这段的时候，你可能会说："你太负能量了，只是看到出国留学不好的一面。你怎么不看看那些学成归来的成功案例？"

对于家长来说，成功固然可喜，但一旦发生意外，便是不可承受的悲伤。

在我女儿的时代，美国的大学张开了怀抱欢迎我们去读书，却不太愿意给经济发展起来的中国的孩子全额奖学金，除非是家庭特别贫困又特别优秀的孩子。所以很多孩子在申请美国的大学时都不敢申请奖学金，如果申请了，那这所大学给他发入学通知书的可能性就会降低。可如果不申请奖学金，那就得由父母承担这笔教育费用，而美国大学的学费对于大多数中国家庭来说，并不是一笔小开支，甚至对于有的家庭来说，会是很大的压力。父母身上的压力会以各种方式传递给在外留学的孩子。他们既要担心自己的学业，又要承受这样的经济压力，还要面对文化观念的冲击。十几岁的孩子价值观还没有完全形成，心理承受能力还没有完全发展成熟，很容易出现心理问题。

说实在的，出国留学也曾经是我少女时代的梦想。但时过境迁，随着我们国家的强大和经济水平的提高，现在的我并不觉得没有实现那个梦想是个遗憾。

　　我大学毕业的年代，准确地说是 20 世纪 90 年代前后，是中国大学生的出国高潮时期。如果大家看过《北京人在纽约》这部连续剧，就能够了解我们那个年代的人为什么想出国，出国后又过着怎样的生活。

　　即将毕业的我们，如果听到哪位同学或者校友出国了，内心都会不由得升起羡慕之情。而一些同学和校友参加工作了都不死心，边工作边考雅思，一门心思想要出国，似乎只有出国才能出人头地、功成名就。

　　然而，出国留学并不是一条容易走的路。我一个大学校友读完博士去了澳大利亚留学。在那里读书期间，他真的非常辛苦，每天都要花几个小时到餐厅刷碗赚钱来支付高额的学费和在国外的日常开销。毕业后他选择了留在澳大利亚工作，从事盖房子的工作。后来，他自己组建了一支施工队，成了一个建筑"包工头"。

　　一个中国重点大学毕业的博士，在 20 世纪 90 年代的中国，那是不可多得的人才，是国家重点培养的精英。如果他选择在国内就业，现在也一定是中国航空航天领域的专家或者是其他行业的中流砥柱。而到了国外，他拥有的国内学历与国外学历都没有太大的竞争力。国外的经济已经发展到了一个比较成熟的阶段，阶层固化让他很难有一夜暴富或赚大钱的机会，最后他成为了澳大利亚建筑行业的"包工头"。

　　30 年后，中国经济飞速发展，他的一些同学成了大企业的总裁、航空航天业的专家、大学教授等，而他在国外，虽然收入达到了小康水平，生活得也很幸福、充实，但实在是有些埋没才华。

同学聚会时，大家会聊起那些曾经令人羡慕的留学国外的同学，感叹唏嘘中，又为中国这些年的经济发展和国家强大感到骄傲。

另外，从自私的角度讲，我也不愿意女儿离开我远走他乡，留我们夫妻在国内成为空巢老人。

更重要的是，我女儿的现实情况也摆在眼前。进入北京四中读高中时，她的特长和爱好已经基本确定。甚至我们都规划好了她的职业方向——中文、新闻、出版、编辑或是教师等，将来倚仗母语作为选择职业的方向。那样的话，适合她的选择是在国内读相关专业，而不是出国留学。

总之，看过身边的诸多案例，结合女儿的具体情况，我们为女儿设计了这样的路径：先在国内读完本科，读硕士时再出国留学，然后回国参加工作。

也许你会觉得，我没有在国外生活过，孤陋寡闻。你也会笑话我，不知道胸怀世界。甚至你会说我不送孩子出国是耽误了她的远大前程。我也对自己有过这样的质疑，也有过"耽误孩子前程"的惶恐。但作为过来人，在某些方面，我们见过的、看过的会比孩子多，我们对孩子的观察和了解也会因旁观者的角度而更加客观。所以，自己孩子的特长和爱好是什么，未来的职业发展是什么方向，她的特长和能力在哪里能发挥出最高水准等，这些都是家长帮助孩子做出教育选择的至关重要的因素；而十五六岁的孩子，她大概还无法知道什么适合自己，什么不适合自己。她看别的同学都在准备出国留学，她也想去，毕竟申请国外的学校看起来没有高考那么累。

作为家长，我们也想让她去体验一下留学生活，看看这种生活是不是适合她。

因此我们曾让她跟随北京四中的老师和同学们去美国做了几个月的交换生。她交换的地方不是纽约，不是西雅图，也不是洛杉矶这些美国的繁华城市，而是位于美国田纳西州的孟菲斯市。在那里，她感受到了美国南部小城镇生活的孤单和空虚。每天上下学都要走在空无一人的大雾山山脉的公路上，十分寂寥。回到北京时，她跟我说："我要去坐地铁，闻闻人的味道！"这次交换生的体验，并没有美好到让她产生非去美国读本科的强烈愿望。

关于本科阶段要不要出国，我们也曾经跟她做过一次简短的谈话。她坚定地跟我们说，她要留在国内，考跟电影相关的艺术类大学。

是啊，这是她的人生道路，不是我的

从美国交换学习回国后，我暗中观察她，发现她也在思考自己高中毕业后的去向问题。从高一到高二，北京四中及道元班不同寻常的教育氛围、课外活动以及专题讲座对她产生了很大的影响。作为母亲，我能隐约感受到她的变化。

毫无疑问，能够考上北京四中的孩子都是"牛娃"。能够教育出这样的"牛娃"，家长们在教育理念、教育格局等方面都有独到的见解。这种教育理念会无形地传递进校园，形成一种各具特色、百花齐放的教育氛围。一些孩子的个人发展样式会给另外一些孩子提供参考，下一届孩子的出路可能模仿上一届孩子的发展样板。优秀孩子之间互相影响的力量是巨大的。我能明显地感觉到，在这样的教育氛围下，女儿在自己未来发展的定位上，视野开阔了很多。

进了道元班之后，女儿初中阶段的梦想正在逐步实现，这让她异常兴奋。她竟然利用闲暇时间把初中期间偷偷写下的短篇小说整理了出来，出版了一本短篇小说集；去美国做交换生期间，她写下了多篇散文，后来在老师的帮助下出版了一本散文集。

高一期间，学校聘请剑桥大学的学者在校内开设了一门全英文的"批判性思维"课程。这个课程让她学会了用怀疑的眼光去看世界，养成了独立思考问题的习惯。随着独立思考能力的提高，她越来越能准确、客观地分析自己和自己所处的环境，也有了对自己未来的打算。她开始有了自己的主张，不完全听我的话了，并且有了说服我的能力。

这让我联想到她初中时想休学写作的那件事情。因为我不支持，她在我面前显得很无奈又苍白无力，甚至都不知道反抗。14 岁左右的她不能确定休学写作的未来是个什么样子，也许就是妈妈描述的那个样子，没有钱赚，没有饭吃，穷困潦倒。

但进行过逻辑思维训练之后的她完全不同了。她开始怀疑妈妈设想中的那个能赚钱养家的体面前途是不是真的存在，她对自己的未来职业方向萌生了跃跃欲试的冲动和激情。那段时间，我发现她在尝试着掌控自己的未来。每当我们对一件事有分歧的时候，她就会不遗余力地从各种角度说服我。对于她即将到来的大学生活，学什么、去哪儿学、怎么学、怎么被录取等让我焦虑并困扰我的问题，在她那儿都有了答案。她已经学会自己去调查：去北大、清华、北京电影学院听讲座。她会按照自己的需求来对比这些学校到底哪所更适合她。如果她想考，该怎么准备……她最终得出的答案已经离我对她的设想越来越远了。这个不同寻常的巨大进步，让我突然感觉到自己的女儿长大了，苍白无力的那个人不再是她，而是我。

北京四中的各种社团也对她未来的职业方向产生了很大的影响，尤其是戏剧社。在学校的戏剧节上，她担任导演，组织道元班的部分同学演出了话剧《一个无政府主义者的意外死亡》。作为导演，她还随学校的戏剧社参加了法国阿维尼翁戏剧节，在那里演出了学生们排练的英文戏剧《郑伯克段于鄢》。这些社团活动锻炼了她的导演能力，让她萌生了从事电影和戏剧行业的想法。

此外，对她产生直接而巨大影响的是，高中期间北京四中开设的系列讲座。北京四中邀请了北京电影学院的著名制片人、著名编剧、著名导演讲电影制作。听了那些讲座后，她回家跟我们商量，想买个相机。我很反对，高中3年转瞬即逝，她应该把精力放在准备高考，而不是这些跟高考不相干的事情上。然而，她开始说服我，从各个角度给我分析图像表达的重要性和发展趋势。2012年前后，她已经看到了图像、音频在表达中不可阻挡的发展趋势。在抖音、快手、小红书等自媒体平台狂热发展的今天，我才知道当时女儿看得比我远。

为了达到购买设备的目的，她几次三番地找我和丈夫谈话。在她不断地"围攻"下，我提了一个条件，那就是要她回到文科实验班课堂，学习高考内容。她无奈地答应了我，然后得到了她的相机。可事实上，有了这个相机，她回到文科实验班去听课的可能性更小了。

一开始，她会用这些设备拍一些小视频交生物课的作业。后来，在道元班另一名女同学的提议下，她们决定一起拍一部纪录片。两个小丫头向学校请了假，背上摄影包就走了。她们跨越几个省拍摄了她们的第一部纪录片。2013年，在中国传媒大学主办的第十一届"半夏的纪念"北京国际大学生影像展上，这部纪录片被评为了优秀作品。

纪录片的制作给女儿带来了很大的成就感。从构思、拍摄，到最后剪辑成片，基本上是她和同学独立完成的。除了路费，她们几乎没有接受我们这些家长的帮助。这让她获得了文字表达之外的另一种表达方式带来的快感。初中阶段想休学写作的冲动，在她尝试影像表达方式之后再次出现了。但这次她不打算休学写作，而是决定要去学电影相关专业。

当她把这个决定告诉我的时候，我目瞪口呆。

对于"小镇做题家"来说，电影是有艺术天赋的人学的专业。从我的高考经历来看，进入这类大学的专业考试实在不是普通人能够轻而易举通过的，但这些大学所需要的高考文化课分数又不高。在我的误解中，上这类学校的学生大多是因为文化课成绩不高考不上其他大学，才另辟蹊径做出的选择。

难道我的女儿也是因为道元班没有学高考内容，没有信心在高考时取得好成绩，而选择去考这类大学吗？如果是这样，我必须说服她。可是，令我惊讶的是，我与她的谈话还没有开始就结束了。她跟我说："妈妈，我知道您在想什么，也知道您想说什么，但是我认真地跟您说：我就是单纯地喜欢学电影！"

跟她谈话的场景一下子把我拽回到了她的婴儿时代。

她是整整1岁那天学会走路的。那天中午，一家人出去吃了顿饭，给她庆祝生日。饭后，我们带她到公园里玩。她出生于夏末，那个季节的公园郁郁葱葱，知了叫个不停。抱着她的我有些热，也有些累，想休息一下。于是我就找了个阴凉处的石头坐下，怕不会走路的她摔倒，我的两手紧紧夹在她的胳膊下，让她立在地上。结果呢，她来回扭动，挣脱了我的两只手，竟然晃晃悠悠地走向了几十步以外的一块鹅卵石！我赶紧站起来，紧跟在她后面，吃惊地跟着她，唯恐她摔倒。然而这一路，没有我的搀扶，她每一步都走得很稳，很快捡到了那块鹅卵石。

那个下午她再没有让我抱，而是到处走来走去。我都不敢相信自己的眼睛，她真的会走了？！从那天开始，她再不用妈妈抱着从这屋到那屋了，她已经开始能够满屋乱窜了。

女儿高二那年，这种她突然就会走路了的感觉再次出现了。我能感觉到女儿挣脱我搀扶时获得自由的兴奋和激动，而她要走的道路，却不是我给她设计好的！拍纪录片、出书、导演舞台剧都是她喜欢的事情，她干得热火朝天，忙得不亦乐乎。是啊，这是她的人生道路，不是我的。

我知道已经没有办法改变她的心意了。为了不让她日后后悔，作为家长，我决定放弃自己对娃的人生规划，向娃妥协，把她人生道路的选择权完全交给她自己。我相信，她可以规划好自己的职业生涯，也可以为自己的未来负起责任。

当她兴奋激动地把自己要考艺术类院校学电影制作，做编剧，当导演的梦想告诉她的同学们时，人家轻轻地"哦"了一声，不再说什么了。她没有获得同学的羡慕，只看到人家脸上写满了"不可思议"。也许人家在想，你既然要考艺术类院校，来学霸林立的北京四中是不是浪费？也许有的同学还会为她退出竞争而窃喜。不得不说，在到处是学霸的北京四中，我女儿真的就是另类。

换作是我，面对家长的反对和同学们或平淡或不屑一顾的反应，有可能会动摇，而我的女儿，竟然坚定地、一往无前地选择了自己的爱好。

她已经不需要妈妈搀扶着走路了，她要走自己的路，把控自己的人生。

高考成绩 628 分，却坚持上录取分数线 300 多分的北京电影学院

2012 年秋天来临了，女儿在道元班已经读完两年高中，马上要进

入高三了。暑假前，道元班开家长会，正式通知家长们，国内各大名校不会提前招录道元班的孩子们。决定在国内参加高考的道元班的同学可以各自选择文理科，进入文科实验班或理科实验班；决定出国的同学可以继续留在道元班学习；如果觉得文化课基础不扎实，无法参加当年高考的，可以选择降级到下届文、理实验班学习。

得到这个通知我一点都不意外，但是有一点失望。如果能够得到国内一流大学的提前招录当然是再好不过了，但这对于其他寒窗苦读的孩子们来说，显然是不公平的。高考，毫无疑问是中国教育体系中最公平的选拔人才的方式之一。因此，对于这个通知，我接受得很坦然。然而，这个通知来得实在太晚，让家长们也有点慌神。距离高考还剩下不到一年的时间，这对女儿来说的确是很大的挑战。

最终，道元班18名同学，2名同学选择复读一年参加高考，而我女儿和其他5名同学则选择直接参加当年的高考，另外10名同学决定出国留学。

道元班里的孩子都是被选拔出来的优秀孩子，既经过了中考的洗礼，也经过了北京四中严格的挑选。道元班的孩子夯实高考内容，然后参加高考，发挥正常的话进入国内一流大学应该问题不大；而道元班的教学改革和创新方式又非常贴合申请出国留学的模式，进入"藤校"、G5（the G5 group，英国G5超级精英大学）也相对容易。更具有挑战性和风险性的是包括我女儿在内的6名要直接参加高考的同学的选择。作为6名同学的家长之一，我捏着一把汗，担心女儿高考成绩不理想，进不了好大学，还拖学校后腿。

学校的老师和领导对孩子们的高考成绩也感到非常焦虑。在我女儿读高三的整整一年里，老师们一直帮助着我女儿。从他们对我女儿的苦心培养中，我深深体会到了北京四中老师为学生尽心尽责的可贵。

2012年9月，在我们的焦虑中，北京四中的高三迎来了开学。

女儿从道元班到了文科实验班，入班后的第一次考试是文科实验班的一次高考摸底考试，难度参照高考试卷。

高中两年都没有学习过高考内容的女儿，看到题就蒙了，拼拼凑凑、蒙来蒙去，艰难地把那份试卷写完了。女儿跟我说："长这么大，没有考过这么烂！感觉自己是差得不能再差的学生了。"

成绩一出来，我们都傻眼了。女儿成绩很差，位列文科实验班的倒数第二名。语数英加文综满分750分，我女儿只考了200多分。除了语文、英语得了不高的分数外，数学和文综几乎交了白卷。

这样的结果，老师们真的是很发愁和担心的。估计这么优秀的重点中学一定没有出现过成绩如此差的高三学生。如果高一的时候成绩这么差，老师还有3年的时间培养，可是现在女儿高三了，留给老师们的时间只有1年，把这么差的学生培养成优等生，这让老师们面临多大的挑战啊！

但我对女儿充满了信心。

首先，我是对道元班这两年来培养的我女儿的能力充满了信心。在道元班学习的两年里，她写的那些实验报告和论文，以及大量广泛的阅读让我看到了她能力的明显提高——不断向未知领域拓展的自学能力，一目十行的阅读能力，为达到目标不断寻找解决办法的创新能力，研究问题的学术能力，常思考带给她的理解能力以及对时间的支配能力等，都让我非常有信心。高考那点内容，相比她这两年里拓展所学的知识，量真的不算大。

其次，我的信心在于，女儿经过中考的洗礼，不会被高考难倒。

所以，为了不让北京四中的老师们过于担心，我分别跟学校组织教学的领导和文科实验班的班主任做了保证："别担心，我女儿一定能考到 600 分以上！"当时他们都怔怔地看着我，然后微笑着说："好！"

我内心知道，他们不会完全相信我。因为那时已经是 2012 年的冬天，距离高考只有几个月的时间，而我女儿的模拟高考成绩还在 300 分以下。北京电影学院的艺术类考试还没有开始，还不知道女儿能不能通过专业课考试。发出这样高调的誓言，事后我都有点犯嘀咕，心想："如果女儿高考时考不到 600 分以上，我的脸往哪里搁！"

回到家，我跟女儿说："妈妈可是跟人家信誓旦旦说，你能考到 600 分以上！"

女儿乐了："妈妈，谁给你的自信？"

我马上接茬："当然是我女儿！"

比起我的高调誓言来说，北京四中文科实验班的老师们更注重抓这两个道元班孩子的实际教学。无论是语数英的老师，还是历史、地理、政治课老师，都对这两个道元班孩子给予了高度的关注和充分的帮助。

可是，2012 年 9 月到寒假结束之前，我女儿的精力还不能完全放在高考内容的学习上。事实上，高三寒假之前的这一个学期，她的主要精力必须放在艺术类考试的准备上。她经常为了上艺术类的辅导课而不得不跟老师请假，暂时放弃文科实验班的课堂学习，暂时放弃高考内容的学习。

作为母亲，我从旁观者的角度看到女儿身体里那些滋长的能力在充分发挥着作用。

首先，是精神状态。因为要考上自己热爱的电影专业，她非常有自驱力。那种饱满的热情和必须考上的精神状态，已经根本不需要我这个妈妈去"鸡"了。这完全跟小时候我"鸡"她时的状态不同，那时候是我要她学，现在是她要为自己的理想而学，境界完全不同了。

其次，是规划时间和执行规划的能力。她的小书桌上贴满了各种纸条，上面都是时间安排。她会把学习艺考和高考的内容安排在一天的不同时间段。有些时间段很短又很零碎，她会把这些时间拼接起来，用到极致。比如说，她会在上艺考课的往返途中，用在地铁里的时间刷完一套英语卷子。她所有的时间都被安排满了，而且她严格按照这种安排去执行。

高三这一年的每一分钟对于她来说都十分珍贵，她睁着眼的每一分钟都是高效率的。如果她累了，学习效率低了，她就会停下来去睡觉。高三这一年，她的作息时间非常古怪：下午一进家门，洗个澡就蒙头大睡，凌晨的时候，她会起来学习。

再次，是阅读能力和独立思考能力。这两种能力是在道元班训练出来的。阅读大量的资料，思考很多问题，提出有创造性的观点，最后完成一篇论文，真的非常锻炼自学的能力。所以，等她学习高中课本时，一本书几天就被她看完并勾画出重点了。她的阅读速度之快，让我到现在都非常佩服。比如，在道元班，她已经阅读过很多历史、地理资料，她只需要把这些资料对应的高考考点复习一下，就能拿到高分。

这些能力在她高三一年的学习中发挥了超常的作用，也让她受益终身。

这期间，为了抓住机会，获得更多降分录取资格，我还逼迫女儿参加了两个考试。

一个是 2012 年 12 月中旬举办的北京市高招艺术特长生统测考试。如果这个考试合格，拟报考的高校统一测试也合格，经过拟报考高校的认定，北京市高校招生办公室可在该校调档分数下 20 分甚至更多分数，向该高校提供考生档案，由该高校审查录取。

女儿选择以戏剧特长专业参加这次北京市高招艺术特长生统测考试，并且获得了合格证，但拟报考高校中只有北京某211大学招戏剧方面的艺术特长生。这个学校给了她参加学校复试的资格，她也顺利通过了该校的考试。那就意味着，这个211大学已经给了她至少20分的降分资格。

另一个是我逼迫她报名的北京大学和北京师范大学的自主招生考试。女儿觉得我很可笑，2012年12月中旬，她的文化课成绩撑死都到不了400分，我竟然让她报名北京大学和北京师范大学的自主招生考试。但我还是坚持让她试一试，如果女儿能够获得60分的降分资格，考上北大也不是没有可能。

我跟女儿说："如果不能通过北京电影学院艺术类专业课考试，这些努力会给你争取来更多的机会！试一试总比坐以待毙强。"

我内心深处还是想给女儿争取更多能考上985、211类学校的机会。

结果，北京大学和北京师范大学在收到她的纪录片、出版物的作品集后，都给了她面试的机会，但她最终仍是止步于文化课笔试。

2013年3月，女儿已经拿到了北京电影学院专业课的合格证，她悬着的心落了地——北京电影学院要求的文化课高考分数对于她来说，抬手就能够到。

我怕女儿松懈，接着"鸡"她："记得妈妈跟学校老师们吹的牛吗？你得考到600分以上！妈妈有面子，你也不拖学校后腿，不会拉低文科实验班的平均分！"

女儿逗我："妈妈，考个300分以上，北京电影学院就能要我了。考太多了，我就成了北京电影学院的'靶子'了，以后不好混呢！"

我跟女儿说："我不信，哪个大学都喜欢成绩好的孩子！必须考上 600 分，为了不拉低北京四中的平均分，你必须努力！"

2013 年 4 月，我接到了北京那所 211 大学招生办打来的电话，让我去领女儿的艺术特长生资格确认函，希望我女儿能报考他们大学，但女儿因为考过了北京电影学院专业课考试，决定放弃这个大学，把机会留给其他学生。

2013 年 3 月初，距离高考已经不到 100 天时间了。这个时候女儿的文化课成绩还停留在三四百分。不到 100 天的时间，要她考到 600 多分，我也有点含糊了。

好在女儿的状态非常好、效率非常高，也肯动脑筋，能想出应对高考的巧办法。所以，她成绩提升很快。一模时她考了 480 多分，二模时已经 530 多分了，到学校的最后一次摸底考试时，她已经站在了 600 分的分数线上。

我终于松了口气，对北京四中老师们放出的狂言，由于女儿的勤奋、努力和聪明，即将成真。

我鼓励女儿："太棒了，正常发挥，高考时一定能考到 600 分！"

女儿却笑我："何苦呢，考那么多有什么意义？"

她的话一下子让我想到了数学家陈省身对中科大少年班说的那句话："不要考第一，不要考 100 分！"因为得 100 分要下很多的苦功，要经过反复训练达到熟练的程度才能不出小错，考 100 分需要花费很多时间和资源。用不到 100 天时间学习高考内容，女儿没有时间和精力去反复训练。

查到高考成绩的那天，我兴奋极了，第一时间给女儿的班主任打了一个电话："老师，谢谢您和全体老师，我女儿竟然考了 628 分！"

虽然这个分数距离当年北大文科录取分数线 654 分少了 26 分，但我仍然非常骄傲。女儿能用不到 100 天的时间考出这样的成绩，真的非常了不起！道元班另外一个在文科实验班上课的男孩，也利用道元班教给他们的学习技能考到了 600 分以上。

这两个道元班的学生从北京四中文科实验班的倒数一、二名考到了班里的中等水平，说明道元班的实验性教学锻炼了他们的学习能力。当能力得到提升了，知识点的学习还是问题吗？

女儿从北京四中毕业后，有家长咨询我道元班好不好时，我会如实跟他们说，道元班的教育锤炼的是能力，开阔的是视野，拓展的是心胸。

事实上，女儿在道元班获得的自学能力也让她在后来写长篇宋代小说《富贵险中求》时发挥了巨大的能量。为了写这部小说，她通读了宋朝历史，并查阅了大量关于宋朝政治、经济、文化方面的资料。这是许多年轻作者懒得做或做不到的。如果没有道元班培育出的学养，她恐怕很难坐得住钻研的板凳。

女儿在积极准备艺考，我在"躺平"期待她落榜

考上艺术类院校，学电影相关专业，成了女儿高三前半学期最重要的目标。跟当年参加高考的其他 5 名道元班同学相比，她面临双重压力：一方面，她必须通过艺术类院校组织的艺术类考试，拿到合格证；另一方面，她的高考成绩必须达到这些学校的录取分数线。

能不能通过这些艺术类院校的专业考试成了最大的问题。好在，学习电影相关专业的强大愿望形成了一种强大的内驱力并作用在我女儿身上。

也不知道她从哪里获得了信息，给自己找了两位辅导老师。一位是北京电影学院导演系的毕业生，另外一位则是正在中央戏剧学院表演系学习表演的大学生。前者教她编剧和导演，后者教她表演。

从 2012 年 9 月开始，每天的上学时间，她就在北京四中文科实验班恶补高考内容。与同班的同学相比，人家上的是复习课，她上的是新课。下午一放学，她便跑去上这两位老师的辅导课。

在女儿积极准备艺术类院校专业课考试的同时，我基本处于"躺平"状态。我内心深处期盼着她最好落榜，不要通过艺考。而且，艺术类院校的专业考试都是千里挑一，报名人数多，录取人数少，在这种激烈的竞争中，我根本不信她能考上。如果拿不到合格证，那她只能回到课堂，靠文化课成绩考大学。如果高考成绩不理想，再复读一年，凭她的学习能力，也许还有可能考上清北复交。

而我女儿追求电影和戏剧的梦想异常坚定。为了艺考不出现闪失，顺利实现升学愿望，她做了大量的信息搜集工作。她把国内外电影专业相关的大学所开设的课程都找了出来，进行比较；又把国内跟学习电影相关的艺术类院校罗列出来，进行多方位对比。除此之外，她还利用社交网络搜到并主动咨询了大量艺术类院校毕业的学生。最后，结合自己的实际情况，经过综合考虑，她选定了北京电影学院作为第一报考目标。同时，她也报考了中央戏剧学院、中国传媒大学和北京师范大学的相关专业。她那个对自己未来职业认真调研、谨慎定夺的样子，真不是一时冲动的头脑发热。

在女儿忙忙碌碌的准备中，2012 年的春节很快过去了。国内各大艺术类院校的招生简章都陆续出现在了学校的网站上。女儿依次在几个学校的网站上报了名，并且把招生简章和准考证之类的资料分门别类地装在一个文件夹里，信心满满地准备迎接她的艺考。

因为几个艺术类院校的考试时间相差不多，女儿需要在这几个艺术类院校间来回跑，所以我只好请假开车陪她。

她的第一目标是北京电影学院。这所学校坐落于燕京八景之一蓟门烟树的东侧。每次开车把她送进北京电影学院的考场，我就去蓟门烟树周边转一圈，回到学校接她时，都能看到她兴高采烈地从考场跑出来。然后她会要求我陪着她在心心念念的校园里走上一圈。

她报考了北京电影学院的导演系和文学系，对每次考试都非常重视和在意。这两个系的初试都是笔试，文学系电影剧作方向侧重电影艺术基础知识和综合素质的考查，导演系电影导演方向则看重社会、文化常识的考查。笔试共 100 道选择题，涵盖了各种领域的知识：从古到今，从国内到国外，从电影到文学，从美术到音乐……涉猎非常广泛。一分一题，一般人很难考过 60 分。

从初试的考场出来，女儿就沉稳自信地说："还成，进入二试问题不大。"

成绩很快出来了，正如她所说，两个专业都榜上有名。

校园里有一个体育场，我印象极其深刻，它的金属网上张贴着每次考试上榜的考生名单。我曾经站在那里，心情复杂地一遍一遍地寻找女儿的名字。

一试出榜单的时候，体育场外面拥满了考生。看到自己名字的考生会兴奋地跳起来。这些有志于从事电影行业的年轻人真的是很有毅力，有的人考了五六年了还来考。他们那种对电影的情有独钟确实令我心生感慨。对文化课成绩要求不高的艺术类院校，专业考试的竞争其实非常激烈，淘汰率也非常高。有些孩子高考文化课成绩很高，但专业考试通不过，依然会与自己的电影梦想失之交臂。

北京电影学院导演系电影导演方向的二试是小组面试。走出考场的女儿兴奋地跟我说："妈妈，您知道吗？面试我的主考官竟然是一位著名导演，我还看过他的很多作品呢，能这么近距离地看到他，我真激动啊！"

人年轻的时候都有梦想，跟自己崇拜的人面对面的时候，就像圆了梦。

女儿继续滔滔不绝地跟我说："今天副考官拿出一幅油画，用白纸遮住了画名和作者，让我们回答画面展现的是什么样的场景和情绪，根据画中人物的穿着推测这个场景发生在什么时期，表达自己看了以后的感受。您猜怎么着，这幅画是苏联的作品，原画我在艺术史的书上看到过！所以我们小组只有我回答得比较专业。"

看着她激动的样子，我心里五味杂陈：一方面替她高兴，能回答上来考官的问题；另一方面替自己伤心，"鸡娃"这么多年，却只能眼看着女儿离清北复交越来越远。

文学系电影剧作方向的二试考的是命题写作，她写得不是很理想。从考场出来她心里就有点打鼓，感觉文章写跑了题。但她很快重整信心，以极快的速度调整了心情，进入其他学校的初试和二试考场。

在等待北京电影学院二试成绩出来的这段时间，女儿先后参加了中央戏剧学院、中国传媒大学、北京师范大学的一试和二试，分别通过了中央戏剧学院戏剧影视文学专业、中国传媒大学戏剧影视导演专业的二试。

陪着女儿穿梭在十几岁的俊男靓女中，感受中国顶尖艺术类院校专业课考试的氛围，非常有意思。中央戏剧学院、北京电影学院的校园比起中国传媒大学的要小巧而精致，这里到处是来自全国各地的考生，显得拥挤而热闹。

北京电影学院二试放榜了，女儿再次顺利进入文学系和导演系的榜单。对于这个成绩，我悲喜交加，女儿却欢呼雀跃。

放榜那天，我看到一个男孩拉着行李箱，望着榜单正伤心着。我忍不住安慰那个男孩："别伤心，明年再来考。"

他遗憾地告诉我："我连考 3 年了，父母都不愿意支持了。今年又没戏了，只能回去参加高考上普通大学了！"说话时，他一脸羡慕地看着我女儿。

看着他黯然远去的背影，我开始质疑起自己来，阻拦孩子学电影是不是错了？如果我女儿考不上她热爱的电影专业，会不会也像这个男孩一样失落？

北京电影学院三试的时间跟中央戏剧学院、中国传媒大学的考试时间冲突了。也就是说，在三者之中，女儿只能选择其中一个。到了这个时候才知道，吃着碗里的，只能看着盘子里的，不能把碗里的和盘子里的都吃到肚子里。你想拿另外一个大学做"备胎"，可能性是不大的。这种情况下，女儿毫不迟疑地选择了北京电影学院。无论是北京电影学院的导演系还是文学系，只要能通过其中一个的考试，就算胜利。

看榜的考生越来越少了。一试之后已经刷掉了一半；二试之后又刷掉一批。三试榜单贴出来的时候，导演系的榜单上就剩下几十个人的名字了。我女儿的名字再次出现在导演系的三试榜单上。

文学系三试后就出了最终结果，女儿位列专业课考试的第 2 名。电影剧作方向当年招录 20 人，专业课考试成绩前 6 名的考生，高考成绩达到北京电影学院划定的分数线就能被录取。按照以往划定的高考分数线，她进北京电影学院文学系电影剧作方向读书的梦想眼看就能实现了。

信念的力量真的是惊人的。

参加导演系四试后，我女儿的专业课成绩竟然出乎意料地排在了全国第 1 名。通过了导演系专业课考试，她只要高考成绩达到北京一本分数线的 80% 就能被录取。按照前一年北京一本分数线折算，这意味着女儿文化课考 300 多分就能顺利进入北京电影学院读书。

至此，女儿的梦想基本已经实现。拿着这两张成绩单，女儿犹豫再三，最后决定前往北京电影学院导演系就读。

陪女儿艺考期间，她在成长过程中热爱艺术的画面一帧一帧地在我大脑里回放。那个还不认识字就喜欢看画册的婴儿，那个在少年宫里连叶子都画不像的小女孩，那个哭着喊着要上绘画辅导班的小姑娘，那个喜欢逛美术馆、美术展的少女，那个每个月都要跑去听音乐会的中学女生，那个痴迷观看话剧演出的爱好者……她就是我的女儿。

在我掐断她的爱好，逼她提高文化课成绩的间隙，她用点点滴滴的时间扩展着、积累着自己的热爱。这些热爱给了她考上北京电影学院的全部滋养。

女儿 12 年的求学之路上，没有周末，很少有节假日。原本属于女儿的娱乐时光，都被我占用了。她被我"鸡"进了课外辅导班，反复练习着课堂上所学的知识，浪费了很多的光阴。如果把这些时间都用在她热爱的事情上，她的幸福度会不会更高，未来的发展会不会更好？

我想，也许会的。我后悔"鸡娃"了。

话题 7
Topic Seven

离开象牙塔

女儿篇 ｜ 社会大学"教我重新做人"

进入校园的第一天，也是离开校园的第一天

尽管妈妈总是质疑我的升学选择，但在我看来，北京电影学院毋庸置疑是最适合我的学校。我也曾在美国、欧洲的艺术院校交换学习，相较而言，北京电影学院在教学方面并不落后于人，在艺术院校的世界排名中也名列前茅。并且，在教学的意识形态上，北京电影学院相比国内大多数高校来说，更加自由、开放且与时俱进。

更重要的是，在北京电影学院上学，性价比实在太高了。你可以在只有十几人甚至几人的小班教学中，享受业内最专业的指导；可以上手使用百万元级别的摄影机、一箱价格顶北京一套小公寓的镜头组；免费在 5.1 声道录音棚中完成自己的毕业短片；甚至可以在老师的帮助下，把剧本送往国内外各大创投平台，获得拍摄资金的支持。同时，学校还有大量的交换学习项目，学费大多全免，有的甚至还给你发生活费和路费。相似的教学条件，在北美诸多电影院校，光是学费就要消耗你一年 2 万到 6.5 万美元不等。而我在北京电影学院导演系上学

时，一整年的学费只要 1 万元人民币，其他科系、学院的学费更低。成绩优秀的同学，还能申请几近覆盖一半以上学费的校内奖学金和国家奖学金。

教学质量好、思想自由、世界排名靠前、学费性价比高……这是北京电影学院的众多优点与光环。除此以外，我最欣赏的，还是这所学校的务实。

如果让我来形容北京电影学院，我认为，比起一所大学，它更像一所"职业技校"。这并不是在贬低我的母校，而是在褒奖它。现在不少全科大学的毕业生存在着拥有知识却缺乏技能的问题，这让不少年轻人在初入职场时十分受挫。但这个问题，大概不会在北京电影学院的毕业生身上出现。北京电影学院不培养只会夸夸其谈但连如何开摄影机都不懂的学生。从这里毕业的学生基本都清楚电影的拍摄流程，且大多在上学期间已具备实战经验。或许不是所有北京电影学院的毕业生都能成为名垂青史的大师，但他们至少能在各个剧组中专业地站好自己的岗。

北京电影学院是一所技能型的学校。校园内的院系完全按照剧组的工作来划分：管理学院、文学系（编剧）、导演系、摄影系、美术学院、声音学院、表演学院……就跟上岗前的培训基地似的，垂直细分得非常工业化、标准化。学校里几乎没有成规模的社团。像什么我在高中时接触到的模拟联合国、戏剧社、国学社、天文社……这些综合类大学大多会开设的学生社团，在北京电影学院的学生间并不受欢迎。学生们有着明确的职业目标，无暇在学生社团上分心，必须充分利用大学 4 年的时间为成为一名"电影人"做准备。一名学生从大一入学开始，每天都要从早到晚地上课，一直持续到大二结束。从大三开始，大多数院系的课程数量有所减少，学生们开始到校外的剧组工作。就连不少教授也鼓励我们："电影是一门实践的学问，只有理论是不够的。"

从象牙塔一般的中学出来后，务实又现实的北京电影学院给我造成了巨大的文化冲击。在中学，老师们把学生呵护得很好，我们有一种盲目自信——我们认为环境会为我们而改变。这是一种幻境般的奢侈，是一种理想主义。这会让我们天真地相信：只要付出努力，我们就可以改变环境。但北京电影学院更倾向于提前告知学生生活更真实的模样，并提前训练我们该如何面对它。

在追求实战经验的校园氛围影响下，大二结束的那一年，我开始创业，像所有打算进入影视行业的师哥师姐一样，先从拍广告做起。

我的创业伙伴是我的同级校友，叫小纳，在制片管理系念书。小纳是一个白白净净的精致男孩，北京人，聪慧博学、活泼开朗。大一的暑假，我们曾跟着一个短片剧组去内蒙古进行为期一周的拍摄。从北京到内蒙古的长达 8 小时的剧组大巴车上，我们并排坐着，聊了一路的科幻小说。小纳很喜欢田中芳树和罗登贝瑞。他告诉我，他来北京电影学院学习就是为了有一天能制作中国本土的科幻片。那时候还没有《流浪地球》等大制作的国产科幻电影面市，因此，我觉得小纳特别有前瞻能力和理想。短片拍摄期间，我们也观察了对方的专业素养和对工作的热忱程度，彼此认可。在这之后不久，小纳联系了我，说他决定休学，希望和我一起创业。

小纳联系我时，我其实已经开始做自己的项目了，但项目推进很不顺利。我接了江西某建筑公司的一个企业宣传片拍摄项目。

这个项目是我和导演系的同学中石一起竞标得到的。中石和我的成长环境很相似，都是当地的重点高中毕业的，比起社交经验，我们更依赖书本知识。中石的专业水平非常高，做事情有着我想不到的耐心和细致。然而，不论是对中石还是对我而言，书本与实践之间仍旧存在着一条鸿沟。我不断回想起昊昊对我说过的 Book Smart（书本智慧）和 Street Smart（街头智慧）的区别。我曾经一直很依赖自己的书本智慧，认为一切都是可以学习的，但事实告诉我，一切都没有那么容易。我想，很多初入社会的大学生应该都有过与我相似的经历。社会生活与校园生活天差地别，街头智慧的学习过程充满凶险与荆棘。

在江西这个项目之前，我和中石都曾成功竞标过不少广告项目，但客户大多不愿提前交定金，或只给非常少的定金。这意味着，在剪辑完成前，我们都需要自己垫付高额的制作费。风险大不说，我们两个学生，也拿不出十几万元甚至几十万元来启动拍摄。因此，很多时候我们都需要找一家制片公司来承制，为我们垫资。不过，这样做的话，赚"大头"的就会变成制片公司。而找来客户并真正执行项目的我们，实在有些吃力不讨好。时间长了，我和中石决定自己注册一个工作室。我俩东拼西凑了一些钱，作为下个项目的垫资款，然而这些钱还是远远不够。

承接江西这家建筑公司的企业宣传片拍摄项目有一个好处，那就是客户愿意提前支付 50% 的费用。这意味着，我们在进入后期工作阶段前，几乎不需要自己垫资。光凭这一点，我们便高高兴兴地签了合同，跟客户开了一个多月的会，确定了详细的拍摄脚本。客户也爽快地把 50% 的头款打给了我们。我们立刻订火车票，带着团队去了江西。

结果，到了现场，我们傻眼了。这次拍摄的主体对象，是这家建筑公司盖的一座商住两用的办公楼。客户给我们看过设计图，大楼恢宏漂亮，造型别致新颖。理论上来说，用它能够拍摄出非常棒的素材。只不过，我们接下项目时，大楼还在建造中。客户曾拍着胸脯向我们保证，拍摄当天，楼一定能收拾好。可我们去的时候，办公楼外面居然还搭着脚手架和防沙网。拉过工人一问——好家伙，楼顶都没浇筑呢，只有一楼内部为了招商提前给装修了出来。

这可怎么拍？巧妇难为无米之炊啊！

我赶紧打电话给这家建筑公司公关部门的经理。公关经理从来没去过现场，比我们还蒙。经过半天的协调，公关经理问我们能不能实拍一部分内景，外景用 3D 动画来展示。于是我们先按照脚本完成了一楼内景的拍摄，然后连夜把外景部分的脚本分发给了几个在各大后期公司工作的师哥师姐。但是，交片时间是按照实拍进度来安排的，时间很紧，做动画根本来不及。问了一圈，只有一位正在休产假的师姐同意带一个 3 人的小团队帮我们加班加点，渡过难关。她嘴上说着"就当给孩子赚点奶粉钱"，但我们都很清楚，客户给的那点儿芝麻粒大的预算，绝对配不上师姐的付出。

回到北京后，我和中石立刻去跟客户谈判，希望客户能够增加预算。公关经理是个厚道的人，问题出在自己公司身上，她也没有回避，她做主为我们申请了后期增补费用。但钱还没批下来，这位公关经理就与领导因此事发生了激烈争吵，主动离职了。

客户内部的"办公室政治"是我们乙方最不想看到的。听到公关经理离职的消息后，我第一反应就是：这个项目要"凉"了。

我赶紧打电话叫停了后期，和中石做了一张制片收支明细表。我们发现，如果此刻彻底放弃这个项目，不会给我们造成太大的亏损；但如果继续做下去，我们可能会面临由于客户对接负责人变更而不能交片的严重后果。职业素养告诉我们应该完成这条宣传片，但从务实的角度来说，现在是和客户谈撤单的最好时机。

不过，客户没有给我们犹豫的机会。新来的公关经理叫我们到公司开会，明确提出要继续推进项目，也和我们补签了后期增补费用的合同。只不过，金额和先前谈妥的相差甚远。我思考了一下，这个金额对我们来说是没有利润空间的。但一方面，我和中石都想向师姐学一学专业的 3D 动画后期制作流程；另一方面，我们才刚刚起步，很在意自己的口碑和作品。

我们最终还是决定坚持做完。

后来想想，当时的我们实在是太学生气了，对客户的内部情况了解得不够深入。如果我们早一些得知这家公司已经决定放弃这条宣传片，也就不必蒙受后续的损失了。

刚刚走马上任的公关经理想拿我们这个"烂尾项目"做出业绩。他自诩读过几周在职进修班，在拍摄方面十分"专业"，便对着我们原先经董事长确认过的脚本指指点点，几次提出不合理的修改意见。我执行项目的经验有限，对方又压着我们一大笔尾款，为了能尽快交片，我没敢拒绝他。在一次次非专业的修改下，成片越来越糟糕。到了最后一版，就连公关经理本人也意识到了问题，不敢向公司高层递交了。另一边，师姐的肚子越来越大，临产期越来越近，后期团队精疲力竭，再也改不动了。

就在我一筹莫展时，小纳打来了电话。他想和我合作创办的公司，恰恰就是我当时急需的"影视后期工作室"。事情就是这么巧，建筑公司的宣传片顺理成章地成了工作室的第一个项目。

小纳把办公室租在了望京悠乐汇。这是一座商住两用的办公楼，里面每个房间的面积都很小。我们硬塞了调色棚和剪辑台进去，在客厅做了隔断，买了昂贵的专业遮光窗帘。几乎是一边装修，一边做着项目，就这样硬扛了两个月。

我们的成片终于得到了客户的认可。公关经理正式签了字，也发了确认交片的邮件。在我以为万无一失的情况下，我把高清视频和全部原始素材都交给了客户，甚至，连发票也交给了对方。

然而，尾款迟迟没有打过来。我不断地询问公关经理，但得到的都是推脱的说辞。成片已经正式投放使用了，我在他们公司的官网上也看到了我们拍摄的宣传片。在这种情况下，为何还要拖欠尾款呢？难不成，他们打一开始，就只想付 50% 的费用，拿到这条片子的版权吗？

我察觉事情不对劲，就联系了一位律师朋友，希望起诉对方。但律师朋友告诉我诉讼周期会很长，而且打官司的费用也并不低，为了这笔尾款可能不值得。另外，目前我还能联系到这位公关经理，对方公司也并未"玩消失"，律师建议我：为什么不试着自己要一要？

我开始每天都给公关经理打电话。他周一告诉我他要出差，等周五他回了北京，又说马上周末了，让我下周再谈。就这样周一拖周五，周五拖周一，硬生生拖了一个月。后来我才知道，他那段时间根本没有出过差。

我和小纳的工作室刚刚成立，正是花钱的时候，新接的其他项目也都需要垫资。因此，哪怕尾款只有一元钱，我们也不能轻言放弃。这件事情我不敢告诉小纳和中石，怕他们担心，更怕最后因为客户拖欠我们尾款，我们也不得不拖欠员工。人失信于我，不代表我可以理直气壮地失信于人。

思来想去，我找了剧组的两个场工，陪着我一起去了那家公司维权。

这两个场工叫舒勇和舒文，是一对兄弟，40 多岁的年纪。他们曾经在浙江打零工，机缘巧合到横店做了几年场工后，改行来了北京，专门接广告和宣传片的拍摄工作。他们也是江西建筑公司这条宣传片的工作人员。

听闻我讨要尾款多次未果，兄弟两人很是愤然。我那时不过 19 岁，在他们眼中还是个孩子。他们为我打抱不平。

我们站在那家建筑公司豪华的甲级写字楼楼下，我叮嘱舒勇舒文兄弟，上楼后一定不要干扰客户的正常工作，我们是去文明催账的，不是暴力讨债的。

"你俩进去以后别骂对方公司的员工，就骂我。"我说，"你们就假装是我没给你俩付工资，催我的债，我被你们逼得不行了，才去和他们谈一谈、理论理论的，但我们千万千万别和对方起冲突。"

舒勇舒文兄弟比我大 20 多岁，社会经验丰富。哥儿俩二话没说，跟着我上了楼。令人诧异的是，我一个年轻女性跟他们沟通了多少次都被拒之门外、冷言冷语，这次带了两个男性上门，还不等他们开口说话，财务就立刻过来给我办理转账了。

我终于拿到了尾款，但不知为何，我感到非常失望。

因性别而受到歧视的事情，在我后来的职场生活中仍有重演。最严重的一次，我在剧组工作期间，险些被比我高两个头的美术师暴打。他巴掌都扬起来了，如果不是现场有人拦住，我那天夜里应该会流血受伤。我过了很长时间都不理解他为什么要打我：我没有对他说过一句冒犯的话，也没有拖延支付他的工资。后来，美术师的女助理告诉我："他受不了比他年轻的女性领导他。"

从建筑公司的豪华写字楼里走出来的那个晚上，我请舒勇舒文兄弟在附近吃了顿火锅。火锅的热气蒸得我眼眶发烫。两位场工大哥也不知道怎么安慰我，就一个劲儿地往我碗里夹肉，想让我多吃点，可我是个多年的素食主义者。我盯着碗里堆成小山一样的肉片，心里想："是不是我也得'吃肉'，人家才把我当老虎，而不是绵羊呢？"

膨胀的，泡沫的，癫狂的

2016 年，是影视行业的黄金之年。万事万物方兴未艾，资本热钱疯狂进场。影视在资本领域是一个无法客观估量的概念，没人知道一部几百万元拍出来的小成本电影，居然能在院线卖出大几千万元，甚至上亿元。这就让许多从业者在恐惧满盘皆输的同时，又幻想着凭借一部电影改变人生。那个时候，我听到的最多的词就是"四两拨千斤""以小博大""做杠杆"……三元桥的日料店里，恨不得每张桌子都谈着几亿元的院线大片。拉开屏风，小隔间里喝着清酒的人中总有几个脸熟的同行。仿佛，梦开始的地方从来不是电影学院，而是朝阳区的日料店和咖啡馆。

我和小纳有时会站在悠乐汇的小办公室的窗前，看着窗外华丽又租金高昂的望京 SOHO 写字楼，内心膨胀地扬言："有朝一日，我们会把办公室搬进望京 SOHO 去！"说完这句话，我们便重新拉上遮光窗帘，在黑暗的后期棚内对着电脑屏幕，勤勤恳恳地剪片子。

理想越丰满，现实越骨感。

影视行业的兴盛也带动了互联网广告的崛起。各大品牌都抢着要拍具有高传播价值的"病毒视频"，好好的高端 TVC（电视广告影片）也要剪个"鬼畜"版本，以吸引年轻观众转发。我和小纳的日子过得非常舒适，每天坐在办公室里，不用往外跑，就有师哥、师姐或者同学、同事发微信问我们：某某项目招标，你们竞不竞标？某某企业要拍产品广告，一口气拍 7 条，你们上不上？某某 4A 广告公司要找外包，你们接不接？

钱来得容易，花得也容易。设备更新、客户应酬、大量的面子工程……我们必须在投资人和客户面前，把我们这家小小的工作室，打造得跟什么了不起的大公司一样。我也开始学起了化妆、穿高跟鞋，让自己看起来不像学生，更像一个久经风霜的"社会人"。

但只是帮客户拍广告就能让我们满足了吗？我和小纳还是想拍电影，特别是科幻电影。

"当一个人要拍电影时，他就很容易学会'做人'。"小纳对我说。成年后几乎从不向家里"伸手"的小纳，为了我们的科幻电影理想，管父亲借了辆老旧的小汽车。有了这辆汽车，我们便开启了满北京城开着车找项目和投资人的"征程"。

2016 年的春天，小纳几经辗转，以不可思议的低价，买到了国内某一线科幻小说家的一部作品。他拿着对方的影视改编授权书，激动地找到了我。那时影视行业最流行的概念是"VR"（虚拟现实）。那位小说家的作品从头到尾都是在一个空间内发生的，非常适合改编成 VR 短片。

我很快根据这本小说改出了一个互动叙事的剧本，剧本名字叫《盘古悖论》。观众可以戴着 VR 头盔，以主人公的视角观看电影，还可以通过为关键情节做选择，来控制剧情走向。这有点像后来 Netflix（网飞）拍摄的互动电影《黑镜：潘达斯奈基》。说它是电影，它其实更像游戏或者小程序。整个剧本也是我用 Twine 等操作简单的开源工具一边编程，一边写的。

与此同时，小纳找到了一位同龄创业者。他是北京某著名大学的本科在校生。他研发了一款算法，可以用最低的价格，将 12 台红龙摄影机组合拍摄的画面，拼接成 360 度环绕的 VR 视频素材，并保证至少 720P 分辨率的高清画质。

我们与他达成了合作协议，拿着做出来的互动剧本和 10 秒样片到处拉投资。在投资人看来，我们的推销演示效果很好，而且 VR 这个概念在创投圈很受认可。然而，当投资人看到我和小纳只是两个 20 岁出头的学生时，激动的眼神纷纷黯淡了下去。

最终决定投资我们的公司是一家实体公司，而且他们是主动找上门的。我们很困惑他们为什么看好我们。到了这家公司一聊才得知，这家公司和影视行业可以说是毫不相干。他们是浙江金华一家做老花镜的代工厂。他们想让我们拍 VR 电影，这样就可以捆绑销售他们新开发的 VR 眼镜了。这家公司的 VR 眼镜技术含量极低，制作成本 10 元钱都不到，居然敢卖 200 多元，而且还有顾客买单。巨大的盈利空间让公司负责人骄傲不已，他和我们高谈阔论，仿佛明年他就能去纳斯达克敲钟。他们看好我和小纳，是因为我们年轻、廉价和听话。

与这位自信的负责人告别后，回去的路上，小纳一边开车，一边跟我笑着说："在这些人看来，电影只是噱头。我们要是趁着这个风口赚钱呢，也不是不行。但我总觉得吧，这不就把电影给拍成眼镜广告了么？"

"而且，VR 和互动电影，我总觉得不太对劲。"我也赞同小纳的想法，"一部电影 90 分钟，观众真的能戴着 VR 头盔忍受 90 分钟吗？从现有技术来看，不晕吗？另外，如果大家真的很想要娱乐的互动性，那为什么不直接去玩游戏呢？看什么互动电影？暴雪和量子梦的游戏难道不是更成熟吗？观众和玩家分明是两种消费者身份，现在的市场定位是不是有些不太清晰呢？"

我们两个在开车回望京的路上，你一言我一语，都反对接受这家老花镜公司的投资。可能是我和小纳太天真，或者还是没有那么缺钱吧，我们最终搁置了《盘古悖论》的项目。

结果，2016 年还没结束，VR 电影就已经"凉"透了。资本迅速退场，不少公司赔得一塌糊涂。

经历过这次对"风口"的追逐，我和小纳复盘了一下，认为我们毕竟与大多数创业者不同。除了"创业者"的身份，我们还有一层"创作者"的身份。比起在不同领域里追逐浪潮，我们更适合老老实实做事、踏踏实实做人。作为两个年轻人，我们想象中的电影，不是给老花镜公司做"文化周边"。电影在他们看来只是生意，而在那时的我们看来，它还具有神圣性，我们对电影尚且没有完全祛魅。

暂时接受不了理想与现实的落差的小纳安慰我说："肉可以吃，但吃相不要太难看。"

2016 年底，我们重新做起了能带来稳定现金流的广告业务。但是，不甘于现状的我们，决定即使是做广告，也必须提高水准。我们不该再继续拍低质量的"病毒视频"和没什么制作难度的企业宣传片了。我们得想办法拍那些从创意文案到视听审美都充满高级感的优质广告。

同样在 2016 年，我阴差阳错地拜了一位师父，他带着我真正进入了广告行业。

北京"老炮儿"金雨田

孩子们长大成人的第一个标志，可能就是离开自己的父母。在我开始创业后，我父母能给予我的帮助和指导少之又少。我的身份渐渐地从未成年人、学生，向成年人、"社会人"转变。但我那时毕竟只有 20 岁，就算脱离了从小到大妈妈为我筑造的安全的鸟巢，我依然需要一只有经验的"老鸟"带我飞翔。

2016 年的早春，文学系的一位师姐给我打来电话，说有个短网剧的剧本项目，她做不过来了，制片人让她帮忙找找其他编剧。编剧最好是"95后"，要了解互联网流行文化、写作速度快。师姐认为我很合适，便把我推荐了过去。那时正好是春节前后，我和小纳的工作室很清闲。我的工作不算很饱和，可以顺手做点其他项目。这部网剧大概 10 集，每集 8 分钟，在某大型视频平台播出。

在 2016 年，这么短的网剧比较罕见。出于对项目的好奇心，我答应了师姐，加了制片人的微信。

制片人名叫金雨田，"70后"，属虎，北京人。我叫他金哥。金哥是名牌大学毕业的，4A 广告公司制作人出身，做项目懂流程、讲规矩，看着不好惹，其实是热心肠，为人局气、大度。我第一次见金哥时，他穿一件皮夹克，踩一双大马丁靴，左手甩着个大皮包，右手捏着个意大利烟斗，黑色蛤蟆镜下，有一双凶巴巴的吊睛眼，特有北京"老炮儿"的范儿。

我们见面第一天，他就开门见山告诉我："这网剧，说是网剧，其实是个广告。8 分钟一集，植入 9 个产品。咱这次不是来搞创作的，你看看客户的需求邮件就知道了。"

金哥很实在，也不拿"艺术情怀"到处骗人。在他的主持下，这部网剧从写剧本到后期拍摄，顺顺利利地在两个月内完成了。编剧流程正规、打款一天都没有拖延。我拿到了远高出行业标准的酬劳，也结识了一众专业的创作者。

杀青宴当天，金哥托着腮帮子跟我说："闺女，你虽然学的是导演、干的是编剧，但你不觉得你更适合做制片人吗？"

金哥这话算是说到我心坎上了。我和中石、小纳创业以来，我便极少自己当导演拍广告。大多数时候，团队更需要有人扮演制片人的角色。当我开始接触制片人的工作后，我发现行业里其实并不缺有才华的导演，缺的反而是真正懂专业的制片人和监制。中国电影市场也参照其他国家成熟的电影市场开始转型，从原先的导演中心制，不断地趋近监制／制片人中心制。我对这类工作越来越有热情。

我顺着金哥的话头往下聊了几句。金哥问我："我现在身边缺制片人，你自己创业，也有团队，你要是愿意的话，可以带着你的团队来做我的项目。"

金哥交给我们的第一个项目就是国内某知名保险公司的微电影广告。这是我们第一次接到品牌名字耳熟能详的公司的广告项目，而且制作预算很宽松，我们可以用最好的设备、最专业的摄影棚，并且找更有经验的师哥师姐来组建主创团队。这个预算，甚至能让我们租酒店来选角、面试广告演员。虽然只是在拍微电影，但整个流程的复杂程度不亚于小成本的院线电影。对于我们几个20岁左右的学生来说，这是个非常好的锻炼机会。

在这期间，金哥手把手地教会了我如何推进广告制片的流程、如何拒绝客户的不合理要求、如何规避审核风险、怎样控制成本、贴发票需要注意什么……就连制片人的预算表，也是他捧着笔记本电脑，指着屏幕上的 Excel 表，一行一行地教我填的。金哥自己的公司，垫资实力很强，也不需要我们的小工作室垫钱周转，每笔钱都预付，从不拖款。和他一起工作，我们的口碑也在行业内变好了。每一次杀青，金哥给大家发红包，看到大家脸上洋溢的笑容时，我心里就会想：这拍片子，除了片子，钱也是很重要的啊！影视和纯艺术有着根本性的差别，我们与钱的距离，实在太近了。

剧组休息的间隙，我和中石常拉着小塑料凳，听金哥给我们讲他当年在 4A 广告公司是如何拍电视广告的，也听他跟我们抱怨如今的广告受互联网冲击，质量越来越差。这使我们对广告行业建立起了清晰又宏观的认知。我们的制作能力和经验，也在金哥的指教下，一点一滴地积累起来了。

在金哥的帮助下，我和中石开始为大品牌服务：雅诗兰黛、可口可乐、丰田、沃尔沃、娃哈哈、华为、京东……这让我们很快拥有了令人惊艳的作品集。

舒勇和舒文兄弟成了我们指定合作的场务负责人。那几年间，兄弟俩也一起赚了些钱。随着共同成长，舒勇、舒文兄弟对于做一辈子场工，有了其他的想法。

有一天，他们请我吃了顿饭，跟我提议："我俩想贷款，买几辆二手车，给剧组开车。我俩瞅见了，司机班的人赚得比我们多，还轻松。你这儿活儿多，我们养得起车贷。"

我那时并没有理解舒勇、舒文兄弟为什么要跟我说这番话。他们的本意是告诉我：我们哥儿俩可贷上款了，你以后的活儿要多找我们，别断。可当时的我丝毫没有理解他们的意思，只是单纯地为他们的职业转型感到高兴，还出言鼓励了他们。舒勇、舒文兄弟那晚很激动，吃了饭，还要往我的车后备箱里塞他们农村的土特产，全是鸡鸭鱼肉，我吃不了，拒绝了。

我们跟着金哥干了两三年的活儿。大四快毕业的那一年，我们和金哥迎来了事业上的转折点。我们成了国内某著名视频平台的内容供应商。并且，在那一年，我们成功竞标某 S+ 级选秀节目的中插广告制作项目。

近百条广告，要在 3 个月内全部拍完，而且每一条广告的质量都要达到电视广告的高标准。我和金哥作为全组唯二的监制，带着 3 个导演组和十几名主创飞到了拍摄地——杭州。在萧山的摄影棚里，我们团队度过了可以说是暗无天日的 3 个月。

在那 3 个月里，我最憎恨的是每天起床。倒不是因为只能睡三五个小时，起不来，而是因为一起来，就要面对几百条客户微信。每一条我都得看，每一条我都要回复。客户们就像嗷嗷待哺的婴儿，稍微沟通得不如意，就开始"哭闹"，动辄扬言要撤单。大部分客户对中插广告没有拍摄经验，他们要么把它当成昂贵的电视广告，要么把它当成劣质的"病毒广告"。在沟通过程中，我们乙方还得对甲方进行现场教学、市场教育，这真是让人疲惫不堪。

回完客户的微信，早起的第二件事就是和金哥组织导演开会，然后委婉地告诉导演，他们的创作想法全都被客户给"毙"了。安抚完导演的情绪，就开始到各部门确认执行细节，以免拍摄时"翻车"，让客户失望。

我当时还在念大四，每周一有一整天的必修课要去听。因此，我每周日夜里都要打车去萧山机场，买一张红眼航班机票，从杭州飞回北京。早晨落地后，我在首都机场的停车场里取了车，直接开车到学校上课。晚上放学后，我再开车回机场或火车站，买票回杭州继续工作。满足考勤要求的同时，我还得完成毕业论文、准备研究生留学的申请文书，同时把雅思考到 7.5 分。我不得不在飞机上写论文、在剧组休息时查文献、在厕所里背单词……3 个月内，我胖了 30 斤，完全是"过劳肥"。

我以为自己能撑得住，但有一天，我十分突然地崩溃了。那天，客户打了十几个电话，但我不想接了。我躺在酒店房间的床上流眼泪。我并不感到悲伤，也不觉得委屈，我就是纯粹觉得累。我意识到：人，是真的会被累哭的。我的导演在敲我的门，可我不想给她开门。我怕她跟我说客户方案执行不了，又要重新开会沟通。剧组里的人打电话联系不上我、敲门也没人应，大家一致判断我"猝死"在房间里了，赶紧向前台要了房卡。结果大家一开门，发现我正躺在床上发呆呢。

金哥把我从床上提溜起来，跟我说："这项目，就咱俩最累。我也干不动了。咱出去吃饭吧。"

我问他："那客户怎么办啊？"

金哥耸耸肩："让客户一边儿待着去。"

我们找了附近最贵的一家餐厅去吃饭。人在工作忙碌的时候，就会有这种报复性的消费心理。这种价格离谱的餐厅，我和金哥平日里是绝对不会去的。吃完饭后，我俩站在钱塘江边，瞪着眼睛看潮涨潮落。

"你说咱这么累，图点啥？"我叹了口气。这个项目做得太艰难了。我和金哥看过制片预算表，预算早就超了。到拍摄结束前，能不亏，就已经是万幸了。

"是，我也想退休。"金哥说，"可我没孩子。要不你以后给我养老，我现在就退休。"

我想了想，答应了："低配养老，我应该能养得起。"

金哥有点感动。我们沿着钱塘江往酒店走。边走，金哥边跟我说，他几年前做的一个项目，广告公司跑路了，欠了他 7 位数的债。那时候他是真的灰心丧气，想转行了。可他后来遇见了我、中石和小纳。看我们这帮孩子一穷二白地还幻想着拍国产科幻大片，他觉得特别有斗志。可能也是为了带我们几个徒弟出师，他才没离开广告行业。做到现在，他也把钱赚了回来。

"你们别老是感谢我，我也得感谢你们。用那文艺点儿的话来说，咱们之间是彼此救赎。"金哥说，"说实话，年轻人做点事儿，挺难的。可我看到你们吧，我就觉得——你们"95 后"那词儿怎么说来着？——特别'燃'。"

"不过吧，"金哥话锋一转，"你也别太拼了。我 20 多岁时和你一样一样的。可你看，人家卷了我的钱跑到新西兰，我也没辙。李叔同有句话怎么说来着？"

我答："人生犹似西山日，富贵终如草上霜。"

"哎，对！是这个理儿！"

我和金哥沿着钱塘江，一路走回了酒店，各自打开了手机，微信提示音丁零当啷地响了起来。我们叹了口气，开始逐条回复消息。

富贵终如草上霜

初夏，钱塘江边蝉鸣聒噪时，我们的项目终于做完了。主创人员拖着装满脏衣服的行李箱，坐着高铁回了北京。

我陆续收到了英国学校的录取通知书。留学前我并没有对英国的学校做过认真的调查，我的工作占去了我绝大部分的时间，这让我的生活过得十分草率。在报考前，我对着 QS 世界大学综合排名，把名次靠前的英国大学都报了个遍。英国学校的名字听起来十分唬人，什么帝国理工学院、国王学院、玛丽皇后学院……我从收到的录取通知书中挑了一个名字看起来"相对朴素"的，去交了学费的定金。在那一刻，我还没有完全确定自己要去留学。职场之路一帆风顺，谁会想着停下赚钱的脚步，去上学呢？

然而，直到毕业季结束，杭州项目的尾款都迟迟没有打给金哥。我们主创人员的工钱也暂时发不出来了。这是金哥第一次没能在杀青当天结款。

我和金哥约了顿饭，倒也不是催他结款，只是想问问有什么是我和小纳能帮上忙的。果不其然，金哥一脑门官司地走进了餐厅，告诉我："平台暂时没法支付我们尾款。我正跟会计想办法呢。"

2018 年，为整治明星天价片酬问题，影视行业开始全面税改。业内几家有名的器材供应商和劳务外包公司都在接受审计调查，就连几大视频平台的出入账速度也受到了影响。当时，和我们一样等待尾款的公司，在北京市朝阳区有百十家。

好在，我们的友商不存在偷税漏税的情况。调查结束后，大家拿到尾款时，已经是 8 月末了。

5 月到 8 月的这 3 个月里，我和小纳明显感觉到市场上项目数量骤减。我们的工作室规模很小，盈利也不多。整个行业都在冷却，这样的市场行情对我们这种小作坊来说，很致命。扛到 7 月，小纳问我："要不，咱们也把工作室关了吧？"

我俩不好意思在工作室里讨论这件事，怕被雇用的剪辑师听见。我们下了楼，在悠乐汇的一家韩餐厅里要了两份廉价快餐。小纳看起来很疲惫，他攥着小铁勺，盯着石锅拌饭发呆。半晌，他对我坦白："我爸有个农业科技专利。我打算帮他申请基金，去缅甸创业。"

我惊呆了："你去缅甸创什么业？"

小纳乐了："我要去缅甸种地，种稻子。"

小纳和我一样，是在都市里长大的孩子。别说种地了，平时去超市，他连韭菜和小葱都分不清。他怎么种稻子啊？

"可是，电影学院没教过我们种稻子啊。"

"没教可以学。"小纳自信地说，"难道电影学院毕业就必须得去拍电影吗？难道体育大学的学生个个都是奥运冠军吗？"

"你不是要拍中国科幻大片吗？"我问。

"曲线救国。等我种地赚了钱，回来自己投资。"小纳回答，"现在市场行情不好，要学会趋利避害，把握投资的时间线。"

我觉得小纳说的没什么问题。他向来是个聪明又果断的人。如果他已经决定好了，我恐怕很难改变他的想法。只是，在那一瞬间，我俩心知肚明：我们的科幻大片梦想要按下暂停键了。

小纳劝我："你不是拿到英国学校的录取通知书了吗？你也撤吧！未来几个月，项目不会很多了。"

小纳的预判十分精准。未来几个月，甚至一两年内，我们的同级毕业生在职场都举步维艰。

舒勇和舒文兄弟得知我和小纳都要出国后，着急忙慌地给我打了电话。他们在电话里发愁地问："那我们的车队怎么办呢？"

"中石不走。"我无力地回答，"我再给你们推荐几位制片人。"

舒勇和舒文兄弟失望地挂了电话。

工作室退租前，小纳叫我去拆窗帘。当初买来的昂贵的专业遮光窗帘，看起来依旧很新。窗帘被摘下后，落地窗外，是望京 SOHO 华灯初上的办公楼。我们搬不到那里去了。我们都曾以为自己很了不起，比同龄人更优秀。我们看重自己的与众不同，可实际上我们都很平凡。而拆下窗帘的那一刻，就好像拆下了我们的最后一层遮羞布，我们终于接受了自己的普通。

"别灰心啊！"小纳还在心态极佳地安慰我，"咱这两年，作为大学生来说，相当可以了！我对你、对自己、对咱们，特别满意！"

我冲他笑了笑。小纳抱着窗帘走出了房间。我们关了灯，最后一次锁上了工作室的门。

我很佩服小纳。他内心强大，机敏好学。他这样的创业者，不管在什么领域，都能取得不错的成就。他后来也确实做得很出色。在这之后不到一年的时间，他就给我发来了缅甸农田的照片。照片里，他的农田广袤无垠。

2018 年的夏末秋初，伦敦大学学院开学的日期逐渐逼近，可我迟迟没有买机票。我在学校老师的介绍下，进入一个网剧剧组做编剧。我想着，如果这个项目做得顺利，就延迟一年去留学。

我们编剧团队被关在工作室里奋笔疾书，没日没夜地写。这间工作室有一个巨大的厨房。网剧项目的几名制片人来自南方沿海地区，非常爱吃海鲜。每天晚上，他们都会买来一堆活虾活蟹，在厨房里把它们直接上锅蒸熟。这些虾蟹疯狂地想从滚烫的热锅里往外逃命，而烹饪它们的人却一把盖上了锅盖。我能听到蟹钳抓挠炖锅四壁的声音，心生恐惧。

我忍不住说了一句："这是不是有点太残忍了？"

但制片人笑着告诉我："海鲜活着蒸才好吃。"

那段时间，我常坐在工作室的沙发上刷手机，看伦敦大学学院校友们在论坛里发的帖子。在他们的描述里，伦敦大学学院有一座恢宏而美丽的图书馆。对于一个创作者来说，这似乎挺值得期待的。我再扭头看看厨房里散发着腥气的蒸锅。没过几天，我便决定退出这个项目。

我在一天之内订了机票、在线上签订了伦敦的租房合同，准备飞往希思罗机场。

临走前，中石说要请我到京兆尹吃饭。那是北京素食餐厅中的翘楚。几年前，我和中石曾路过京兆尹小巧的四合院。人均千元的餐厅是令大学生们望而却步的消费场所，但当时中石跟我说："等我们创业赚了钱，我就请你吃那个最贵的。"不过，等我们吃得起时，却忙得凑不出时间一起去这家餐厅了。没想到，再次站在京兆尹的四合院门前，已经是散伙的时候了。

中石如约点了一桌最贵的素菜。我们聊了未来的打算。中石告诉我他即将进入《刺杀小说家》的剧组，做剪辑。他一直对电影剪辑很感兴趣，在导演系也专攻了这个领域。他在考虑以后要不要逐步放弃制片人的工作，转到他更喜欢的剪辑专业。我们还商议了一下舒文、舒勇兄弟车队的事，看看把他们推荐给身边的哪些制片人更可靠。

走出京兆尹，我们在胡同对面的雍和宫外散步。中石问我将来准备做些什么。说实话，我也很茫然。

"你会不会觉得，咱们就这么放弃了，好像是把这些年的时光都给耽误了？"我问中石。

中石摇了摇头，说："几年前咱俩第一次路过京兆尹，我说要请你吃最贵的。你告诉我，不用，贵不贵无所谓，和谁吃才重要。我很感谢这些年咱们一起品尝人间滋味。希望你以后能做你想做的事情，能热爱生活。"

告别中石后的第二天，我怀揣着他的祝福，登上了飞往伦敦的航班。

后来常有朋友问我："你当时干吗非急着去留学？为什么要放弃创业？"

我想了想，回答对方："可能是因为我不吃肉吧。"

| **离开象牙塔，进入"乱象丛生"的娱乐圈**

怎么判断一个人到底有没有天赋？

对进入梦寐以求的北京电影学院开始自己的大学生活，女儿充满着期待。开学之际，学校安排她代表新生发言，至今我还记得她那次发言的内容。

我们每个人带着对电影的热爱来到这所学校，但是我们并不敢保证自己一辈子都能在逆境或是顺境中坚持梦想。

我很喜欢学习新鲜事物，也常常迫不及待地想要学以致用，一展才华。但我经常在被赞扬后忽然对自己得到的东西失去兴趣，向之所欣，俯仰之间，已为陈迹。

我感到恐慌，怕自己对所有事物都只有 3 分钟的热度，我尝试寻找问题的根源。后来，我发现最快乐的时候并不在完全学会知识的那一刻，而是在不断思考和解决疑难的过程中。

玄奘出发前往西域时，本是雄姿英发的青年，回到长安的那个春天，却垂垂老矣。大漠的风沙斑驳了他的面容，然而在斑驳的岁月里，留下的不只是皱纹，他得到的真理不只在古经里，还在那条更远的朝圣之路上。

这是她内心的真实想法。面对电影这个梦想，她不知道当自己处于顺境或逆境之时能否继续坚持初心，也不知道自己能坚持多久。但她安慰自己，结果"不只在古经里，还在那条更远的朝圣之路上"。

然而，进入大学不久，她首先遇到的就是逆境。这个逆境来自艺术类院校老师之间价值观念的分歧，这种分歧无意间让女儿重新开始审视自己的"艺术天赋"问题。

在艺术类院校里，一些老师认为，学生高考成绩好，是长期啃书的结果。这样的学生从小对付的是书，对付的是课本上的理论，各种能力锻炼少，实践能力差。而电影制作面对的不仅是一成不变的事物，还有各种人。制作电影是一个系统工程，需要很强的管理能力、组织能力、统筹能力及应变能力。他们认为，高考成绩好的孩子，为了考个好分数，天天跟书本较劲，不断重复训练，艺术天赋早已被扼杀了，各种创造能力也被扼杀了，怎么可能会拍出好电影？

另外一些老师则认为，高考成绩好的孩子，文化素养高，懂的知识多，眼界开阔，学东西快。在他们的教学过程中，这些孩子能做到吸收快，领悟能力强，一教就会。另外，这些孩子文史哲等方面的基础知识扎实，不会把宋朝的历史电影拍出明朝的背景，也不会把西北的故事呈现在沿海的风景里。这类老师愿意招高考成绩好的孩子。

一个高考成绩很好的孩子要学习电影专业，我女儿便成了这两种价值观念争执的焦点，这使不同的老师对待她有不同的态度，同时也影响了同学们对待她的态度。这让我女儿在北京电影学院再次成为另类。

至于我这个监护人，在我浅薄的刻板印象中，电影往往是有天赋的艺术世家从事的行业。我们家没有一个人能引领她进入这个行业，进入圈子。学习这个专业，她是在"一穷二白"的前提下进行的。她没有机会站在巨人的肩上，也很难快速成长。

所以，当个别老师和同学委婉地告诉她"电影是有天赋的人干的，勤奋没有用"时，她心里能不打鼓吗？

我担心她会气馁，便暗暗决定重树她的信心。我拿出她第一次当导演时组织北京四中道元班同学排练演出的那个话剧视频《一个无政府主义者的意外死亡》和女儿曾拍摄过的纪录片，又认真地看了一遍。

借某次机会，我问她："那个时候你学过怎么排练话剧吗？学过拍纪录片吗？"

她说，没有，她当时就是单纯喜欢那个话剧，自己看书和舞台录像学习。纪录片也是自己摸索着完成的，不会时就去看别人的视频怎么拍、怎么剪辑，自学一下，没想到获了奖。她仔细一想，其实她也不是什么天赋异禀的奇人，只是热爱而已。

我告诉她："这就是天赋！天赋不是什么虚无缥缈的东西，在妈妈看来，热爱就是最好的天赋！"

"妈妈，我并不认为天赋是一件很重要的事情。"女儿回答我，"讨论一个人是否有天赋，是为了推测这个人会不会获得成功。我对成功没有很强的执着。我是因为喜欢做一件事才去做的，能不能做成，与我关系不大。"

听完她的话，我松了口气。内心强大的女儿，为了她的热爱，从未沉溺于任何来自外部的否定和气馁。学校里依然有欣赏她的老师，学校为她提供了很多学习和锻炼的机会。

例如，北京电影学院和比利时国家视觉艺术与传播技术高等学院合作的留学交换项目一推出，女儿便果断报名申请。基于她出色的文化课成绩、流利的英语听说读写能力，以及她磕磕巴巴的餐厅点菜水平的法语，她通过了学校的审核，获得了交换资格和奖学金。

在比利时，她一边学习，一边旅游，非常开心。读书期间她还拍摄了一部实验电影《蓝色窗》，参加了欧洲的纪录片电影节。

从比利时回国后，我发现，旅行和游学让她的心胸随着视野变得更加开阔，人也变得更加自信。在我看来，有没有天赋，对于她来说，已经不再重要，她也不再为此事焦虑和纠结。这让我非常欣慰。

2015 年春天来临的时候，北京电影学院请来了一位好莱坞的剪辑大师做讲座。为了接待这位剪辑大师，学校联系了几名校外的专业翻译人员，人家都以不懂专业术语为由拒绝了。学校考虑再三，决定让我女儿担任随同口译。女儿竟然应承了下来，这让我非常担心。她从来没有做过口译工作，也没有受过口译训练，我唯恐她出错，耽误学校工作，影响学校声誉。

在我的忐忑不安中，她上岗了。她陪着这位剪辑大师参加宴会、旅游，甚至在艺术讲座中做同声传译，非常靠谱地完成了工作。事后，我问她会不会担心自己搞砸，她笑着说："完全不会！我在高中时基本就能完成简单的英语同声传译了！您担心，是因为您不会。"

尽管她这么说，我还是看到她后来买了翻译资格证考试用书训练自己。学校给她的这次锻炼机会，对于她来说，是富有挑战性的。而如果不是文化课成绩好，她估计也得不到这样的机会。

"书到用时方恨少，事因经过始知难！"从这件事我也悟到：教育中，用实践去推动学习非常重要。如果一个孩子从小就能养成在实践中主动积极地学习的习惯，那他一辈子都会是一个善于学习的人。

好莱坞的剪辑大师走后，北京电影学院又推出了一个留学交换项目，这次是去美国。当女儿跟我商量想再次申请出国交换时，我笑着说："你这是要把国内本科教育，搞成国内外联合办学吗？"

女儿跟我说："对啊，听了好莱坞剪辑大师的讲座，我对美国电影的工业化流程很感兴趣。我想实地看看美国电影制作专业的教学到底和国内有什么差别。"

她的申请，因她出色的成绩和外语能力，又一次得到了学校的批准。

2015 年，她再次前往美国。距离 2011 年去美国，刚刚过去 4 年。4 年前，她去的是田纳西州的孟菲斯市。那里人烟稀少，她的寄宿家庭在乡下，周末的时候更是寂寥。回到北京，谈起那里，她会跟我说，当地的景色像内蒙古的乌兰布统，于是我想到了电影《飘》里的风景。她说，那里的时光很长很长，生活悠闲而缓慢。

然而，这次她要去的是美国西海岸的洛杉矶，交换的学校是加州大学洛杉矶分校，她要在那里学习电影制作。洛杉矶是美国的第二大城市，是世界电影的中心。能够贴近电影制作的最前沿，对女儿来说很有意义。而且，这次是在美国的大城市，她的感受一定会不同于上次。那个时候我想的是，如果她这次交换回来感觉好的话，我就督促她申请美国高校就学。

在那里学习期间，她的英文剧本得到了戏剧编剧课的最高分，学期绩点达 4.0（满分）。这为她日后用英文写剧本奠定了基础。

从洛杉矶回来，她跟我说："加州大学洛杉矶分校教的很多课程我在北京电影学院已经学过了，北京电影学院真的很厉害。"

我问她："那你验证出自己有没有电影制作的艺术天赋了吗？"

她反问我："艺术天赋用什么来衡量呢？我认为，大部分从业者付出的努力，还远远达不到谈天赋的程度。"

是啊，对生活细致入微的观察和感受，会让人产生泉涌般的艺术灵感；旅行和游学能带来更开阔的视野，激发艺术创作的热情。对生活的敏锐感受、对艺术作品的不断打磨、创作经验的不断积累以及独特的审美能力，这些都是谈论艺术天赋的基础。许多从业者连基础也没有夯实，的确很难谈论"天赋"。

女儿一直在夯实这样的基础。大学期间，她甚至以志愿者的身份去了非洲。

那是大一结束的暑假，她跟班里一位要好的女同学加入了一个肯尼亚国际公益组织，去非洲做了近一个月的艾滋病临终关怀志愿者。在那里，她们住在贫民窟里，为当地感染艾滋病的妇女做再就业指导与医疗辅助服务。

后来她去欧洲各国游历，总是会把自己的感受写下来或者拍成Vlog做个记录。这些旅行中的见闻让她感受到了不同的生活，也开阔了视野。

我无法确定女儿是不是具有拍电影的艺术天赋。但女儿怀着对电影创作的热爱，选择了这样的职业，只能通过勤奋和实践去证明了。

北京四中老师心疼地说，孩子，你这个职业太辛苦了！

北京电影学院导演系的孩子们几乎每个学期都要拍一部短片作为作业。片长从 2 分钟到 20 分钟不等。拍电影所需的费用有时可以向学校申请，有时则需要学生自己准备。拍摄时长不同、质量不同，所需要的费用也不同。

第一学期快结束时，女儿作为导演开拍了她的第一部短片作业。她爸爸参加了这次拍摄，回来就赞不绝口："咱闺女真是拍电影的料，那场面能压得住，剧组所有人都听她的！"言辞之间充满了欣赏和佩服。

说实在的，我从来没有看到过女儿做导演的样子，但看到过她做制片人的样子。

电影制片人负责筹备、拍摄、发行电影的整个过程。制片人在电影制作中权力比较大，责任也比较大。他们必须兼具各种能力，如独到的艺术鉴赏能力、审美能力、融资能力、资金把控能力、识人用人的能力、管理摄制团队的能力，以及营销推广电影作品的能力等。

女儿在大学一年级时承揽了一则广告，自己做制片人进行拍摄。因为成本太低、人手不够，她让我进组做了一名生活制片。所谓生活制片，说白了就是做给剧组人员买饭、买水，开车接送演员这类杂活的人。女儿不给我发工资，我只能用母爱为她发电。

那次进组，我最大的感受是，剧组熬人。从早晨 6 点多到晚上 8 点多，剧组整整一天都窝在摄影棚里拍摄。每个演员要表演很多次，导演才能满意。一个演员表演，场记要打板多次。演员化妆，演员表演，导演导戏，摄影、录音、灯光配合，都要统筹安排，虽然一遍又一遍，必须要在当天完成，否则拍摄费用就会超支。

女儿就是那个控制费用的人。从制订拍摄计划，选用导演、演员、摄像师、灯光师、录音师、置景师等，到控制拍摄进程、保证拍摄现场人和物的安全，都必须在她的掌控中。我看到女儿跑前跑后，协调各个岗位，忙得一刻都不闲。因为我没有太多活，只是陪着，所以觉得特别枯燥漫长。但对女儿来说，从太阳还没有升起，到太阳落下，这期间，她忙得什么都顾不上，一抬头一天就过去了。

那是我第一次进剧组看到广告拍摄的整个过程，觉得广告制作既费体力，又费脑力，是一项高强度的系统工程。女儿从事的这项工作，跟我们房地产行业的项目经理也差不了太多，又苦又累还要操心担责。

这完全偏离了我对她职业的规划。我"鸡娃"就是想让她多读书，最好能成为一名大学教授，平平淡淡、安安静静地教书育人。她却选择做了一名"影视工人"，而且还乐此不疲。

这次只是在摄影棚里拍摄了一天的小广告，遭遇的辛苦和困难度还算不上什么。2017 年，她作为制片人筹拍的 90 分钟的网络电影《青涩》，那真的是一个大工程，而那一年她才 22 岁。

《青涩》这部电影的投资人只给了女儿不到 100 万元的资金，她必须在这个资金范围内拍摄完这部电影，这就需要她有很强的财务把控能力。

这部电影拍摄了 13 天，剧组在北京郊区的一个酒店里住了 13 天，中间遭遇了很多困难。因为故事发生在一个工厂，他们不得不借用厂房来拍摄，因为没钱支付工厂租金，只能求助好心的工会主席；为了布置拍摄现场，女儿跟执行制片到处寻找砌砖的装修工人；没钱雇群众演员，就请同学朋友们来帮忙。剧组在工厂生活区拍摄时还惊动了当地的警察。好在她及时和警察沟通，向居委会和消防部门做了报备，事情这才得以顺利解决。

忍受这样的拍摄条件还是小事，协调方方面面的关系对于一个 22 岁的小姑娘来说更是挑战。

最让我佩服的是，女儿竟然用不到 100 万元的费用完成了这部电影的拍摄。尽管中间有很多小小的失控，但女儿在项目的大事件上没有一点儿失误。这是她第一次指挥这么长周期的拍摄，完成得还算令人满意。

这种经历深深刻印在她的生活体验里，也成为她后期写作长篇小说

《妻子是制片人》的宝贵素材。在看她的这部小说时，我几次心疼地掉了眼泪——那就是女儿所经历的拍电影的真实生活，一点都不夸张。

大学二年级的冬天，导演系的学生要在放寒假前提交自己拍摄的短片作业。女儿跟我们借了几万元，打算拍一个叫《家庭录影机》的短视频。她自己出任导演，制片人、摄影师、灯光师、场记等都是女儿的同学。

北京电影学院同学间有个惯例，只要是学生作业，大家都会互相帮忙，不收费用。但拍摄场地、租用设备等要女儿自己花钱，女儿为了拍那个短视频，租用了胡同里的一个四合院。冬天的四合院有点冷，拍摄现场条件不是很好。

她邀请了高中学校的戏剧社的老师担任短视频的女主角。老师带着儿子来，为了支持学生，义务为女儿出演。做演员的老师，要不停换衣服，一遍一遍说同样的台词，直到女儿说"Cut，这条过！"才算结束。他们从早上一直拍到晚上，非常辛苦。亲历拍摄的老师看着女儿在现场操心导戏的样子，心疼极了。她拉着女儿的手说："孩子，你这个职业太辛苦了！"

剧情有风雨，就得组织大家在凄风苦雨里干活；剧情发生在寒冷的冬天或炎热的夏天，大家就得在冰天雪地或盛夏酷暑中一遍一遍打板、表演、录音……

一个学习成绩优秀的柔弱女孩子，在大学期间就要开始面对纷繁的社会。在拍摄现场，她不得不应对很多鸡毛蒜皮的突发状况：群众演员们为一份盒饭扭打在一起，置景工人和他人拌嘴后想要动粗……一个在象牙塔里长大的女孩子，必须凭借一己之力把这些人组织起来完成一部电影的拍摄。其中的琐碎，是我这个上班族根本不能想象的。

后来，有位老师见到我时，说："食欲是个成绩非常好的孩子，她怎么选了这么一条荆棘丛生的职业道路？"

听闻老师之言，后悔紧紧攥住了我的心。那时才 16 岁的孩子，涉世未深，只看到电影行业的光鲜亮丽，却没有看到背后的艰辛，就贸然决定去学电影。作为家长的我怎么就轻易放了手，轻易答应了她的选择？为什么不在当时带她进几次剧组，让她感受一下，那到底是不是她真正想要的职业和生活？

作为父母，我们总是希望孩子的一生顺顺利利，平平安安；总是希望她的选择永远是对的，希望她不要走弯路；总是希望她顺境多逆境少。然而，怎么可能呢？我们在她幼小时帮扶她，又怎么能帮扶她一生呢？

我问女儿："有没有后悔？要不我们重来一遍，申请国外大学，学习其他专业？"

女儿坚定地说："不了，我喜欢电影。"

我无话可说，不知道她是不是能够一直不畏艰苦地坚持她的理想。至少于我，这个职业不是她最好的选择。

对于她来说，电影梦就是在看清了电影行业的真相后依然对电影情有独钟。而要想实现电影梦，就得像玄奘一样，经历取经路上的九九八十一难。

面对纷繁复杂的社会，惨遭"毒打"

2015 年 9 月开始，女儿因病休学一年，幸好年轻，半年时间就完全康复了。春节过后，她闲不住了，跟我说："我想试一试创业。"

于是，她一本正经地背个小书包，夹个笔记本开始出去跑市场。那一年她刚 20 岁，跃跃欲试要征服影视圈的样子，我看着就好笑。每次出门前，她会诙谐地跟我说："我去找饭辙啦！"

饭辙哪那么好找？每次回家，她会兴高采烈地跟我说说那些正在谈的电影项目，眼神里充满了期待和展望。过了几天，她会丧气地跟我说，项目黄了。尽管这样，她也不气馁，会略带安慰地跟我说："电影行业就是这样，项目太容易黄了，您别为我担心哈！"

她不气馁，我就不担心。

一开始，我的心情会随着她找到新电影项目而激动、期待，也会随着项目黄了而失望、气馁。甚至有的项目，制片人把钱都找来了，导演也请来了，演员也初步确定了，眼看着要开机拍摄了，作为编剧的女儿觉得这个项目总不会黄了吧！结果，平台说不喜欢这个主演，于是项目没通过，不能拍！得，又黄了。

日子长了，每当看着女儿兴高采烈地出去，激动兴奋地回来，我就准备接住她的垂头丧气。渐渐地，女儿越来越成熟，越来越理性。回家跟我说她的项目时不再激动，分寸拿捏得也越来越准确。她会说："有这么个事儿，但不一定成。"或者会说："这事还说不好，成功的概率大概是1/2。"我欣喜地看到女儿在创业过程中逐渐成熟，说话办事越来越靠谱稳重。

几经折腾，她终于谈成了创业的第一个项目，以编剧和策划的身份加入一部网剧。2016年4月，这部网剧正式上线了，可播了一季后，就再没有做下去。

在影视这个行业里，谈来谈去项目黄了的现象很普遍。

有一年，一个制片人找到我女儿，想让她担任编剧，筹拍一部青春励志的网剧。这个制片人手里有本小说，已经跟小说作者购买了影视开发版权。我女儿的工作就是把这本小说改编成16集的网剧剧本。改编之前，制片人和女儿签了合同，约定在女儿写出大纲和前5集剧本时付第一笔款项。当女儿按要求把写好的剧本交给制片人后不久，项目投资人改主意了，不想投这个电影项目了。

听到这个消息，女儿回家跟我说："完了，估计这5万字白写了。投资人如果不给钱，制片人一定不会用自己的钱支付这笔费用的！"

女儿做出这个判断，是基于对影视行业的了解。她这种情况，很多时候是义务打工了。她的师哥师姐们都遭遇过类似的事情。

导演、编剧、演员等作为影视行业的工作者，个体的力量总是没法跟投资人的力量抗衡。即使是有合同约定，有时也会出现费用无法如期支付的情况。

好在女儿这次遇到的制片人非常守信用，自己垫付资金，支付了她的编剧费，让我们非常感动。

去制片人那里拿钱的时候，女儿犹豫再三，问："投资人的钱能要回来吗？您这样垫付，经济上能不能承受？"

那个女制片人执意让我女儿收下费用，说："你付出了劳动，理所应当得到报酬。做制片人得有担当，如果所有的制片人都不讲诚信，这个行业就完了！"

女儿回来跟我说起此事时，对那个女制片人又佩服又赞赏。她跟我说："为了电影行业的风清气正，我也要做那样有担当的制片人！"

见贤思齐，我也鼓励女儿成为那样的电影人。后来的事实证明，女儿确实是这么做的。

大三的那一年，女儿接了一个宣传片的拍摄项目。品牌方看她还是个学生，有些不太放心，让她先提交拍摄脚本。经过几次跟品牌方的磨合，她的拍摄脚本才被通过。拍摄脚本一旦提交，这个宣传片的大致模样就被确定下来了。

开拍之前，女儿跟品牌方签订了合同，约定拍摄资金分 3 次给付。拿到头款，她就开始组建拍摄队伍，分别跟导演、摄影师、演员、灯光师、美术师等工作人员签了合同，还租了设备、器材及车辆等，一行人浩浩荡荡地到了拍摄地。

拍摄很顺利，第二笔资金给付得也很痛快。后期剪辑完成后，女儿把成片交付给品牌方，等待品牌方给付最后一笔资金。

这个时候，品牌方突然开始挑剔起这部片子了。按说，片子是按品牌方最后确认的脚本拍摄的，女儿的成片也完全遵循了这个脚本，品牌方就应该按脚本收成片了。他们没有挑剔拍摄水平、剪辑水平和背景音乐，却要求女儿改脚本。这个时候改脚本，就意味着要重拍。重拍的费用谁出？品牌方说："你们出。"

这是刁难！拍摄前双方确定的脚本是品牌方认可的，品牌方就想要这样的效果。现在，这个效果出来了，品牌方却说想要另外一种效果，必须修改。

女儿耐着性子，反复跟品牌方看成片，让他们指出哪里需要修改，并按照他们的要求反复调整，但他们还是不满意。宣传片已经改得跟当初的拍摄脚本完全不一样了，而且每次改动都要付后期剪辑费。第二笔资金都已用尽，第三笔资金品牌方还未给付。反复修改的后期剪辑费都由女儿垫付，此外还欠了工作人员一些尾款。

这个时候女儿特别着急。如果品牌方不给第三笔资金，她不仅自己会赔钱，还无法结算那些工作人员的尾款。

多次调整后，品牌方终于同意收成片了。毫无经验的女儿把成片和所有的原始视频文件都交给了他们，等待品牌方给她付第三笔资金。

这一等就是半年，其间她反复跟品牌方要第三笔资金，品牌方都以各种理由推脱。那半年里，她的日子特别难过。她把自己所有的存款都拿出来，垫付了部分工作人员的尾款，但还是不够。

为了不让我们担心，女儿也没有跟我们说起此事。如果她当时跟我们提及，我们一定会帮她解决这件事情。

在这之后，女儿似乎对人产生了更深层次的认知。一直到她本科毕业，在众多广告项目的拍摄实践中，在与各式各样客户的交往中，她已经学会在保护自己的前提下，游刃有余地解决问题了。

读了5年的电影学院，女儿就在社会上摸爬滚打了5年。她所遭受的坎坷、经历的磨难，都不是作为母亲的我愿意看到的。

事实证明，当初给一个读高中的孩子放权，让她按照自己的爱好去选择自己的人生道路，是有风险的。有些孩子所谓的爱好也许就是一时冲动，当因这个爱好遭遇苦难时，能坚守的则是真爱，不能坚守的就是冲动。

眼看着女儿为"电影梦"受苦，我几次三番想把她从苦难里拉出来，却都遭到了她的反对和拒绝。也许这就是她的"真爱"吧？

但说实在的，我一直不甘心。尽管北京四中道元班教会了她自学，但她根本没有时间去学习和读书。5年的本科时间，她就耗在剧组和社会中，把自己锻炼成了"电影技工"，又被社会打得鼻青脸肿。

我常常跟她说："孩子，你停下来吧！安安静静地读读书，养一养你心田里的土壤，拔去杂草，栽上鲜花。"

赶紧去把硕士念完吧！

休学一年后，女儿重新回到学校，跟下一届导演系的同学们一起上课。这一次坐在教室里的女儿跟刚入学时的她已经判若两人了。

曾经的同学们现在已经比她高一年级了。休学一年，她已经半只脚踏进了社会。忙碌让她顾不了其他。她一边要在学校完成大三、大四的课程，一边要用业余时间完成承接的各类广告项目。

出国留学的申请一直拖着。我有点着急，只要看到她，就不断催促。我跟她说："挣钱的日子长着呢！赶紧去把研究生念完吧！"

在去美国还是英国留学的问题上，我没有表态，以她的意见为主。但从内心讲，我希望她去美国。从专业上讲，我希望她去学哲学、文化教育或历史专业，而真的不愿意让她学电影制作专业了。如果能让她通过留学改变自己的职业方向，是最好不过了。

她也难得地同意了我的专业建议，去学哲学、文史。但她的想法是，5年的电影制作学习和过往的经验让她有了实操能力，她在硬实力上已经有了一定的基础。两次出国交换学习也让她明白，硕士阶段再去国外学电影，学习的内容不过也就是这些制作电影的基本技能，意义不大。她现在需要更进一步学习的是文化、哲学等方面的理论知识。这些软实力能够滋养自己，让自己做出更好的电影作品来。

她还在坚守"电影梦"，而我内心则想："走着瞧！出国接受再高级别的教育也许会改变你的想法。"

在选择留学的国家上，我没有想到她会选择英国。她跟我说："美国去过两次了，英国一次没有去过呢，我想看看英国的教育情况。美国要读三四年，时间太长了。英国只需要读一两年，时间比较合适。"

申请学校时，她申请了包括剑桥大学和牛津大学在内的8所英国名校。为了达到这些院校的要求，忙碌的女儿见缝插针地去参加雅思考试、准备个人陈述资料。GPA和雅思成绩都按照这些院校的要求做了准备。

申请过程中，我们才发现剑桥大学和牛津大学对国内申请学生的本科背景非常挑剔。它们更偏爱国内的 985 院校，尤其钟爱"C9 联盟"学校，如清北复交之类的大学。北京电影学院根本不在它们的优先录取梯队里。因此，女儿的申请送达后就被拒绝了，连面试的资格都没有得到。其他几所英国名校对学生本科背景的要求相对宽容得多。

2018 年春节过后，来自英国的大学入学通知陆续到达，有伦敦大学学院、国王大学、华威大学等。爱丁堡大学电影导演专业给了女儿无条件录取资格。在选择去哪所大学读书时，我给出的建议是去伦敦大学学院，这个建议跟女儿的想法一致。

这个时候，她正忙得一塌糊涂，顾不上考虑出国留学的准备工作：由她作为广告组监制之一的某视频平台的 S 级综艺项目的中插广告，正在紧锣密鼓地拍摄中。

结束广告拍摄，已经过了炎热的夏天。女儿开始处理留学的一系列杂事。新生活的开始，总是让人充满期待。

临走前，女儿跟我说："去了伦敦，我看情况，如果能够申请到牛津大学或剑桥大学的硕士，我会在伦敦再学一个专业，多停留一年。"

女儿一直有个申请国外名校的梦。如果能去牛津大学或剑桥大学读书，那是最令她开心的。我们已经做好了她在英国学习两年的准备。然而，伦敦带给她的，却并不美好……

话题 8
Topic Eight

孩子"鸡"成功了，
可也抑郁了

被多家英国名校录取后，女儿决定跳泰晤士河

远在异国的女儿来电哭诉，她不想活了

2019 年的春末夏初，北京的空气里充满了百花的芬芳。人们脱下厚重的衣服，穿上艳丽的春装，装扮起车水马龙的城市。

一天上午 9 点多，我正在北京西站接一位来北京看病的长辈，突然接到了女儿从国外打来的电话。接起电话的瞬间，我有点疑惑。我下意识地换算了一下时间，当时应该是英国伦敦凌晨 1 点多，我的心一下子就抽紧了！女儿这么晚了还不睡觉，发生了什么？我赶紧接通了电话，还没有说话，就听到了女儿在电话那头的哭泣声："妈妈，我不想活了，活着实在没意思！"

女儿绝望的哭声一下子把我打蒙了。我紧张地问："怎么了宝贝？发生了什么？"我不知道女儿发生了什么，她怎么会突然地不想活了？

我顾不上西站的人来人往，大声跟女儿说："宝贝，千万别做傻事！你要不活了，爸爸妈妈也活不下去了！"周边来来往往的人向我

投来异样的目光，惊奇地看着我。

我艰难地跑回车里，坐在驾驶座上，抽泣着问女儿："你那里到底发生了什么事？能不能告诉妈妈？"

女儿说："没有具体的事，就是活得很丧，毫无意义！"

我赶紧跟女儿说："宝贝，人都有情绪低落期，一定要坚强！我和爸爸需要你！"

女儿说："妈妈，您能来陪陪我吗？我有点控制不住自己！"

"控制不住自己"，这句话当时我竟然没有认真对待！那是女儿发出的求救信号，但当时对于抑郁症，我一无所知！如今想起，我仍会后怕得惊出一身冷汗！换作现在，我会立马飞到她的身边，看护她，跟她一起度过那段最困难的时光。

而我当时竟然无知地跟女儿说："妈妈一直没有办签证，现在马上飞过去是不现实的！因为妈妈需要上班，没有时间，再说还有几个月你就学成回国了，也没有必要！"

"一直没有办签证"其实也不是事实。2018年她离开北京时曾经嘱咐过我，办理好签证，随时到英国去看她。她走后，我也联系了专门代理办签证的朋友，还建了群方便沟通。后来我因为拖查，不知不觉就放弃了去英国探望她的打算，办签证这事自然也不了了之了。

女儿失望地说："妈妈，如果要是能快点办理签证，您就飞过来！"

我只好佯装答应女儿："妈妈打听一下签证的事情，你等我去，别做傻事！"

女儿跟我哭诉完，情绪好了很多。然后，她跟我说："妈妈，跟您说说话，我好多了！您忙吧！"在女儿跟我保证了会好好活着之后，我们挂断了电话。

那一天，我没有问女儿在哪里给我打的电话。后来我才知道，她是在爱沙尼亚的一个旅馆里向我发出的求救信号。登船前的那个晚上，她给我打了那个可怕的电话。而阻止她跳海的不是我的那番安慰，而是那艘船因为当天天气不好封住了甲板，她无法从船舱内走出去，所以只好放弃实施自己的计划。

听到这些信息，是在女儿回国后。当时，我惊出了一身冷汗，后悔自己当初的迟钝和对她情绪的忽略。如果那天甲板没有被封上，我将永失我爱，那将是对我人生的毁灭。

那段日子，是女儿躁郁症最严重的时候。自杀计划失败之后，她重新回到伦敦，每天走在泰晤士河岸边，都有往下跳的冲动。

这些，我当时都不知道。

当我把跟女儿通话的内容告诉她爸爸时，他安慰我说："青春期的孩子，或多或少都会有一些时候是情绪低落的，你不必太在意。"

他的这句话，让我想起了自己的高中时期。那时，我面临高考，压力也非常大，也有过类似的冲动。但真正行动的那一刻，自己就害怕了，觉得这么死了不甘心。未来是什么样子，我还充满了好奇，怎么就不想活了呢？

我想，女儿的行为也许就是因为这种冲动吧？人生在世，哪个人不得经历种种痛苦呢？熬过这些痛苦，才能真正成熟和坚强起来。对，给女儿点时间，让她直面自己的困难，勇敢地生活吧！

回顾女儿的成长过程，她除了初三时因中考压力出现过心理问题之外，高中和大学一直处于忙碌状态，没有出现过任何心理问题。而且她一直性格外向、开朗活泼，怎么可能有抑郁自杀倾向呢？

绝对不可能！当我盲目地、充满自信地安慰自己的时候，内心却怎么也安稳不下来。可能是母女连心，女儿的意念穿过欧亚大陆，一直向东飞奔而来，让我内心惴惴不安。

这期间，小区一位邻居直接从 19 层楼梯间的窗户跳了下去。我的心因此哆嗦了好长时间。

跳楼的邻居是一位性格开朗，看起来幸福无比的老大爷。每次见面，他总是充满热情地跟我打招呼。在外人看来，他是没有理由跳楼的。唯一让我觉得异样的地方，是有那么一次。大冬天，他躲在小区的一个犄角旮旯里快速地吞咽一块松软的蛋糕，那个样子非常古怪。他看到我时，尴尬地笑着说："我血糖高，老伴不让吃甜的！我在这儿吃完再回家！"

就是这样一个偷吃蛋糕的老人，跳楼了。后来，别人告诉我，大爷早已得了微笑抑郁症，只是家人不知道！

"微笑抑郁症"，这是我活了半辈子，第一次听说。我曾觉得抑郁症，离我的生活很远。小时候，我们连饭都吃不饱，哪有时间抑郁？在我的认知里，只有家族有精神病遗传史的人才有可能得抑郁症。

虽然小时候，一个远房表哥自杀的事也让我唏嘘了很长时间，但那时候我只是单纯地认为他是想不开。现在想来，那个远房表哥恐怕也曾患上了抑郁症。如果当时他父母能带他去看看心理医生，让他吃一些抗抑郁的药物，也许他就能度过自己最艰难的人生时光吧？

邻居大爷跳楼事件发生之后，了解抑郁症成了我的急迫需求。他的症状跟女儿非常相似，都表现出外向开朗、幸福美好的模样，这点最让我紧张。

我整天一有时间便拿着手机查抑郁症的相关信息，这一查才发现，世界上竟然有那么多人患抑郁症。

根据世界卫生组织 2012 年的调查，全球竟然有约 3.5 亿名抑郁症患者。据 17 个国家的调查，平均每 20 个人中就有一个曾经患过抑郁症或者正在患此病的人，年患病率为 1.5%，终身患病率为 3.1%。而且抑郁症患者还呈现出低龄化趋势，初高中和大学阶段患此病的青少年较多，而这些青少年中又以出国留学的孩子居多。

而微笑抑郁症患者的隐蔽性很强，更不易让人察觉。他们在别人面前从来都是阳光灿烂、幽默开心的样子，而背后则是无比的绝望和悲伤。

将从医生朋友处请教得知的抑郁症临床表现跟女儿的行为对照，我惊出了一身冷汗。比如，女儿一天没有学习就会有负罪感，会苛责自己；有时她会无声地自言自语；她敏感多疑，独处时经常会莫名落泪；一起在商场逛街，明明好好的，她突然就会捂上耳朵嫌吵，痛苦地连步子都迈不动了；晚上躺在床上，她要熬过几个小时才能进入睡眠状态……

特别是当我在网上看到许多留学国外的优秀孩子抑郁自杀时，我极度恐惧。那时候，我心里期盼的就是，女儿千万别再申请牛津大学和剑桥大学了，几个月后赶紧回国吧！只有她待在我的身边，我才能安心一些。

那是我最艰难的一段时光：每天晚上都在惊悸中醒来，唯恐女儿有不测。长夜漫漫，睡不着的时候，我就会躺在床上想，女儿是从什么时候开始抑郁的？到底是什么造成了她的抑郁？

女儿抑郁的原因到底是什么？

网上对抑郁症的病因做了很多方面的分析。

有人认为，从马斯洛需求层次理论分析，现在的青少年从出生就被满足了生理需求、安全需求、社交需求和尊重需求，直接进入满足自我实现的需求的阶段。这五大需求呈金字塔式排列，越往下，越容易达到，反之难度越大。而想要实现那个在塔顶的自我实现需求，对青少年的心理挑战极其巨大，他们在不能适应的时候，就容易出现抑郁倾向。

有人从生理角度分析，认为人的大脑会分泌令人兴奋和激动的皮质醇和肾上腺素，如果这种兴奋激动状态持续太久，人就会感到被抽空，焦虑和抑郁会随之而来。

也有人从心理和环境等方面做了分析。他们认为父母的高期望和孩子的自我否定落差太大，会给孩子造成了很大的心理压力，从而导致抑郁；或者是环境的变化使得人际关系变得难以接受以致孩子抑郁。

无论从哪个角度分析，这些理论的东西只能给我提供女儿抑郁的可能原因。我坐下来仔细地分析女儿的具体情况，竟然发现了很多线索。

2018 年离开北京时，女儿对去英国留学充满了期待。我在跟她一起整理行装的时候，能够感觉到她的兴奋。她一边整理衣服，一边跟我说笑着："妈妈，我已经拿到了英国一家影视公司的聘用函，业余时间我可以去实习。"

我跟她说："你在北京电影学院 5 年都没有怎么读书，去了还是好好学点理论知识吧！毕业后都是打工的日子，长着呢！"

女儿跟我说："打工赚钱是小事，我主要是想了解一下英国的影视行业状况。"

我笑一笑，没有再跟她争执。

抵达英国的时候，那里的秋天已经结束了。女儿会在微信里跟我抱怨，在伦敦经常看不到太阳，雨水让环境变得阴冷潮湿，弄得她非常难受。

那个时候，她忙得顾不上难受，一边上学，一边给影视公司打工，周末和节假日还要往维也纳飞——因为她导演的德语现代音乐舞剧《O》正在维也纳紧张排练。

看着她在英国一切正常，忙忙碌碌，我内心是平静而幸福的。期间，她跟我通过微信语音聊天的时候说："申请牛津大学和剑桥大学的硕士还是需要看第一学历的背景，不会参考伦敦大学学院的教育背景，估计我还是会被拒。"我还安慰她说："那挺好的，正好回北京，妈妈想你了！"

为什么女儿在即将学成回国时突然想自杀了呢？

我很多朋友的孩子都是去英国留学和工作的。有时候从他们那里我能听到一些故事，关于他们的孩子在英国期间被歧视的经历。

那里的治安状况不是很好。一次女儿在街上边走边看手机，直接被摩托车飞车党抢了手机。女儿追了几个街区都没有能追回来，去警察局报警时，直接被警察告知："找回来的可能性很小。"

我想，女儿在英国的综合体验在一定程度上是不快乐的，再加上没有亲人陪伴，吃不好，睡不足，痛苦无法得到缓解。

另外，女儿在英国留学期间想自杀，也许只是抑郁症爆发了。其实，女儿早已经有了抑郁症的征兆，而我没有及早发现。

当我只关注女儿的学习成绩，"鸡"她进名校，逼她事业有成时，从来没有考虑过她的情感需求和情绪状况，从来没有从心灵深处跟她感同身受。我只是自私地跟她要成绩，却从来没有问过她这些成绩她想不想要。而听话乖顺的女儿，总是一味地去满足我的愿望，从来也不问这些愿望是不是她自己想要实现的。

多年被"鸡"的教育经历一直让女儿觉得，只要自己肯努力，就一定能功成名就。她认为，能在学习成绩上把自己"鸡"成最强，那么大学毕业后也能把自己"鸡"得功成名就。而事实上，大多数人都是普通人，包括我的女儿。当她发现大学毕业后，自己不过是个普通人，那些成绩优秀的同学也跟自己一样平凡普通时，"美梦"突然碎了一地，巨大的落差让她突然之间找不到人生的意义和方向了。

她计划自杀的那个阶段，是她准备论文答辩的关键时期。学习的压力肯定是有的，但应该不是很大。那时候，她导演的德语现代音乐舞剧《O》也在维也纳海顿音乐厅演出完毕。在她的朋友圈里，我经常能看到她带着论文和资料在欧洲各个国家间跑来跑去。她一边排练，一边读资料、写论文。我所看到的、感觉到的都是她旅途中的种种惬意。就是在做出自杀计划的时候，她也没有跟我说一声她是怎样不开心。她在爱沙尼亚上船之前，才想到要给我打一个电话，还是告别式的。

"鸡"娃多年，我对女儿的判断是，那个阶段她是闲下来了。我前文也有过分析，她是一个被抽打得不能停下来的陀螺，一旦停下来就会焦虑痛苦。或者是，那个阶段的她，会不会就像长期带着兴奋不停转动的陀螺感觉自己累了，再也不想转了？

她在英国读研期间，她在北京四中的一些同学已经从大学毕业。有的已经进入世界顶尖的咨询公司工作，有的在继续深造，有的已经有音乐专辑在国内畅销……而她在影视圈打拼的这几年，尝遍了苦难，还没混出个名堂，更别说像她的同学那样就职于国际顶尖公司，享受优渥的年薪了。也许，是这些方面跟同学相比后自我感知的落差，让她内心痛苦不堪，却无人诉说？

她如果跟妈妈诉说，得到的回答也许是："不听老人言，吃亏在眼前，谁让你选择去读电影专业？"

多少年了，她太了解自己的妈妈了。她从小总是跟妈妈报喜不报忧，就是不想让这个女人对自己失望。如今，当然更不能跟她说了。

即将研究生毕业，何去何从是她必须要面对的一个问题。英国留不下，即使短暂留下也没有意义，一个学电影的留在那里干什么？在实习的那家影视公司里干的活还不如她在国内创业时拍广告有技术含量。回国，进影视圈继续拍广告？那她什么时候才能在影视剧组里熬出头？

跟同学相比的焦虑，面对未来时的恐惧，让她觉得继续活下去真的很难。这也许是她当时痛不欲生的一个原因吧？

无数个睡不着觉的晚上，我就是这样站在她的立场和角度揣度她想自杀的原因的。当我从外到内，抽丝剥茧般一遍一遍地将女儿想自杀的原因反复归纳，并在大脑里罗列出来的时候，我竟然发现女儿不谈恋爱可能也是一个避不开的原因！

2019 年，女儿已经二十三四岁了。我至今都不懂女儿，怎么就不谈恋爱？如果有个自己爱的人或者爱自己的人，生活也许会更有滋有味。

想到这些，我又开始自责。多少年来，女儿的世界里只有那些做不完的试卷和需要考到的好成绩。她的生命就是一口枯井，她的生活了无生趣。

我该怎样拯救我的女儿呢？我该怎么来弥补自己的教育过失呢？

拯救女儿的，不是一路的"高分"，而是写作

那段日子，我经常给女儿打电话，非常担心她做傻事。跟女儿在一起，我是个说话随意的人，这也常常让她陷入焦虑之中。那段日子，

我不敢乱说话，只要能听到她的声音，感觉到她还快乐平安，我就是快乐的。

帮助女儿解决抑郁问题成了我最重要的工作。女儿的受教育历程里，有太多我的影子。她就像我的教育产品，如今面临"报废"的危险。反思这个过程时，我感慨万千，家长在孩子身上播下的教育种子，你无法预知它会在孩子身上长出什么样的果实，也可能等不到果实，孩子就"荒芜"了。教育真的是一项需要慎之又慎的工作，不能无知盲目地去对待。纠正教育的错误，比修复一个产品或更换一颗种子的难度要大很多。

我又回到自己的人生经历中去寻找解决问题的办法。

我其实是一个挺粗糙的人，一点都不精致，大大咧咧，对生活中的甜蜜不会细品，对生活中的苦难也不太在意，特别好养活，经摔打耐蹉跎。因此，对我而言，苦难没有攻击性，任何伤害我都能快速忘记，任何痛苦都到不了我的心底。

当然，生活中也有很多烦心事，但在我这里，最多两天就会烟消云散。我缓解痛苦的方式通常是跟人倾诉：找个嘴严的朋友当"垃圾桶"，跟人家倾倒一下生活中的苦水，倾诉完了，生活就又变美好了。

并不是所有的朋友都适合做"垃圾桶"。这些年我尝试过跟不同类型的人倾诉，发现只有那些能对别人的隐私守口如瓶，能理解生活、有生活智慧，又倾听多于建议的人，才是适合做"垃圾桶"的朋友。这些朋友不会笑话你一地鸡毛的生活，不会站在道德高地鄙视你的烦恼，也不会拿着你的隐私败坏你的声誉，不会跟别人贬低你的人品，更不会对你的生活指手画脚。除了倾听、理解和宽慰，他们什么都不做。

如果我能做这样的"垃圾桶"，也许女儿就不会抑郁到想自杀了。多年后，当我意识到这个问题的时候，我深感后悔。作为家长，真的要学会给孩子当"垃圾桶"，接住从她那里来的好的、坏的情绪，对的、错的价值观，正的、负的能量，然后再帮她把好的情绪、对的价值观、正能量捡回来；而不是一味地把自己的观念强加给孩子，并把坏的情绪、错的价值观和负能量甩给孩子。

我就没有做成女儿的"垃圾桶"。这倒不是因为她在英国，我鞭长莫及，而是因为即使在国内，女儿也不会把我当成"垃圾桶"。她曾经想把我当成"垃圾桶"，也试着跟我倾诉自己的苦恼，然而每当她跟我倾诉的时候，我都会批评和指责她，让她更加焦虑、痛苦。时间长了，她就只跟我报喜，不跟我报忧了。

她年幼时，回家来跟我诉说她在幼儿园被老师训了，我会站在老师的立场指责她，不管是不是她的错。在幼儿园被老师训一次，回家来跟我说，想获得妈妈的安慰，结果又被训一次。后来上了小学，同学们讨厌她、孤立她的时候，我总是让她"三省吾身"，从自己身上找问题。那时候，她不敢顶嘴，只是默默地看着我，充满疑虑："您是不是我妈妈？"

女儿从小就不相信我能解决她的烦恼，这也是我作为母亲的悲哀。妈妈都做不了她的"垃圾桶"，她又能找谁去扮演这样的角色呢？因此，女儿在很多时候，再难再烦再不容易都是自己扛，自己消化；扛不动的时候，可能就会走极端。这应该也是她想自杀的深层次原因吧！

如果她不能找到可靠的人诉说，把内心的痛苦写下来能不能缓解一些呢？我突然灵光一现。对，写下来也是一种倾诉。而且这种倾诉隐蔽而有效，既能宣泄，又能保护自己的隐私。

女儿从初中开始就热爱写作，甚至想休学专门从事这项工作，结果梦想被我扼杀在摇篮里了。这些年为了中考、高考，女儿被裹挟着，不情愿地干着我要求她干的事情，拼命去考最高分，她能快乐吗？想到这里我又是一阵自责。翻来覆去，斟酌一阵之后，我决定建议她用自己最喜欢做的事情，来解决她的心理问题。

于是，我给女儿打电话说："如果不开心，就写写日记、散文、小说之类的。妈妈知道写作能让你快乐，能让你开心。"

其实，这个时候女儿在英国已经去看了医生，诊断的结果是双相情感障碍（又名躁郁症）。

后来，她听了我的建议，开始动笔写她的头两部小说《生活没有太多眼前的苟且》和《妻子是制片人》。这两部小说都取材于她的亲身经历，她在影视圈里打拼时曾经有过的苦和痛，借助小说的主人公得到了很好的宣泄。

这两部小说发表在网上后，不少网友催她更新，平台也很快和她签了约。她发现自己写的文章还能给别人带来一些快乐，就觉得有了活着的价值和意义。她在网络世界里跟读者们互动并成了朋友，他们对她的关注、支持和鼓励给了她很多幸福和快乐。

到了 2019 年年底回国的时候，她的情绪已经平复，躁郁的状况已经得到了很好的改善。而她写的那两部小说，也非常幸运地高价卖出了影视版权。

写作带给她的快乐和让她取得的成绩，回国跟亲人的团聚，国内熟悉的生活环境，朋友间的聚会……让她逐渐走出了躁郁阴霾。

然而，我依旧心有余悸。每当女儿整装外出旅游或者出差，我都会担心这是她的一次有计划、有预谋的自杀行动。我知道，抑郁会反复，抑郁者的自杀是毫无征兆的。特别是像我女儿这种微笑抑郁症患者，看起来活泼开朗，但可能瞬间就会从高楼上跳下去。

关注她的心理健康，扶持她走出抑郁阴霾，让她重新健康起来，将是我后半生必须持续面对和操心的一件事情。

如今我国的抑郁症患者越来越多，而且越来越多地出现在读初中、高中和大学的青少年中。近 10 年来，中国大学生抑郁症患病率为 31.38%，而且在逐渐升高。这迫切需要学校和家庭加强对学生心理健康问题的关注。家长很可能根本不了解自己的孩子，更可怕的是，孩子在家长面前也常常把自己隐藏起来，很多因抑郁而自杀的事件就是这样悄悄发生的。

为了让女儿考个好成绩，我曾经是女儿的陪读、司机、厨师和保姆。我也一度努力成为女儿在学习方面的情报员和投资专家，却忽视了女儿的心理和情感需求，没有做好她心理和情绪的疏导员。

女儿想自杀的事件发生之后，我才开始学习一些基础的心理学知识，才开始关注抑郁症，这实在是有点晚。如果你是一位家长、一位愿意呵护你的孩子的监护人，看到我们母女的故事，希望你能多多关注孩子的心理健康。

女儿篇 | 当听到"心理咨询"时，我的第一反应是骗子

有时候，父母并不像你期待的那样了解你

上一篇文章中，我妈妈对我罹患"抑郁症"（我的确诊病症为双相情感障碍，俗称躁郁症，不过在妈妈视角的叙述里，妈妈习惯将其称为抑郁症）的原因的推测，我都不认可。这并不是说她的推测是错误的。只是她罗列的诸多原因虽然在一定程度上存在，但并不是最主要的。或者说，她谈及的原因大多比较表面，并未深中肯綮。

我在英国的生活很舒适，学业压力不大，我也很享受学习。我在这里认识了很多新朋友，也常出门约会。生活虽然比不上国内热闹，但并不存在孤独寂寞的问题。何况，这已经不是我第一次留学了。因此，我并没有像妈妈猜测的那样，对新环境感到不适应。我在英国找了一家影视公司实习，虽然工作内容比起在国内创业有些缺乏挑战性，但同事们都很认可我，我能够从工作中获得成就感。文化冲突和种族歧视偶尔会遇到，但我也经常能从当地居民那里体会到友好和善意。

在全书完稿后，我看到我妈妈猜想的我患躁郁症的原因，感到有

305

些失落。我以为她会理解我，因为她常跟我说，她是世界上最理解我的人。但事实上，即使是一生中最亲密的人，也很难完全了解我们。在神秘的思维海洋中，我们总需要独自泛舟。更何况，要求别人了解自己，本身就是一种傲慢。我应该感到庆幸，因为我的妈妈已经很关爱我了。虽然她的猜想是错的，但她至少还愿意费心劳神地去猜一猜、想一想。凭着这一点，我的失落很快转化成了感激。

所以，我，一个外表看起来过得挺幸福的年轻人，为什么躁郁了呢？

站在泰晤士河畔，我眼前驶过一辆满员列车

"你听说过政治性抑郁吗？"我的全科医生坐在她那把老旧的办公椅上，问我。

诊所窗外传来一阵浓郁的烤香肠的气味，楼下的周末市集热闹喧哗。

我摇摇头。她从身后的架子上取了一本小手册，递给了我。

"王小姐，我不打算给你开助眠药。"全科医生说，"你要解决失眠问题，应该从关注自己的心理健康开始。"

我低头翻了翻她给我的小手册。这是一本关于"政治性抑郁"的介绍手册。手册上说，总是在社交媒体上浏览新闻的青少年，更容易察觉和感知世界各个角落的灾难，从而产生焦虑和不安的情绪。

我的全科医生小心翼翼地观察着我的表情，神色担忧。她有着巧克力色的皮肤和小鹿般的大眼睛。今天是我第一次在她的科室就诊。在长达一个月不间断的失眠后，我觉得我必须去诊所挂个号了。我担心再这样放任自己，我的免疫系统就要支撑不住了。

我把症状向全科医生描述了一遍，她看起来比我还紧张。我忍不住问她："这是你第一天上班吗？"

她眨了眨小鹿般的大眼睛，回答："哦，不，不是。我来这儿有一周了。"

她很年轻，应该不到30岁，身材苗条，目光灵动，透露着一股优等生的聪明劲。她的英语和我一样有着异域口音，我不确定她是二代移民还是在英国留学后留在这里工作的外国人。为了不冒犯她，我没有问她来自哪个国家，而是问她来自哪个城市。

"拉各斯。"她愉快地回答。

"那是在哪儿？"我问。

"尼日利亚。"

从分诊台走向她办公室的路上，她告诉我，她叫莫尼法，和我一样曾是伦敦大学学院的学生。看来她很优秀，我们学校的医学院相当难考。不过，从我校毕业的医学生，大多会选择去高薪又舒适的私人医院，我不理解莫尼法为何义无反顾地闯入了疲惫且永远资金不足的NHS（英国国家医疗服务体系）。NHS非常理想主义。在英国，公民或持有普通居民资格的人（如来此长期留学或工作的人），都可以享受免费的医疗。也就是说，从我踏入诊所或医院开始，只要是在NHS保险覆盖范围内的药物和治疗手段，我不必为其支付一分钱。在NHS中，最常见的就是莫尼法这样的服务社区和家庭的全科医生了。他们提供了大部分居民所需的医疗服务，当患者的疾病超出他们的业务能力时，全科医生会将患者转介给公立医院的专科医生。

此时此刻，莫尼法很想把我转介给精神科的医生。她递给我的那本小手册上，就写着几家能提供心理咨询和精神科诊疗的医院的名字。

"习惯于使用互联网的青少年，因社交媒体的便利，更容易感知到来自世界各地的负面新闻。这些负面新闻会使部分敏感、共情能力强的年轻人陷入抑郁情绪。政治性抑郁不是一种疾病的名称，而是一种临床症状的名称。你有政治性抑郁的症状，但你并没有患这种疾病。"

莫尼法的解释让我感到很不愉快，因为她在暗示我多少有点儿病。

"那你觉得我患了什么疾病呢？"我不服气地问她。

"你先前说，你的情绪波动很剧烈？"

我点点头。有时候我明明情绪很高涨，但下一秒就抑郁了。有一次我在超市购物，看到一个男人不慎将怀中的一袋土豆弄掉了，土豆滚落了一地。他蹲下身一个一个地捡，最后却落下了滚进货架底部的一个小土豆。我盯着那个被遗弃和孤立的土豆，顿时浑身无力，心情跌入谷底，一步路也走不动了。

"你更符合双相情感障碍患者的情况。但我不是这方面的专家，我推荐你预约一下这几家医院。"莫尼法用目光再次示意了一下小手册。

"我会因为生病被停学吗？"我问莫尼法。从小严苛的教育让此刻的我，根本不关心自己能否摆脱抑郁，逐渐开心起来。身体的健康和生命是否会受到损害，在我看来，远比不上学业受影响重要。

"你曾有过自杀的念头或为自杀付出过准备、行动吗？如果没有，就不需要留院察看。"

我沉默了片刻，然后撒谎："没有。"

莫尼法显然没有相信我的话："你是做文化研究的，我相信你能理解我接下来说的这段话。在社会科学领域，部分学者认为，政治性抑郁是人们面对负面消息时会表现出的人道反应。这种反应鼓励我们去帮助别人，让我们变得更善良。但如果这种反应波及了你自身的生命安危，那它就值得被你重视。"

"我不需要去见专科医生。"我开始对莫尼法生气了，"如果你不肯给我开助眠药的话，我就该离开了，我下午还要去图书馆。"

我站起身，莫尼法没有阻拦我。她送我离开了诊所。路过门口的分诊台时，她快速地扯了张纸条，写了一串号码塞进我手中。

"这是我的私人电话。"莫尼法说，"如果你再有什么不好的念头，至少给我打个电话。"

我收下了电话号码，向她道谢。走过两条街后，我把她的纸条扔进了垃圾箱里。

我很反感自己被医生指责罹患精神类疾病。小时候在行为治疗中心上课的经历，以及中学时第一次去做心理咨询的过程，对我来说都十分糟糕。我对这个科室的医生或咨询师有着强烈的排斥感。当我听到"心理咨询"这4个字时，我的第一反应就是"骗子"。其实，我知道莫尼法说的大概率是对的。我也的确应该听她的话，去专科医生那里问诊，但我就是不想。我无法正视自己的心理问题，我不肯承认我有问题。过了很久之后，我才意识到我当时的想法完全是错误的。但那时的我，已经走向了一条弯路。

我怒气冲冲地走进了伦敦大学学院主校区的图书馆。这座图书馆恢宏、古老、庞大：象牙色的古希腊雕塑摆放在旋转楼梯旁，暗红色的地毯覆盖在人字形拼接的老旧地板上，书架顶到天花板，有些书需要爬梯子才能够到。这里是克里斯托弗·诺兰的电影《盗梦空间》的拍摄地，也是我在伦敦最喜欢去的地方。一走进这里，我的怒气就消散殆尽了。

我穿过走廊，来到心理学文献区，开始查找涵盖"政治性抑郁"这5个字的图书。结果寥寥。在当时，这个概念还很新，它也不过是近些时日才被美国心理学会认可，且其与数字媒体、经济学和社会学交叉，针对性的研究在我去英国读书的那年还很匮乏。我试图将更多信息，但除了看到一些有此症状的病友在网上发帖，建议少看新闻、少接触社交媒体以外，收获不多。我的心情再次烦闷起来。

一切都是从失眠开始的。2018 年秋天，我搬进了一间位于法灵顿的两居室公寓。这间公寓的户型很奇怪，一条长长的走廊，像糖葫芦上的木棍一样连接了 3 个房间。最大的房间是客厅和厨房，另外两个房间都是卧室，每个卧室各带一个狭小的洗手间。我和我的室友艾德琳各占一个卧室。

艾德琳是个新加坡女孩，中文说得不错，但更习惯用英语。我们是在伦敦的一个租房网站上认识的。当时她已经在伦敦的一家会计师事务所工作了几年，正要换房子，并在招募室友。而我还在北京，没有机会在伦敦实地看房。我们打了一个越洋视频电话，了解了彼此的生活习惯后，当天就决定一起租房。后来想想，和艾德琳合租真是我三生有幸之事。

9 月是伦敦房地产交易的旺季。我们签下租约时，法灵顿附近可供选择的房子已经不多了。同为亚洲人，我们在选房时，总会讲究户型和朝向。可这房子的户型，怎么看，都像一把巨大的菜刀。我就住在菜刀的刀头上，艾德琳的房间在刀柄旁。也不知道是户型带来的空间上的压迫感，还是伦敦的空气太过淤塞潮湿，我睡觉时总是喘不上气。我一度以为是墙纸里长了霉菌，或者家具的乳胶漆含过敏源，但找专人看过后，我又排除了这个因素。渐渐地，我睡觉的时间越来越晚：从晚上 11 点推迟到凌晨 1 点，再从凌晨 1 点推迟到凌晨 4 点，再到后来，我直挺挺地躺在床上直到太阳把脸颊晒热，也无法入眠。

第一天通宵后，我拖着疲惫的身体上完一整天的课，回到家时，早早上了床。可仍旧睡不着。我一闭上眼睛，脑海里的思绪就像万花筒一样快速旋转、复合、变换着。从《卫报》上非法移民者被冻死在冷链货车的新闻，再到早晨在便利店目睹的一次偷窃行为（店员也看到了，但不敢上前阻止）……我脑海里不断闪现着诸多回忆。在这些回忆中，最盘亘不去的还是那件发生在2014年的事。

2014年，我刚刚结束大学一年级的课程。我不想荒度暑假，出于希望"为社会做些贡献"的单纯想法，我和一位大学同窗一起报名前往非洲，在肯尼亚的贫民窟里做了一个假期的艾滋病临终关怀志愿者。

我们每天的工作非常枯燥。因缺乏公共交通工具，我们早上需要从住地走一个小时左右到达贫民窟，挨家挨户地送救济用品，并了解社群动态。由于志愿者人手不足，我跟着一位来自苏格兰的退休护士长德莫女士一起，还需要肩负另一个任务，那就是陪她为艾滋病患者或患者家属义务出诊。我们扛着医药箱，背着一个巨大的秤。医药箱里的药品和工具用来进行简单的外伤处理，秤则是用来给社区内的婴儿称重。如果婴儿的体重低于健康水平，就说明婴儿没有得到父母良好的喂养。同一个婴儿3次体重不合格，我们将向地方政府申请取消该婴儿父母的抚养权，由社会福利机构来接手。

这项工作疲惫且缺乏希望：每周都会听闻认识的病人病情恶化住院，每个月都会得知辖区内新增了病例。我们忙得不可开交，却看不到尽头。

有一天，我接到了一位患者的电话，她告诉我，她的丈夫出了交通事故，腿扭伤了，希望我们能去看一看。这位患者家住得很远，我们得坐摩的才能抵达。那天的天色有些晚了，我和德莫女士都是女性，在贫民窟夜晚出门且乘坐摩的并不安全。何况，扭伤算不上严重的问题，远达不到志愿者中心的救助标准。我告知这位患者先带丈夫去医

311

院看看，我们争取明天过去。然而，第二天，德莫女士在贫民窟内发现了一个被邻居性侵的男孩。男孩年纪很小，但他的父母因嫌丢人而迟迟不去报警。送医、报警、配合警方工作……等做完这一系列事情后，已经过去了一周。这时，我才想起那位出了交通事故的患者的家属：也不知道他们去医院后情况如何，是否需要志愿者中心为他们提供治疗费用？

我打电话过去，她告诉我她的丈夫已经出院了。她的声音听起来有些颤抖。我不太放心，便请求德莫女士一起去看看。当到达时，我们发现声称只是扭伤的丈夫居然被截肢了。他虚弱地躺在床上。他的妻子告诉我们，医院的费用太过高昂，他们没有保险，最后去了私人诊所。诊所的医生发现丈夫的腿不是扭伤，而是开放性骨折后，就说不能治疗，建议截肢。

德莫女士闻言十分震惊，截肢这么大的手术，而且是给艾滋病患者动刀，怎么能由一家地区诊所完成？未受过教育的患者一家，对于诊所的医疗能力也严重缺乏判断。德莫女士接过 X 光片一看，怒不可遏地说："庸医！这虽然是骨折，但根本不需要截肢！"

我们的愤怒为时已晚。

德莫女士沮丧地为这个家庭申请了医疗资金补助，留给那位妻子一个电话号码："这是我熟悉的医生，你可以给他打电话。你丈夫刚刚截肢，不该这么早就出院。他需要专业的医疗看护。"

我们离开了她家，沿着荒芜的公路往志愿者住地走。天边惨白的月牙升起来了。我跟在德莫女士身后，忍不住问她："如果我接到电话的那天晚上，咱们就去她家了，她丈夫是不是就不会被截肢了？"

德莫女士停下了脚步，转过身，严厉地对我说："我做了 30 多年的护士，我学到的最重要的事儿就是自责是最可怕的！它会像幽灵一样困扰你、侵蚀你。再者，就算这件事出了错，那也是我的错。你又不懂医学，是我没有及时赶过去。孩子，不要再想这件事了！忘掉它！立刻忘掉它！"

可无论德莫女士再怎么贴心地提醒我忘掉这件事，那个男人躺在床上的身影总是会出现在我的噩梦中。他盖着的那条薄毛毯，因缺了一截小腿而轻微塌陷在床单上。每当想起那个画面，我就常从床上坐起，看着自己的小腿，瞪着它发怒。

过去在北京电影学院念书时，我的生活被创业填满了，我无暇回想那位被截肢的非洲男人。来到英国留学后，我终于可以从忙碌中得以喘息，而"自责"正像德莫女士所说的那样，如同幽灵般悄然而至。

除此以外，让我常常回想的，还有另一件事。2014 年从非洲回来后，导演系派了两名学生去比利时交换学习。由于比利时的那所视觉艺术学校教学资源有限，我被安排和研究生一起上课。这是一个两年制的硕士项目，全球招生，英文授课，教学期间会辗转于里斯本、布达佩斯和布鲁塞尔 3 个城市。课程名字叫"DocNomads"，即"流浪的电影学院"。参加这个项目的学生来自世界各地，年纪大多在 30 岁左右，有过影视行业相关的从业经历。我们在课堂上主要学习实验电影和纪录片。为了启发大家的创意思路，教授在研讨会上做了一个练习，叫作"WHY I SEE……"（为什么我看到）……。在这个练习中，每个人轮流提问"为什么我看到……"。大家只许提问，不许回答。问题越多，越能激发学生对社会的观察和思考，也越能进一步启发学生找到想要拍摄的课题。

我在这个练习中听到了很多有趣的提问，例如：为什么我看到富有的房东夫人，总是在家乐福超市晚上 8 点打折时才去购物？为什么我看到圣诞市集上的热红酒难喝却卖得很好？为什么我看到布鲁塞尔的白领月收入还不如一些蓝领？为什么我看到日韩商家也喜欢在欧洲的中国城里扎堆开店？

轮到我提问时，我脱口而出："为什么我看到布鲁塞尔的大街上有那么多流浪汉？"

我说完这句话后，教授和欧洲学生一致沉默了。我那时只有十八九岁，对于欧洲的政治文化缺乏认知和敏感度。我没有考虑到我的这个提问会刺痛研讨会上的个别同学。当我说完问题后，一名来自中东国家的女孩立即尖锐地反问："怎么，你们那没有流浪汉吗？"

面对女孩控诉式的发问，我身边的东亚留学生和我一样不明所以。流浪汉在东亚的大都会中虽然存在，但并不会像布鲁塞尔这样几乎每条小巷、每个公园都能看见。我可以从理智和现实情况方面，有力地回击和反驳她，但在情感上，我说不出口。

当我提出"为什么我看到布鲁塞尔的大街上有那么多流浪汉"这个问题时，那位女同学大概认为我的"居高临下"对她和她的同胞来说是一种侮辱和轻视。我的无知，成了伤害她自尊的利刃。

许多辗转反侧的夜晚，我常为此感到悔恨不已。如果当时我了解得更多一些、更敏感一些，或许就不会冒犯到他人。

作为对这件事的补偿，后来我在英国的大街上看到流浪汉时，总是忍不住给对方买点食物，即使伦敦的流浪汉中难民比例明显低于布鲁塞尔，即使这些流浪汉四肢健全。但这已经成了我的惯性，如果不去帮助他们，我就会有强烈的愧疚感。

我租住的法灵顿公寓附近有一家维特罗斯（Waitrose）超市，超市门口总是坐着一位就算是夏天也戴着毛线帽的大叔。他偶尔会在门口散散免费的小报，赚一些微薄的时薪。晚上，他就睡在维特罗斯超市的地下通风口附近。

314

我们第一次说话时，他腋下夹着一卷待发的传单，问我讨要香烟。我没有吸烟的习惯，身上也没有烟。我跟他说了声抱歉。但后来，鬼使神差地，路过烟店时，我走进去买了一包万宝路，每天放在口袋里。这样的话，等他第二次向我讨烟，我就可以递给他一支了。

　　那天，我递给了他一支万宝路，他向我诚恳地道谢，然后很有自尊心地跟我谈起，他最近有了固定收入，开始排队申请政府的保障性住房。只要有了固定住址，他就可以找一份更好的工作，他就能重启自己的人生了。不过，申请保障性住房的人太多了，他祈祷自己能在来暖气前住进有屋顶的地方。他看起来对自己未来的生活充满了憧憬和希冀。我为他感到高兴。

　　可惜，直到深冬，树叶掉光了，他也没能住进有屋顶的地方。

　　一个寒冷的傍晚，天上下着像箭一样锋利的细雨。我从图书馆步行回家，正准备去超市买点熟食糊弄一顿晚饭时，看见那位戴毛线帽的大叔正哆哆嗦嗦地蜷曲在超市的玻璃橱窗下。玻璃橱窗内，维特罗斯超市已经布置起了挂满装饰品的圣诞树和奢华的槲寄生花环，看起来温暖又热闹。我走进去，给他买了一份三明治和一杯热咖啡，又买了一块芝士蛋糕。对于给流浪汉的"施舍"来讲，这份"套餐"有些过于奢侈了。他很不解地看着我。想起他向我讨烟时很要颜面的表情，我忍不住对他撒了个谎："今天我过生日，请你吃蛋糕。"

　　"生日快乐，小甜心。"他笑着对我说，然后大口大口地喝起了咖啡。

　　往后，他记住了我。每次去维特罗斯超市，他都会对我挥手。他给我起了好多外号：小甜心、小蜜糖、小曲奇、小玛芬蛋糕……我们有时候会简单聊几句。他跟我说他以前在伦敦郊区的一家仓储公司上班，主要负责打包发货。他把纸板折成快递标准纸箱，再去各个架子上取配货。这是一项技术含量很低的工作。为了减少人工开支，3年前，仓储公司购买了一套机械打包设备，把他和他的同事们开除了。他用积蓄撑了一段时间，但最后实在找不到工作，支付不起房租了。他的房东把他告上了法庭，他被迫离开，还背上了债务。他想过回家找父母，但他和父母的关系并不好。最后又在几家小型工厂流离辗转了一年多后，他成了无家可归的人。后来，我惊讶地得知，他今年才38岁。

"怎么样，我看起来是不是像58岁？"他咧嘴笑了，露出缺了一颗的牙。

毛线帽先生很乐观，经常会向我传播在伦敦如何做一个"成功的流浪汉"的知识。他告诉我，英国的超市是分三六九等的。如果在阿尔迪（ALDI）和一镑店（Poundland）这种廉价商超门口乞讨，一般要不到钱。乐购（Tesco）和森宝利（Sainsbury's）是大众超市，老人喜欢去，他们不用银行卡，总能剩下点零钱给他。最好的还是玛莎百货（Mark & Spencer）和维特罗斯。前者是老牌贵价百货超市，后者是英国皇室的采购地之一。这两家超市里富人和中产顾客最多，他们出手也比较大方。

我听完后惊呆了：原来超市还有这么大的不同，我还以为维特罗斯的物价就是英国正常的高物价标准呢！看来我以后该去阿尔迪省省钱了。

"嘿，小蛋糕，你怎么总是晚上出来散步？"毛线帽先生问我，"伦敦市中心可一点都不安全。"

在我睡不着的夜晚，我习惯于出门走走。比起热闹的白天，我更喜欢伦敦静谧的夜晚。失眠的第一个月和第二个月，我还能依靠意志力扛过去，但越往后，我越觉得身体就像一座被挖空的矿山。偏头痛、荨麻疹、感冒等一系列小疾病开始在肌肤腠理间游走。再保证不了睡眠，我将难以完成学业。然而，夜晚的散步虽能让我因精疲力竭而勉强昏睡三两个小时，但它并不能解决根本性的问题——我依然郁郁寡欢。

我跟身边的朋友谈论起我的烦恼，但他们要么不相信我忧郁的理由，要么会嘲讽我，说我可笑，说我伪善。他们会不解地质疑我："你管非洲男人、难民、流浪汉做什么？你为什么就不能关起门来管好自己的事情？"

可在我看来，没有什么事情是"自己的事情"。如果我们把世界比喻成一座汽车旅馆，也许你住的房间干净又温馨，别的人却不一定。有些人不愿意打开那些脏乱恐怖的房间；有些人打开了，却装作什么也没看到，继续过自己的日子。我不行，我但凡看到了，就没法骗自己。我相信没有人是一座孤岛，我们彼此联结。发生在他人身上的悲剧，如果我们不采取行动、不给予帮助，悲剧终将会降临在我们头上。可我找不到办法去帮助别的房间里的人，这让我十分挫败。我们这代独生子女，从小到大，老师、家长、社会都对我们寄予厚望，大家都相信我们是可以改变世界的。但长大成年后，我对自己只剩下失望。眼下，我唯一能做的，似乎就只有干脆直接"离开"这座汽车旅馆。

短短几周的时间，随着我沉溺于情绪之中，我的忧郁已经掩藏不住了。有一天，艾德琳下班回家，正好碰见我出门散步。她察觉我神色有些不对劲，问我要不要陪着我一起走走。我拒绝了一次，但她还是跟了上来。

我们从法灵顿火车站出发，穿过小巷，一路向南，漫无目的地行走。直到我站在黑衣修士桥下时，我才意识到我要做什么。

泰晤士河的水浑浊而湍急。对岸的泰特现代艺术馆，死寂地矗立着。我可以选择跨过桥，到艺术馆看展览，也可以选择就这么跳下去一了百了。我揑着兜里的手机，微信里存着一个小文档，上面写好了我的社交网络账号、银行密码和保险单号。我可以把它一键发送给妈妈，然后就可以离开这如同着火的房子一般令我感到煎熬的人间。

但也就是在双脚即将迈过泰晤士河边低矮的护栏时，护栏外的滚滚河水，仿佛忽然变成了一辆满员列车。列车贴着我的鼻尖轰隆隆地驶过，我听见月台嘈杂的到站广播，车厢内人群拥挤，婴儿哭喊，有人在低声咳嗽，没有空调的老旧车厢内充斥着廉价香水和汗液的气味。这些乘客是从伦敦郊区赶早班车进城的白领，朝九晚五、日复一日。

生命就像在海滩上建造沙堡。每一个人都清楚：潮汐将至，一切将不复存焉。但我们还是在生生世世地重复地建造它。

我陷入了一种更无助的绝望。如果我迈过护栏，再次睁开眼时，发现自己还在这辆满员列车上该怎么办？人们还是穿着西装、夹着公文包，挤在地铁里去上班；互联网谣言仍旧欺骗公众；贫富差异让人不断追求物质、沉沦欲望；珊瑚礁不断消失；原始森林的山火还在燃烧；南极的冰川依旧在融化……如果不能因死亡而发生质变，那么死亡又有什么意义呢？

就在我绝望时，身后传来艾德琳的声音。她说："我们去中国城买皮蛋吧。我想吃皮蛋粥了。"

傍晚，空气冷了下来，天上开始掉细细的雨丝。我发现我出门时居然还带了一把雨伞。太可笑了，哪个要跳河自杀的人，出门还带雨伞呢？

"好吧。我们去买皮蛋吧。"我回答她。

我把雨伞撑起来，和艾德琳沿着舰队街向中国城的泗和行超市走去。我们并肩走着，我不敢再放任自己胡思乱想。我必须只关注当下：把伞撑好，不要让雨水打湿艾德琳的肩膀。

那天晚上，我们吃了一大锅热乎乎的皮蛋蔬菜粥。我对艾德琳说："如果我哪天死了，请记得帮我删除我的浏览记录。"

艾德琳瞪着她的大眼睛看着我："你是认真的还是在开玩笑？"

她见我支支吾吾，又一次搬出了她深爱的至理名言："命中有时终须有，命中无时莫强求。有些人一辈子都想不清楚生命的意义到底是什么，你也别钻牛角尖了。"

眼前的艾德琳就像《星球大战》里的尤达大师一样智慧无边，我对她充满感激。我心情好了很多，只是，还是没能睡好觉。

失眠的症状持续到了春天，依旧没有因天气转暖而减轻。雪上加霜的是，异国的花粉诱发了我的呼吸道过敏，我每天都在擤鼻涕。生理的痛苦进一步损害了心理健康。

法灵顿公寓附近有一家自行车主题的咖啡厅，墙上挂着各式各样的自行车，氛围很舒适。我经常坐在那里写一整天的论文。这家咖啡厅的客人通常是自行车爱好者，他们有细细的腰、窄窄的臀和健壮的小腿。每一个人看起来都比我健康，这让我心生妒忌。呼吸道过敏后，我坐在桌子前不断地擤鼻涕，一位服务员一直在孜孜不倦地回收我用过的面巾纸。那天客人不多，那位服务员就像老鹰一样眼睛一眨不眨地盯着我，一旦我生产出一团鼻涕纸，他就要冲过来把它拿走。我为我的不健康而感到非常愧疚，我觉得自己耽误了他的时间，增加了他的工作量。我觉得我真是个给别人添麻烦的废物。因此，当他第7次过来回收我的纸团时，我在大庭广众之下哭了出来。我抱着桌子上的纸团，死活都不肯让他收走了。咖啡厅里的健康苗条的客人们都看向了我。年轻的服务员手足无措，他明明没有做错任何事，却因为我的情绪问题向我道歉。

我在北京电影学院念书时，一位教授曾和蔼地劝过我："你们这代孩子啊，从小到大活得太用力又太辛苦了，就像一根根绷紧了的弦，绷的时间长了，会断的。"

坐在自行车咖啡馆里号啕大哭的瞬间，我清楚地感知到，我这根弦，算是断了。

思考了一番，我订了张去往爱沙尼亚的廉价机票，决定从塔林搭乘客轮穿过波罗的海去往赫尔辛基。中途，我可以在芬兰湾跳下船。

然而，那几天因天气不好，客轮的甲板不让游客上去了。我和其他前往赫尔辛基旅游的游客一起，被锁在了封闭的船舱内。我就这样坐着船"嘟嘟嘟"地到了赫尔辛基港口。我带着我的遗书，在赫尔辛基闲逛了一整天，然后又坐着船"嘟嘟嘟"地回到了塔林。

我终于决定给妈妈打一个电话。

回想起来，妈妈的爱，简直是我走向死亡路上的"绊脚石"。

妈妈虽然不理解我要自杀的原因，但她的确给了我一个逃避的办法——写作。这是我喜欢做的事情，也是从小到大唯一一个我不需要坚持，就能一直做下去的事情。

于我而言，写作就像是一种叙事性疗法，小说中的一切都是发生在我自己身上或我所体察到的万事万物。创作故事，就是沉浸在另一个世界中，另一个我能控制得了的世界。因此，写作并不只是我儿时的理想，也是我现在每日服用的"精神药物"。断了它，我好像就没办法活下去了。

回到伦敦后，我很快就写完了我的第一本小说，完稿当月就卖出了影视版权。第二本小说的创作也非常顺利。两本小说完成之后，我不仅可以把写作当成精神药物，还能用它养活自己。最重要的是，我开始能睡着了。

这也算否极泰来、峰回路转了。

可见，有的时候，逃避虽然可耻，但真的很有用。因此，有的时候，我们大可不必听信成功学的鼓吹，不顾实际情况地非要离开自己的舒适圈，去"突破"自己。好好待在自己的"舒适圈"难道不好吗？何况，世俗意义上的成功总是短暂的。无论我们如何上下求索，最终也可能是捕风捉影。有那些时间，还不如做些让自己高兴的事情。别急着否定某个行业或者自己的能力，说不定哪天就柳暗花明了呢。而且，就算没能成功，至少我们也不会遗憾。退一万步讲，做自己热爱的事情，不会让我们的心弦绷得太紧。

我曾经很厌恶我的躁郁症，但我现在很珍视它。因为它其实是命运向我传递的一个信号，告诉我：你现在的人生是让你失望的，你以为这是你想要的生活，但其实这不是，你看看你有多心碎！因为躁郁症，我反而拥有了真正意义上的幸福。我知道了什么事情能让我开心，而什么事情不能。我知道写作可以让我高兴起来，可以让我好好睡觉，但去上班则不行。我知道比起有岸的湖，我更喜欢看不见边际、充满未知与可能性的大海。拥有了对自己的清晰认知，我才可以对我不喜欢的工作说"不"，我才可以拒绝接受成功学，我才可以更透彻地看待事物，我才可以真正为自己负起责任来。

不过，把写作当成逃避情绪问题的手段终究是治标不治本的。如果将躁郁症比喻成间歇性爆发的皮肤病，写作只是一款高效的外涂药物，能压制表皮的病变，却难以将它根治。在一些深夜里，忧郁就像蜘蛛一般，在皮肤之下攀爬，细长的触腿顺着动脉血管一路钻进心房。我依旧痛苦。

我不愿带着疾病结束学业，拖沓了几个月后，我最终再次造访了我的全科医生。

莫尼法对我的到来毫不意外。她先是恭喜我摆脱了失眠的困扰，随后向我介绍了一些社区诊所的治疗手段。她知道我抗拒被转介到精神科，就向我推荐了诊所与一家社区机构合作开设的免费瑜伽和正念冥想课。我去过几次，在课上遇到了一些病友。他们认为这些课非常有效，但对我个人而言，这没有写作带来的效果好。为了给其他病友腾出宝贵的免费学位，我退掉了瑜伽课。后来，我还是在莫尼法的强烈建议下，去见了专科医生，进行了专业的咨询。

走出心理咨询室的那个下午，天气晴朗。我摸了摸包里，香烟还剩下最后一支，我决定去维特罗斯超市找毛线帽先生。那天我照例进了超市，买了一打香橙口味的玛芬蛋糕，连同香烟一并递给了毛线帽先生。

"今天我过生日，请你吃蛋糕。"我对他说。

毛线帽先生客气地接过了我的蛋糕，哂笑道："小蜜糖，你今年在我这儿过了六七个生日了。"

我面红耳赤，急忙解释："今天真是我的生日。"

"得了吧！今天要是你的生日，那我还在白金汉宫喝过下午茶呢！"

我干笑了两声。

"听好了，我知道你这类人的性格。"毛线帽先生粗声粗气地说，"你们觉得自己比我有钱，看见我睡在大街上，心里就不舒坦。你们这也是高高在上的傲慢！"

我被毛线帽先生怼得哑口无言。他看我局促不安的样子，嘿嘿一笑，从口袋里掏出一支他自己卷的烟，送给了我。我有些惊讶：从来都是我给他香烟和蛋糕，这一次却是他向我给予物品。毛线帽先生愉快地对我说："小蜜糖，我告诉你，我不需要你来为我负责，你又不是我妈！"

毛线帽先生的话让我豁然开朗。

我终于明白自己为何郁郁寡欢了——一直以来，我把自己想得太重要了。我以为我可以为那位非洲男人、难民和毛线帽先生负责，以为这就该是我"生命的意义"，而如果实现不了我臆想的那个"意义"，我就想要放弃我的"生命"。

我总是在拷问自己"生命的意义"是什么，但事实上，"生命的意义"一直是个伪命题。因为没有哪一个"意义"是恒常永久的，人们的观点、社会的经济、自然的情状都瞬息万变。我不该问自己"生命的意义"是什么，而该问自己"生命"是什么。

生命是万事万物和合而成的，它在不断变化与生灭。它就像一条湍急的小溪，每一颗水珠的位置都是在变化的，因此我每一次溯溪而行，踏入的都是完全不同的小溪。如此想来，生命的变幻莫测确实令人感到恐慌。为了拥有和掌控这无常的生命，我们总是用"自我"的概念来框住自己的身体、感知、思想、行为和意识——"我"的身体遭受病痛，"我"的感知承担着虚妄的情绪，"我"的思想认为这是对的或那是不对的，"我"的行为要求自己去共情和帮助他人，"我"的意识就如同毛线帽先生所说的那样，总是"高高在上地傲慢"。

我太执着于"自我"及"自我"和世俗的联结，太在乎自己的情绪、感受和内心活动了。我自以为我可以改变"我"所不满的现状；我自以为"我"有责任去拯救别人；我高估了自己的付出，低估了他人的困境；我过度沉迷于"我"的情绪，为了摆脱痛苦，甚至还想要消灭肉体的"我"……这些想法说到底都是我的执着。

我的能量很小，我不该把自己看得太重。

诚然，共情与助人的心依旧应该秉持，但在每一个行善的当下，不应该夹杂"我"的愚妄。我可以去贫民窟做义工，但不要妄想贫民窟因为有了"我"，就能立刻变成比弗利山庄；我可以送给毛线帽先生各种各样的小蛋糕，但"我"绝对不能成为为他负责的监护人。

　　我痛苦于事实难以达成我对"我"的妄想。执着于"我"的概念，成了一切烦恼的根源。当我捧着毛线帽先生递给我的那支卷烟时，我才觉悟。在这一刻，我长达一整年的忧郁，烟消云散。

话题 9
Topic Nine

没有人告诉我们如何去爱

女儿篇　｜　**一个人真正成熟，
是重新走向孩子般的清澈**

我们远比父母想象的更早熟

我和我的同龄人在成长的过程中，大多听过长辈这样的一句苛责："你们活得太'独'了，都不知道怎么爱别人。"

小的时候，我每次听到有人如此指责我，心里会立刻升起一股叛逆的情绪。我从不认为自己缺乏爱的教育。事实上，我们这代人在年纪很小的时候，就开始体会各式各样的爱了，"恋爱"当然也很早就出现在我们的生活中了。

大概是在小学 2 年级时，我第一次听说，班里有个女生想"恋爱"了。这个第一个打算"脱单"的同龄人，喜欢上了班里长得最漂亮的男孩。男孩非常受欢迎，班里几个女生经常为他"争风吃醋"。

从我们小学走到最近的公交车站，需要穿过一条长长的胡同。这条胡同很窄，汽车开不进来，有时候自行车推进来也很拥挤，大部分家长倾向于在胡同外等着接孩子。因此，这条胡同，就像是我们在学校与家庭之间，唯一可以自由活动的空间。胡同两侧也十分令人满意地开了几家小卖部、蛋糕店和文具店。对于女生们来说，谁要是能和那位漂亮男孩一起放学，穿过这条胡同，谁就会被全班女生羡慕。要是两人还能一起去文具店买块橡皮，那简直就像当场"结婚"了。

漂亮男孩大概也能感受到班里女生对他投来的炙热的目光，但似乎他对谈恋爱这件事兴趣缺缺。每到课间，女生们剑拔弩张地讨论今天谁和他一起放学时，漂亮男孩总是站在一旁甩溜溜球，好似一切事不关己。放学的铃声一响，被"推选"出的女生便跟在他身后，一起出了校门，兴致勃勃地和他聊天。

有段时间，我对漂亮男孩的心理活动十分好奇：被这么多女生喜欢，他的心情是什么样的？他会得意吗？那些女生和他肩并肩走在一起时，他在想什么呢？

有一天，我放学穿过那条胡同，看到漂亮男孩独自蹲在蛋糕店门口，满脸欢喜。我猜测，今天陪他放学的女生想必是他真心喜欢的人。于是，我走过去问他："你今天是不是跟某某某一起放学啊？她在哪儿呢？"

漂亮男孩举起手里的一个纸盒子，对我说："我爸今天给了我20块钱。我买炸鸡柳了！"

他的所有欢喜都集中在手里那盒炸鸡柳上，他根本不关心到底是谁和他一起放学的。我突然为我的女同学们感到愤愤不平：大家争抢了半天，结果还不如一盒炸鸡柳。

等升入高年级，漂亮男孩依然受欢迎。只不过，随着年纪的增长，他渐渐意识到自己在女生心中的地位了。他开始在意自己的形象、别人对他的看法、他的轮滑鞋是否干净光亮、打篮球时能不能比得过其他男孩。他开始被女性的凝视所塑造，有时就连想发脾气，都因为担心自己的受欢迎程度下降，而不得不忍耐着。

有一天，漂亮男孩的"绯闻女友"突然趴在课桌上哭了——她声称自己失恋了。她是一个文静而美丽的女孩，哭起来梨花带雨的，班上的其他男生纷纷向漂亮男孩投去谴责的目光。

那天放学，我去这个女孩家里写作业。她奶奶给她端了好几盘水果，也哄不好伤心欲绝的孙女。奶奶问我学校里发生什么事了，我也不敢回答。老人家没办法，便下楼给我们买薯片去了。等奶奶走了，我的女同学突然抬起头，抹抹眼泪，坚强地跟我说："不就是失恋么，没什么大不了的！我爸妈都离婚了。"

但随后，女孩又倔强地安慰自己："就算他俩离婚了，我爸还是爱我妈的。我妈有肠胃炎，拉肚子时可疼了。我爸就蹲在马桶边，握着她的手，陪着她。所以，我们分手了，他肯定也像我爸一样，还是喜欢我的。"

她言之凿凿的，说得我都信了。

"你妈拉屎的时候，你爸还能陪着她。真好！"我这样安慰我的女同学。

后来，小学毕业，女同学和漂亮男孩分别去了不同的初中。再往后，两人几乎没什么联系了。也不知道他们俩有没有遇到一个愿意蹲在马桶边拉着他们手的人。

在我升入中学后，"恋爱"这个事情变得普遍起来。相貌可爱一些的女孩，都或多或少地和同龄男孩有过一段青葱的暧昧情愫。

我初中时，体重超重，不受男孩欢迎。但我一直很尊敬我的男同桌：其他男孩总是会对肥胖的女生指指点点，但我的男同桌从来不会评判他人的外貌。那时，我急于在期末考试中取得一个好成绩，从不把小女孩的爱美之心看得很重。直到有一次，我去我爸单位找他。我爸把我安排在他单位楼下的一家餐厅写作业，等他下班一起回家。我问他："为什么不让我上楼去，到你办公室里写？"爸爸回答："你太胖了。我不想让我同事看到你。"

爸爸的话让我很受打击。我决定减肥。一年内，我成功瘦了30多斤，面部轮廓逐渐清晰起来，勉强算得上是个耐看的女孩了。也就在那段时间，我的男同桌开始频繁对我开玩笑，问我能不能做他的女朋友。

我反问他："你怎么以前不找我当女朋友呢？"

"因为以前没觉得你好看。"他诚实地回答。

我一瞬间对男同桌没了好感。

我的父母疲于照料我们的假期生活，时不时会在假期把我们送到由私人办学机构组织的夏令营里。学生们吃在里面、住在里面、学在里面。在封闭的校园环境中，男孩女孩们很容易看对眼。

有一次，还在上课，坐在补习班后排的一对小情侣已经交头接耳起来。正在讲课的老师沉默了片刻，张了张嘴，最后只是叹了口气，继续转过身写板书了。夏令营结束后，这对小情侣也痛痛快快地分手了。他们甚至还彼此写了相当成熟的分手短信，大致是说，两人一起创造了美好的回忆，希望对方未来的生活一切顺利。

许多年后，我学到一个英文短语，叫"summer fling"，意思是"发生在夏天的一段用于打发时间的暧昧小恋情"。看到这个短语，我恍然大悟：哦！summer fling 啊！十四五岁的时候，我们就见识过了呢！

由于社会的开放与包容，我们在尚未成年时，便已经亲身体验过或者至少听闻过许多恋爱经历了。到了20多岁，哪怕是个"母胎solo"（源于韩国的互联网用语，意为从出生就一直单身没谈过恋爱的人），也或多或少对恋爱有一番自己的见解。我们并不是不懂何为

"爱别人"，而是更加清楚，在爱别人之前，要先学会爱自己。"独"在这个语境下，不该是个贬义词。它恰恰体现了年轻人思想的进步。反而有时是我们的长辈们，想法有那么点迂腐。

我印象极深的一次性教育课是在初中时。学校专门从校外请了做性教育研究的"专家"，这位专家把全年级的男生和女生分开，分别给我们讲述两性知识。当讲到"女孩子应该洁身自好"时，那位专家举了一个惊悚的例子。

"有个小姑娘，每天放学不回家，穿的裙子特别短。结果呢，她在小区门口被人强奸了。那强奸犯拿了把刀捅进了那女孩的下体，全给霍霍碎了。你说说，这小姑娘一辈子就完了。她爹妈得多难过呀！"

说这话时，专家的眼睛一直在瞟我们年级一位相貌出众的女孩。这个女孩家是做演艺相关工作的。她小时候就经常去摄影棚，拍各种各样的广告和杂志插页，算是半个还没出名的小童星。上学时，她父母还特意要求，不许给他家女儿剃短发。她化淡妆、涂指甲，身上永远有香水味，举手投足间充满了魅力。学校门口的报刊亭里，曾售卖过一期时尚月刊，内页里就有穿着迷你短裙的她。当时，学校里的男生还偷偷买过那期杂志。

也许是过早接触成年人世界的缘故，她看起来总是比我们更成熟。当那位专家瞟向她时，她一瞬间就明白了眼前这个成年人在暗指什么。

"穿短裙怎么了？"她傲气十足地反驳，"您怎么光顾着批评那姑娘，不去骂那强奸犯啊？"

说得太漂亮了！我至今回想起来，都对她佩服不已。

你怎样定义"约会"？

我曾经问过我的同龄人一个问题：你怎样定义"约会"？

我得到的答案千差万别。A 女认为一起喝杯咖啡就算约会；B 男认为只有发生关系，才叫约会；C 男认为只要他为对方付出了时间和精力，就算约会；D 女则认为，两人之间的气氛足够暧昧，才算约会，否则无论对方付出多少时间和精力，在她看来，都只是朋友见个面而已。

大家对于"约会"的定义有着天壤之别。试想一下，让 A 女和 B 男恋爱，让 C 男和 D 女凑成一对，那将是一场多大的爱情灾难？认知的偏差经常在亲密关系中成为双方伤害彼此的无形利器。

如何减小约会的认知偏差？以双方经济条件为考量看起来是"省力"的法子。但这有时也会让我们错过真正的幸福。毕竟，幸福是难以以金钱衡量的。

我在英国留学时，参加了一次校外的社会学研讨活动。活动上，一名欧洲女学生谈起了她和她丈夫相遇的过程。他们是在约会软件上认识的。当她第一次使用约会软件时，软件要求她输入学校名称、学历等级和工作单位。她不愿意透露过多个人信息，便什么都没有输入，于是软件给她推荐的约会对象以优步司机、咖啡师、快递配送员、酒店服务生等蓝领男性为主。她和一位咖啡师见面后，二人相谈甚欢，彼此产生了好感。然而，当咖啡师听到她的学历背景后，他露出了惊讶的神色，问："这个软件怎么会把你这么优秀的女性推荐给我呢？"

咖啡师仔细看了一眼这名女学生的资料页，这才发现，除了照片和自我介绍以外，她几乎什么信息都没有填写。咖啡师委婉地建议她把资料填写完整。回到家后，女学生输入了自己的学校、研究生学历、工作背景后，突然之间，软件推荐给她的男性全部变成了律师、金融从业者和大学教授。

　　用经济条件来框选择偶范围似乎变成了一件被大众认可的事情，就连工程师们都会按照这样的"社会规律"来构建他们的算法系统。这名欧洲女学生感到极其愤怒，认为自己已经遭遇了算法霸权，她的人生被一群戴着有色眼镜的工程师及逐利的互联网公司操控了。这名女学生卸载了软件，决定继续和咖啡师约会。后来，咖啡师成了她的丈夫。

　　认知的偏差同样会驱使我们对他人轻易地下判断，从而在亲密关系中造成无数误解。我在英国念书时，曾和一个韩国男生约会过一段时间。男生是我的校友，和我一样有创业经历，我们很聊得来。一年前，他所在的初创公司即将被收购，但合伙的朋友们将他排挤在外，拒绝分享成果。他黯然离开后，入职了某家科技巨头公司。有一次晚饭后，他带我参观了一下他工作的新公司。从顶楼的落地窗往外看，是伦敦利物浦街辉煌的万家灯火。他指了指一座矮矮的办公楼，对我说："那里就是我之前工作的地方。我之所以要入职这家公司，就是为了能看到曾经的办公室。它在时刻提醒我。"

　　那一刻我觉得他是个很勇敢的人。和小纳散伙后，我一直不愿意去望京悠乐汇。那里有很多记忆，遗憾的、失败的，但都是我不愿面对和回想的。比起睿智、勤劳等品格，我认为在这个时代，勇敢更值得被欣赏。因此，我和这个韩国男生后来又见过很多次面。

　　有一次在公园散步时，他说他不喜欢英国城市中心的公园，实在太小了。他一直很想回亚洲工作，像中国或韩国，市中心也有很大的公园，甚至可以跑马拉松。我看他如此期待回家，便问他为什么还留在英国。他的回答让我有些惊讶。

"我们韩国男生是要服兵役的。我再坚持一段时间，就可以拿到英国的绿卡了。有了绿卡，我就可以不用服兵役了。"

每一个韩国男生都要服兵役，为什么他一定要逃避这件事？我发现我对他的判断完全是错误的，他根本不是我想象中那个勇敢的人。我对他有些失望，同时对他的兴趣与好奇也无法长久坚持下去了。我们因此渐渐疏远。

后来，我看了一部韩国电视剧《D.P：逃兵追缉令》。在这部电视剧的网站论坛上，我也看到了许多男性观众留下的关于自己的入伍经历的真实评论。我这才真正了解到韩国年轻男性的服兵役困境。他们在部队里受到的不仅仅是体力的磨炼，更多的是心理和经济方面的挫折。苛刻的前后辈文化引发了霸凌、排挤等现象，因入伍而失业导致的家庭经济困难、错过就业的最佳年龄、逃兵犯罪等社会问题便出现了。

那个远在英国的韩国男生也曾跟我说过："部队里什么人都有。我们不能自己挑选去哪个部队，只能被部队挑选。如果遇到了不好的人怎么办？我很害怕。"

如此看来，我当初对那个韩国男生的看法太过武断。他并不是懦弱的人，他只是想让自己拥有更好的人生选择。我的武断让我非常自责。我在与对方相处的过程中，刻意地把我对伴侣的想象和期待套在了对方身上。认知上的误解和我的固执己见，使得昨日我还欣赏的异性，今日便成了连通信方式都懒得保存的陌生人。

真正的爱是什么样的？

从小就体验过若干"爱情练习"的我们，更早地尝试参悟爱情的无常，观察爱情的本质。还在上小学的女孩们，迷恋一个眼中只有炸鸡柳的男孩，这是无知但天真的爱。初中少女的体重减少个二三十斤，便能引起异性的关注，这是被最是人间留不住的皮囊所迷惑；自以为有学识的女青年，对来自不同文化背景的男孩的苛刻和期待，则是一种贪婪和自私。

一生中遇到知己的概率总是很低。这概率如同大海上一只眼盲的海龟，试图钻进一块浮木的孔洞里一样渺小。因为难能可贵，我们便十分期待将姻缘恒常地保存下来。对于我们的伴侣，我们不仅在空间上要占有，时间上也要求对方长久地陪伴。但是，缘聚缘散就如黄粱一梦。不论是一个月、一年、十年、半辈子……都不过是须臾之间的欢爱。

有一次，我在草原上露营，傍晚步行回到营地，看到附近有一棵落满飞鸟的枯树。树很高，鸟密密匝匝地站在上面，发出愉快又亲密的鸣叫。日落后，鸟儿安静下来，互相依偎入眠，看似十分甜蜜。但第二天一早，我走出帐篷再看，鸟儿已四散而去，各自去寻找食物和水源了。

每当我身边有同龄的情侣分手或为感情痛苦时，我便总是想起那个鸟群离散的画面。是不是世事变迁，感情也如此朝生暮死？今日的眷侣，明朝不一定还能相伴相随。我有时也会思考，这样的亲密关系，到底有必要去追求吗？

一个冬天，我去看望一位老师。老师的老伴去世后，他嫌一个人孤单，就把城里的房子租了出去，搬到了京郊一个近年来很有名气的养老社区里。他在这儿交了不少朋友，但养老社区不菲的费用，也让他时常捉襟见肘。

住在老师隔壁的是一对非常恩爱的夫妇。老师总能看到隔壁爷爷推着奶奶的轮椅到花园里散步。老师偷偷告诉我，这位奶奶是阿尔茨海默病患者，已经记不得爷爷是谁了。有时候她会把自己的丈夫认成自己的儿子、爸爸。还有一次，她半夜里惊醒，看到睡在身边的老伴，以为是强盗进了屋要偷东西，她狂按护工铃，哭着喊着要报警。

老师把我带给他的水果分了一半给他们。我们提着水果进屋时，那位爷爷正在给奶奶洗内裤。我问他怎么不用洗衣机，是不是不太会，需不需要我帮他。老人回答："贴身的衣裳，还是手洗最放心。"

老师见两人恩爱的样子，忍不住酸溜溜地说："你家老太太都不记得你是谁了，还给她洗呢！"

老爷爷像孩子一样清澈地笑了笑，然后低下头，继续搓洗起了妻子的内裤。

我看着他的背影，感到释然。我一直以为，爱情是两个人的事。但这其实是一个谬论。两个人，则意味着其中一个人必须获得另一个人的回应，二者彼此对对方有要求、有渴望。也因为渴望回应、计较得失，所以因爱生忧，因忧生畏。

但其实还有一种爱，是不求回应的。就像养老社区里的这位老爷爷，即使自己的老伴早就忘记自己是谁了，但他还是会为她手洗内裤；即使他知道，他所做的一切，可能还换不来老伴对他的一声"谢谢"。但用无私、利他、平等的方式去关爱所爱之人，让他的感情获得了一种自洽的圆满。

不期待回报，自然也不会为得不到回报而感到忧愁和恐惧。不期待有常的结局，自然也不会被无常的命运所戏弄。

当接受了这个观点后，我便不再恐惧求不得、爱别离、怨憎会等爱情之苦了。那种不被"回报"所牵动，一个人则足矣的爱情，是否才是我真正该追求的呢？怀着这样一颗心的我，能否在未来谦逊而妥当地爱一个人呢？

妈妈篇 | 缺乏"爱商"教育的"Z世代"

不会爱、不懂爱、不敢爱

今天，远在老家的妈妈给我打来一个电话说："邻居李阿姨家的孙女在北京的国企工作，有北京市户口，就是35岁了，还没有谈恋爱结婚，你给踅摸一个男孩子。"

我嘴上答应了妈妈，心里却真不愿意再管别人的闲事。

我们这个岁数的人，自己的孩子正是当婚年龄，所以同学、朋友之间总是互相做红娘。

红娘做多了，就发现周边这么多优秀的女孩子在该谈恋爱、该结婚的年龄都还单身，我真是替他们的家长着急。同病相怜，我也有一个待字闺中的女儿，她跟那些女孩子一样还没有找到合适的男朋友。

有一次，我要给她张罗男朋友，她开玩笑地跟我说："妈妈，如果这种相亲也能解决我的婚姻问题，那是不是太凑合了？就像您跟我爸？"

是的，我和她爸就是通过相亲认识并结合在一起的。在我们那个年代，这种方式很能解决问题，但女儿对这种方式感到匪夷所思。如今她长大了，一直没有正儿八经地谈过恋爱。一个如花似玉的女孩，怎么就碰不到自己满意的结婚对象呢？

前年，我的一个女同学来北京探望女儿。她女儿读完大学后留在北京工作、生活，这些年一直没有谈恋爱，眼看着已过 30 岁，我同学急得不得了。

她跑来跟我说："你一直在北京工作，朋友同事多，能不能帮我女儿介绍一个不错的男孩子？"于是，我热情地帮忙，陆续给她女儿介绍了五六个男孩子。每次双方交换了电话号码和微信，就没有下文了。追问一下，双方都说工作忙、没时间，压根没有见过面。这件事让我体会到，当家长的都是"皇帝不急，太监急"，人家孩子们压根就不认可我们这种相亲模式。

放眼我周边的年轻人，都是单身男女。他们的爹妈，想尽快给孩子张罗一桩婚姻，唯恐耽误了孩子的大好青春和传宗接代。

我曾经陪着女同学去过一次相亲角，那个相亲角设在北京中山公园内。据说，北京有好几个公园都有相亲角，只是中山公园的相亲角开始时间更早一些，规模更大一些，知名度也更高一些。

我们去的那天是个周日，我们沿着中山公园的中轴线一直往北走，靠近护城河时就能看到那个相亲角。举目望去，那里人头攒动、热闹非凡。仔细一看，净是些老头、老太太，很少看到年轻人，不知道的还以为是老年人的相亲角。这些老头、老太太把自己孩子的身高、体重、收入等基本情况写在一块纸板上，放在自己脚下，与来来往往的男男女女搭讪。我感觉就像他们是最认真、最敬业的销售员，靠着专业要把自己的"产品"尽快推销出去。

我同学也要给她女儿做一块纸板摆那儿，被我拦住了。我说：

"咱们看看有没有合适的男孩得了，写那个干嘛！"就在这个时候，远处一个老头和老太太吵起来了，于是我们就凑过去看热闹。一听才知道，原来两家女孩的父母同时看上了一家的男孩，这两家女孩的父母因为争这个男孩发生了口角。我和同学互相看看，忍不住笑了起来。

这些父母就像赶场一样，从这个公园的相亲角跑到那个公园的相亲角，从不嫌辛苦和麻烦，似乎他们的后半辈子就以此为生了。

女儿岁数大了，还没有结婚，我同学在老家县城里深感舆论压力。她的公婆甚至指责她没有把女儿培养好，她每次来北京就为催婚。她女儿跟我说："阿姨，我妈恨不得从街上拉个男的来娶我！"

走了一次相亲角后，我同学发现北京竟然有这么多优秀女孩都单着，找不到合适的结婚对象。于是她也不着急了。她知道，着急也没有用。

在北上广深这样的大城市，适婚年龄的女孩总是比男孩多，因为留在北上广深这样的大城市工作的外地女孩数量明显多于外地男孩。

社会观念普遍要求男孩结婚时提供房子，而北上广深的房子太贵了，外地男孩很难买得起，因此也不倾向于在大城市定居。中国传统观念里还要求男孩"父母在，不远游"等，这使他们留在自己家乡发展的可能性大，留在大城市发展的可能性小。

而女孩受这些因素的影响相对较小，又喜欢大城市的宽容和便利。在这里，即使三十五六岁不结婚，也没有人催，不会遭人笑话；在这里，女性可以更大程度地获得尊重；在这里，职场晋升机会多，经济独立的可能性大。

一方面是男女比例失衡，使得大城市的许多优秀单身女性很难找到理想伴侣。另一方面，随着经济的发展，一部分"Z世代"的男孩、女孩对未来的伴侣、爱情和婚姻的要求也在不断提高。他们更注重未来的伴侣能跟自己有精神层面的共鸣，对爱情和婚姻有更高质量的追求。

这就愁坏了家长们，他们用各种办法想把男孩、女孩用婚姻"捆绑"在一起。除了相亲角这种传统办法，他们还与时俱进地建立了红娘群。

红娘群里，家长们各显其能。群主说："婚恋市场太乱，骗子太多。咱们群里的人都是靠得住的，单身男女的简历信息也不会被泄露。"

于是，一些单身男女的简历就像雪花一样飞到了群里，被群里的红娘们传来传去，分配来分配去。

即使这样，家长也未必就能很大程度上改变"Z世代"男孩、女孩的婚姻状况。"Z世代"的男孩、女孩们，坚守着自己的择偶底线，追求着更高质量的婚姻。

要婚姻，也要自我

"Z世代"的女孩在成长中，看到了很多自己周边女性的生存状态。

在她们眼里，很多女人的"自我"就是从结婚后慢慢沦陷的。没有自我，自然不懂得爱自己。这也是事实。

我有个同事，她万分感慨地跟我说："我年轻的时候，很喜欢跳交谊舞。结婚前，舞厅里那个舞姿最美的女人就是我。结婚后，我们家老李很不喜欢我跳舞，每次跳舞回来他都不高兴。吵闹过几次后，我就不跳了。"

现在每当在公园里看到人家跳交谊舞的时候，她都会心里痒痒。

但她已经不能再跳了，腿不行了，经常会疼。

跟我这个同事一样，我的"自我"也是在婚后逐渐消亡的。结婚，两个人组成一个家庭，其中一个人必须要考虑另外一个人的感受，不能自己想怎样就怎样。如果是两个人都为对方着想，放弃"自我"，这似乎也公平。然而很多时候，那个牺牲"自我"更多的往往是女人。

比如家务劳动，男人和女人谁都不愿意干。但环顾周围，我发现最后承担起这项艰巨任务的大多数是女人。

我就是那个家庭里牺牲最多的女人。自从结婚后，特别是有了孩子后，我所有的时间都花在了家庭事务、孩子教育和工作上。一个连自己的时间都没有的人，哪里还有"自我"？

记得孩子小的时候，老家来了个同学。我跟丈夫说："你在家看孩子吧，同学从老家来，我请她吃个饭。"结果，那天我们连饭还没有吃完，丈夫的电话就打过来了："孩子发烧了。"一听孩子发烧了，同学赶紧让我回家。等我赶回家后，发现孩子安好无恙。

这种事情多了，我就懒得出去了，逐渐从同学朋友圈里脱离了。

后来，丈夫单位分房子，靠近他单位的房源多，可挑选的余地大。结果，他非要选择离我单位近的房源，他跟我说："离家近是个宝，你不用那么辛苦。"当时，我特别感动，觉得他真的是替我着想。后来我才意识到，这就是一个圈套，他把照顾家的工作全部放在了我头上，我还对他感激涕零。

我就这样被他套牢了。

丈夫从小是在不做家务活的环境里长大的，怎么会做家务呢？怎么能做家务呢？但他从来不说："我不做！"他总是说："好，等会儿！"，然后就搞失踪，失踪的去处就是单位。因此，他把自己搞得很忙，似乎单位离开他就转不动了。

时间长了，我包揽了一切家务活。女儿从小就很心疼我，也会帮着我干点活。干活的时候，她会说："妈妈，我不在的时候，您应该让爸爸也干点家务活，记他分担一些。"

我会跟女儿说："为这点家务活跟他生气都不值得，太耽误时间，我就当多养了一个孩子，多干了一份工作吧！"

因此，从女儿记事起，她的妈妈就从来没有睡过懒觉：每天早上给她和爸爸做好早饭，然后送她上学，再匆匆忙忙赶到单位上班；下班了，再急匆匆赶到幼儿园或学校接她，带她去上各种培训班。

在女儿的眼里，家里那个洗衣做饭、打扫卫生的人从来都是妈妈；那个陪她读书、照顾她生活的人也是妈妈。妈妈承担着家里的一切重担：她是保育员、厨师、清洁工、司机、搬运工、家庭教师，还是家里的修理工。除此之外，她还得跟爸爸一样上班赚钱，像蚂蚁一样往家背各种生活需要的用品。她对自己省吃俭用，却能独自承担起家里的房贷，傻乎乎地不要求丈夫跟自己分摊。做好饭菜，她总是先让丈夫和女儿吃，剩下了她才扒拉几口，美其名曰：减肥。无论家庭经济怎样紧张，她都能跟丈夫一起扛起赡养公婆的责任。

于是，女儿看到的就是作为女人的妈妈奉献了自己的时间、青春、精力和财力，苦心经营着这个家。她本来可以在事业上做得更好，但家庭事务浪费了她太多的时间和精力。在女儿看来，妈妈在这个家庭中活得完全没有自我。妈妈成了她婚恋上最失败的对标对象。这也让她确立了她在婚恋中首先要守住的底线：更好地爱自己。

除了妈妈，在她的生活中，还有一位姨奶奶，跟妈妈有着同样的命运。姨奶奶生了两个孩子，一男一女。为了养育这两个孩子，姨奶奶也承担了所有的家务活，抚养、教育孩子们的同时，把自己的一切都奉献给了家庭，从来没有想过自己。

年轻的时候，她把自己每月的工资都用在了家庭日常开销和养育两个孩子上。她的丈夫跟她说："我的工资攒起来，用来应对家里将来可能突发的事情。"她信以为真，一点都没想着给自己存点钱以防万一。每月家里的一切开销统统用她的工资支付。退休的那一年，她突然因病住院，需要给医院支付费用时，丈夫说自己没钱，死活不给。寒心的女人只好伸手向儿子要了住院费。

　　一个女人怎么能够"无我"到这种程度，连自己都保护不了？明明有工资，可以养活自己，能体体面面地过一生，可竟然发展到这种地步。

　　在女儿还小的时候，我有一个换工作的好机会。我回家跟丈夫商量，想去。在那儿，我能发挥我的专业特长，会赚更多钱，就是单位离家远、出差多。

　　他不高兴地跟我说："你现在多好啊！离家近，上下班不累，照顾家和孩子都很方便。你可不知道这上班远有多辛苦！"

　　我着急地说："可是那个单位更能锻炼我的能力，我的专业水平会有很大的长进。你想想当初我在人才市场找工作多难啊，很多单位都不要女的，我自己的专业能力也不强。我真的怕这样下去，将来岁数大了，又没有专业能力，单位再裁员，我就没有工作了。"

　　他安慰我说："我觉得你现在的单位很好，暂时不会有裁员这种情况。即使裁员了，那时咱们再找也不迟。再说我总是出差，你如果再经常出差，谁管孩子？"

　　作为女性，在那个时候，我真希望自己是单身状态，那样就可以随着自己的心愿想干啥就干啥了。但我不能，因为我有婚姻、家庭和孩子，我得对这一切负责。

　　那段时间，我在痛苦中纠结：一面是心仪的工作，未来有可能会成就自己的一番事业；一面是年幼的女儿，需要母亲的陪伴。

朋友给我出主意说："你请个阿姨，帮你打理家里的一切，你就能放飞自我了！"我摇摇头，女儿3岁前有两年是阿姨帮着带大的。那时候女儿小，阿姨照顾好她的生活就可以了。现在女儿即将上学，接送、照顾她的生活别人可以代办，辅导学习别人却没有能力代办，我也不放心别人代办。养育的责任比生育的责任更大。

我摸摸幼小的女儿的头，心里满是不舍。最后，我放弃了自己心心念念的那份工作。回绝这份工作的当天，我趴在床上哭了很久很久。

从那一刻起，我知道自己今后就是干好现有的工作，照顾好孩子，照顾好家庭了，绝不能再多想，多想也无益。

女儿看到了妈妈的付出和奉献，自然就提高了择偶的标准。结婚，就意味着像很多妈妈一样为家庭和孩子奉献自己，这是她万万不愿意的。

从爱自己的角度出发，年轻的女孩更愿意耐心等待心仪的伴侣出现。那个伴侣一定是能够跟她心灵相通，琴瑟和鸣，在未来生活里互相扶持，同甘共苦的。

她的时间里，充满了工作

晚上做饭的时候，每样菜我都留了一小碗。3个菜装在3个小碗里挤在一起，放在微波炉里。侄女说要过来吃晚饭，让我们不要等她，留些饭菜就好。

侄女在东北读的本科，专业是室内设计。大学一毕业，她随便投了一下简历，北京一堆公司就给了她面试的机会。她挑来挑去，最后选择了一家坐落在繁华的长安街上的设计公司。自从进了这家公司，工作就占满了她的时间，即使是周末，她也在处理工作。侄女在我家不远处租了房子，从单位回住处的路上会来我这儿吃个饭。996的工作让她照顾不了自己的生活。我这个当姑姑的能为她做的，就是让她加班后来我家吃顿营养丰富的晚餐，降低叫外卖的频率。

那天晚上，我从公园遛弯回家，已经9点多了，可侄女还没有下班。3个碗里的菜和锅里的米饭都在那儿安静地等她。我发微信问她："到哪儿了？"

侄女回复："马上下班！"

每晚这个点回家，对于侄女来说是常态。她进家门的时候，我已经热好了饭菜。我一边给她端菜，一边问她："约那个当老师的男孩见面了吗？"

侄女看起来很疲倦，一听我说这事，就有点心烦地说："我哪有时间相亲啊？"

是啊，她哪有时间？但我还是跟她说："请个假去吧！姑姑也不想干涉你，但这个男孩是你妈千叮咛万嘱咐，让我盯着你去见的。你好歹意思意思，别让你妈生气。"

侄女埋头吃饭，回答道："再说吧！"

今年侄女的身体不是太好。前一段时间，我带她跑了几次医院，检查结果是甲状腺结节。虽然问题不大，但也让人心疼。她比我女儿大一岁，在工作上却比我女儿更遭罪。她经常跟我说："姑姑，我太不容易了，每天缺觉，睡不饱。"

设计公司项目多，用人狠。从方案设计、进场落实到跟进，非常累人。侄女总是飞机来，火车去，全国各地跑，到公司承揽的项目现场落实设计方案。这两年，侄女的工作能力真的有很大进步，但身体也被熬坏了。

初来北京时，她爸妈就张罗着想把她嫁出去，还让我当相亲"监工"。这几年，老家的亲戚先后给她介绍过好几个男孩，她一个都没有见过。其中有个男孩对她的客观条件还算满意，加她微信后想跟她多聊聊。结果上班时间她都在处理工作上的事情，没有时间回复人家。下班后人家想跟她聊聊，她困得倒头就睡，还是没有时间跟人家聊。最后，人家男孩以为她不愿意，就不再联系了。

吃完饭，她跟我说："吃饱了就想睡，好困啊！哪个男人愿意自己的女朋友这么忙碌啊！谈恋爱连逛公园的时间都没有，爱不起啊！"然后站起来要去刷碗。我赶紧催她回家睡觉，别刷碗了。

送她下楼，看着瘦弱的她骑着自行车消失在北京的暗夜里，我心里一阵酸楚。

侄女来北京好几年，除了睡觉和吃饭，她的时间里充满了工作，唯独没有生活，而睡觉和吃饭也不过是为了工作补充能量而已。她就像一台机器，加完燃料就没日没夜地运转，不得片刻休息。在北京，像侄女这样的女孩很多：她们能出色地完成一个个项目，却没有时间谈恋爱、结婚。

当我跟侄女聊起想找什么样的人结婚时，她跟我说："如果结婚后经济、精神、文化等方面的状况还不如单身时好，那结婚有什么意思？"

我知道侄女想要的是"上迁婚"，就是要找一个家庭情况和个人条件都好于自己的人，两个人能谈得来、聊得开心、过得幸福，未来的生活才能更好。然而现实中忙碌的工作羁绊着她，让她没有更多的力气去爱别人。

传统观念中，女性更愿意接受"上迁婚"，男性更愿意接受"下迁婚"。但现在的年轻男孩在婚姻问题上也开始讲究物质基础了。

一个长期在红娘群里的朋友跟我说，群里发的男孩的要求真的非常现实。男孩不是京户的，会要求女孩有京户；没有京房的，希望女孩有京房；京户、京房、京车都有的，则要找年轻漂亮的；还有男孩直接要求入赘北京女孩家庭的。

我同学的女儿跟她说："现在的很多男孩非常看重女孩的经济条件。等我将来事业有成，经济有了实力，再找个男朋友也是没有问题的。"

随着经济的发展，横亘在两性之间的大山越来越高，男女之间并不是两情相悦就能走向婚姻。

朋友的儿子先后谈过几任女朋友，都是年轻漂亮又能干的外地户口的小姑娘。但我朋友跟他儿子说："不能找外地的，太麻烦了！"

儿子不明白："有什么麻烦的？"

朋友跟我说起此事，就觉得儿子傻。我心里埋怨朋友的物质和斤斤计较。每次儿子交了外地户口的女朋友，她就给搅黄了。最后弄得儿子日渐怕了婚姻这桩事。

但我也能理解朋友这种现实的想法。我自己就是外地人，从小生活在外地县城，跟那里有割不断的血缘亲情。我大学毕业被分配留京，是我父母的骄傲。他们会跟自己的兄弟姐妹夸下海口说："你们要去北京玩，就去找我女儿，让她给你们安排！"他们一句话轻飘飘的，我落实起来就得陪吃、陪住、陪玩。搭进去的除了精力、钱财，还有埋怨。

照顾不周就会落埋怨。小县城的人非常单纯热情，我们回到那里，他们会呼朋唤友，天天请我们下饭馆，热情到恨不得把心都掏给你。亲戚们来北京时，内心渴望得到对等的接待。然而忙碌的工作，有时会让你冷落他们。于是，从北京回去，他们就会跟其他亲戚抱怨你的不周到。

亲戚们这个走了那个来，父亲的姐妹走了，母亲的兄弟来。日子久了，丈夫就跟他的同事们调侃说："没办法，我家就是她老家的驻京办事处。"

我的侄女既没有时间谈恋爱，也没有京户、京车、京房的优渥条件，只有一辆拉满外地亲戚的车，横亘在她与未来的伴侣之间。这些外在的羁绊让她几乎没有余力去爱别人。

就像邻居家一直不结婚的男孩说的："每月工资挣得太少，不敢谈恋爱，承担不起责任。"

没有时间就没有精力，没有好的经济条件就没有财力。精力和财力羁绊着"Z世代"的孩子们，让他们在恋爱的道路上无法脚步轻松。

至于我的女儿，对于她的婚事，我也充满了恐惧和私心。我怕她过得不好，不敢轻易将她推给任何一个男人。我想留她多陪我们夫妻几年，也不情愿她远嫁。

有一天，我到北京南站接出差的女儿回家。路上，她开着车，一边打着方向盘，一边叽叽喳喳地跟我说个没完。就像她小的时候一样，坐在我的自行车后座上叽叽喳喳个不停。从路上到家里，她从晚上7：40开始一直说到11：45，4个小时都不停歇。短暂的分离，让她有太多的话想跟妈妈说。有时说到激动处，她会满屋子追着我说，甚至还要求我停下手里的活耐心听她说。

恍惚间，有些思绪飘过来，如果将来她爱上一个男人，就像爱妈妈一样，会不会也这样叽叽喳喳？那个男人能不能像我这样耐心地听她叽叽喳喳？

这样想着，我就觉得女儿"可怜"。我的女儿，一定是爱上一个男人就会向他妥协，一定是看到所爱之人伤心就会去道歉的那一方。

她的感情会不会在所爱的男人那里，得不到对等的回馈？要是那时我不在了，只能留下她独自面对。

我想，如果能够获得更高的"爱商"，也许会让女儿更加勇敢地去面对她的未来吧？

话题 10
Topic Ten

爸爸在哪儿？

女儿篇 | **妈妈是陪我一起赛跑的搭档，
爸爸更像是在观众席上喊加油的**

"缺席"的爸爸

操场上传来运动员预备的广播时，我在观众席上找不到我爸爸了。

2001 年，我上小学 1 年级，学校举办运动会。我举起小手，报名参加亲子两人三足障碍赛跑，然后高高兴兴地回到了家。我本想和妈妈一起报名，但爸爸玩心大起，执意要求陪我比赛。

爸爸很少参加学校的家长会，他能主动提出和我一起去运动会，确实难得。在运动会开始前，我们父女俩每天在家里练习两人三足，放学回到家和爸爸一起玩耍是一件非常快乐的事。

可是，到了运动会那天，却出了问题。

那天，我自信满满地坐在看台上，正跟小朋友们吹牛："我和我爸爸，肯定是咱年级第一名！"然而，当广播里叫两人三足的运动员去赛道前做准备时，我爸爸接了个工作电话，悄悄地消失了。小朋友们望着我，班主任也望着我，我不知所措，只能望着天空抠手。

最后，两人三足比赛由另一位小朋友和她的爸爸临时顶替上阵。

350

我们班没有拿到第一名。我也很委屈：白白和爸爸训练了一整周，最后连赛场都没上。如果那天我是和妈妈一起来的，事情的结果绝对不会是这样。有那么一瞬间，年仅 6 岁的我，突然想明白了一个问题：我的爸爸是靠不住的。

小的时候，我觉得自己像爸爸的一个小玩具。他经常中途把我从补习班里接出来，让我陪着他逛街、逛书店、买唱片、看话剧、看电影。爸爸是一个爱好很多的人，在他们那一辈已婚男性当中，有这么多爱好的人，比较少见。

我的爸爸在北京长大，虽算不上什么有钱人家的孩子，但生活上衣食不缺。妈妈在嫁给爸爸前，一直很羡慕他拥有足够的物质条件来支持他的精神生活。生活的惬意培养了爸爸的诸多爱好。有时候我怀疑，他有这么多爱好，还有精力给我当爸爸么？

爸爸带我翘课的时候，我们最常去的地方是王府井大街，那里有商场、有餐厅、有电影院。爸爸的一切需要，在那里都能被满足。我们会走很长一段路，纵穿王府井，买冰激凌、糖葫芦当午餐，然后抵达美术馆。每次来到美术馆门口，他必定会带我进馆看看。他常常指着一幅我琢磨不出到底哪儿好看的画，说："我要是有钱，也想买一幅！"

"这里的画都多少钱呀？"我问他。

"几百万元、几千万元，甚至几亿元的都有。"他感慨，"真想拥有一幅呀！"

"那你想去吧。"我微笑。

爸爸可能觉得我不懂艺术，便拉着我去了美术馆对面的三联韬奋书店，希望能用书籍熏陶一下他的女儿。

三联韬奋书店，自 20 世纪 90 年代开业起，就成了我爸每周都会造访的地方。他有一张古老的会员卡，至今还不肯换成电子的。每次去书店购书，他都要麻烦店员给他手动积分。他认为这是购书的仪式感，就要这样才算读书人。

我的爸爸妈妈都喜欢看书。但妈妈喜欢看工具书，如《造价工程师入门手册》《问鼎房地产》《建筑工程制图》等。这些书，光看书名就觉得特别有用。而爸爸则喜欢看"无用之书"，如《小窗幽记》《帝京景物略》等。他看这些书，纯粹就是为了享受书带给他的精神愉悦，也不图学以致用。这样的学习品质虽令人敬佩，但我也常常担忧：业余时间只看书，不找个副业的爸爸，怎么在北京养得起我呢？我童年读诗词时，看到那些因不得志而隐居山林的士大夫和谪官写的什么"一松一竹真朋友，山鸟山花好弟兄"，就觉得：啊，这大概说的就是我爸爸了。

手不释卷的人，看起来很优雅，但对于这个人的女儿来说，简直是灾难。当时，我真的很憎恨三联韬奋书店是一家 24 小时营业的书店。它要是早点关门，我爸爸也不会坐在书店的楼梯上看书，一看就是一整晚。三联韬奋书店儿童区的书并不多，我翻上一两个小时就没办法坚持下去了。我几次三番地跑到楼梯上找爸爸，希望他能赶紧离开这里，但他盯着书本，目不斜视，大手一挥，把我撵到了一旁。直到晚上八九点，我们爷俩都饿得前胸贴后背时，他才带着我去旁边的小店里吃一碗兰州拉面。吃完了，他居然又建议回书店继续看书。

除了书籍，电影也让爸爸很着迷。他总是带着我在北京的胡同里钻来钻去，买各种影碟，从 VCD 到 DVD，再到后来的蓝光光碟等。

我曾问他为什么不在网上看。

爸爸回答："从网上下载电影，硬盘坏了就丢了。影碟不一样，我能留一辈子。"

后来，爸爸的大部分影碟因太占地方而被妈妈扔掉了。

除了买影碟，爸爸还喜欢带我去电影院。我在电影院里看的第一部电影是张艺谋导演的《英雄》。我们站在寒风中排队买票，我很惊讶居然有这么多人爱看电影。我当时年纪太小，并没有看懂这部电影在讲什么，只记得每一帧画面都很美，色彩饱满浓郁，漂亮得让我目不转睛。也许是这次观影的体验让我对电影产生了浓厚的兴趣，之后，我总是央求爸妈带我去电影院。

仔细想想，在童年时，我与爸爸的相处还是很融洽的。他虽然大部分时候都不靠谱，但我和他在一起至少很快乐。然而，逐渐长大后，我发现"快乐"并不是亲子关系的全部。我需要他为当时尚未成年的我负起更多的责任，为我的人生提供更可靠的建议。我们发生争执最多的那段日子，是从我上高中开始的。

如果我爸爸不是我爸爸，我们应该能成为很好的朋友

不知道各位同龄的读者有没有和我产生过一样的想法：如果我们的父母在我们未成年时给予我们更好的指导，也许我们的人生会大有不同。

在我上高中时，我常常会问我父母许多问题。这和小时候问父母"我是从哪里来的"以及"春天为什么开花、冬天为什么下雪"等问题不同。随着我逐渐长大，我的问题越来越现实和有难度。那时我常问爸爸："你为什么总需要加班？""你为什么连我上高几都不知道？"抑或是"我妈妈当初怎么会看上你？"许多问题究其本质是伴随着我对爸爸的需求而冒出来的。当爸爸回答不上来这些问题，或是没有时间和精力支持我探索并解答这些问题时，他常常会苦恼不已。

我从小就是个兴趣爱好广泛的孩子，这一点和我爸爸很相似。每

当我对一个新领域感兴趣时，我总会问爸爸能不能带我去参加相关的活动或者参加兴趣班。从美术班到乐器培训，从摄影课到法语课，从寒暑假的游学到出国留学……每一项活动都足够费钱，也需要父母对我投入陪伴的时间。对于工作忙碌的工薪族父母来说，我就像他们巨大的负担。有时候，爸爸会抱怨："养你太麻烦了！"

我顶嘴："那没办法了。又不是我哭着喊着要求你们把我生下来的。"

我能体会到爸爸的崩溃。他最崩溃的不只是我总想学新鲜事物，而是我身边的同学都在学。有时候他和妈妈商量，能不能少上几个辅导班，降低一下学习标准。妈妈则会反问他："别的家长都在咬牙坚持，怎么就我们不行？再说了，有的小孩给他花钱都不学呢，咱姑娘都主动要求去上兴趣班了，你还不赶紧的？"

经妈妈这么一说，似乎爸爸不满足女儿的学习欲望，就无法成为一个合格的父亲。

随着我进入青春期，我和爸爸之间的关系愈发剑拔弩张。他认为我缺乏礼数，对他不够尊重，也嫉妒我和妈妈之间更加亲密。而我则抱怨他对家庭的付出不足。总之，他没有满足我心中对"父亲"的期待，我也没有达到他对"女儿"的要求。

我们的彼此嫌弃，逐渐演变为两人互动时的阴阳怪气。这种阴阳怪气主要反映在我们的共同兴趣爱好上。比如，我们都很喜欢收藏唱片。但同一张唱片，我们要各自购买。他收藏他的，我收藏我的。可我们喜欢的音乐又极其相似，因此，相同版本的黑豹乐队、痛仰乐队等的唱片，在我家永远会重复出现。买书也是如此。他房间里有他自己的专属小书柜，我房间里也有我自己的。我们共同分享的书放在客厅，但他从不允许我把他收藏的全套四大名著精装连环画借给同学。

大概是"文人相轻"，我们互相瞧不起对方写的文章。在我写文章最需要帮助的时候，爸爸总会高高在上地对我说："就你写的书，暂时还不配进入我的书架。"而我对他的朋友圈文案吹毛求疵，天天盯着他发的小文段纠察他有没有正确使用"的地得"。有段时间，我因为在他朋友圈频繁留言，而被他无情屏蔽，并且他数日不跟我讲话。

　　各位读者，这些琐事，你们听着一定觉得很有趣吧？但作为他的女儿，我可一点儿也笑不出来。有时候我会想，如果我爸爸不是我爸爸，那我们应该能成为很好的朋友：我们的兴趣爱好完全一致，如果抛开父女关系，我们将成为世界上最懂彼此的两个人。可惜，他并不擅长给我做父亲，我也不擅长给他当女儿。

　　沉迷于自己的爱好与事业，常常让父亲在家庭生活中严重缺席。这种情况不仅发生在我家。在我同龄人的成长过程中，这几乎是常态。

　　我发小的父亲是个生意人，经常四处奔波。她母亲在与父亲离异后，组建了新的家庭，这让她一下子同时失去了父亲和母亲的照料。每到寒暑假，我发小就只能被她的父亲"寄存"在我家。可我的父母要上班，都不在家。我们两个小孩子只好抱团取暖，把自己反锁在家里，互相给对方做监护人。我们这样的孩子，在农村被叫作"留守儿童"，在城镇则被称为"钥匙儿童"——每天脖子上挂着的钥匙链叮当一响，就是我们独自回到空无一人的家中的声音。

　　我们大概从小学的寒暑假起，就要自己想办法解决每日的三餐问题。一开始家里会给现金作为零花钱，再长大一些，父母就给我们办理了信用卡副卡，互联网支付系统成熟后，副卡变成了手机里的二维码。我们要学会合理支配零花钱，去超市熟食区或者街边小饭店里，想办法糊弄好自己的肚皮。在长期缺乏双亲陪伴的成长过程中，我们唯一能轻松从父母那里获得的东西，就是零花钱。零花钱的丰俭难免会被我们当作衡量父母的"爱"的标准。这样的行为逻辑，自然而然地被我们投射在社会生活中。并非是我们贪图"物质"，而是我们追求不到马斯洛需求层次中更高的层次，只好回过头来看看相对容易达成的"物质需求"。

举一个我个人的例子。我的家庭是没有过生日的习惯的。至少我从小到大，拥有过的生日蛋糕屈指可数。我的妈妈不喜欢形式主义，她是个务实的女人。因此，我极少从妈妈那里收到生日礼物。但我并不为此感到难过，因为妈妈对我的关照与爱渗透在生活的点点滴滴里。她送不送我生日礼物，我都知道她是爱我的，我都信赖她，也爱她。但是，如果爸爸不送我生日礼物，我就会非常伤心。幼年时期的我会怀疑爸爸是不是不爱我、不关心我，因为他在家庭生活中缺席的时间太长了。如果他不能在"生日"这种一年一度小孩子最期待的日子里有所表示的话，真的会让我产生一种我在爸爸心中完全不重要的错觉。

在父亲时常缺席的亲子关系中，我们确实很难心甘情愿地为父亲提供更高层次的情感支持。可我们的父辈又总是渴望我们"报答"他们为我们提供的物质生活。沉迷于儒家传统约束下的父父子子礼数的他们，想不通为什么自己不辞辛苦地给孩子赚钱，而孩子居然如此叛逆、如此不"孝顺"。殊不知，物质与情感完全不是等价的交换。而所谓的传统孝道，对年轻人也缺乏关怀和善意，它更像是一种行为规范和理论框架。比起所谓的父子、前后辈等"礼数"，"人"与"爱"的意义与价值，更被年轻人所认同。

我完全理解和同情父辈的所思所想，但很多时候，父辈并不能理解我的想法。种种认知矛盾和不肯退让，使两代人只能在各自的世界里悲伤，直到出现一个能让双方都做出让步的契机。但这个契机，又要什么时候才会到来呢？

妈妈篇 | **爸爸不是只会喊加油，**
他还是女儿精神世界的引路人

爸爸妈妈是"靠不住的"

2000 年时，女儿刚刚 5 岁。那时候，我们住在一个没有电梯的楼里，并且我们还住在整个楼的最高层。从我们家的阳台上看出去，便是车水马龙的大马路，穿过马路有一个超市。

有一天，炒菜时发现没有盐了，我跟丈夫说："下楼买袋盐去。"一想到要爬上爬下去楼下超市买盐，他就头疼，敷衍我道："等会儿。"然后接着"葛优躺"看电视。

女儿听到妈妈让爸爸买盐，就想出去玩。看妈妈正在忙着炒菜，她就去客厅催爸爸："爸爸，咱俩一起帮妈妈买盐，行吗？"

爸爸看看女儿，来了主意，便对女儿说："记得咱们看过的电影《007》吗？爸爸考验你一下，看看你能不能当 007。"

女儿一听要当 007 就兴奋起来了，拍着手跟爸爸说："好啊，好啊！您是让我送情报吗？"

爸爸狡猾地说："跟送情报一样。来，我们把买盐这事当成送情报，爸爸给你钱，你去把盐买来，看你能不能完成任务。”

5岁的女儿从来没有单独上下楼过，也从来没有单独上过街。她有点含糊，犹豫了一下，但很快就表示自己可以，并且跟爸爸说："爸爸，我指定完成任务！"出门之前，她跑到厨房兴奋地跟我说："妈妈，我去送情报！"

我丈二和尚摸不着头脑，不知道这爷俩葫芦里卖的什么药。我还没有反应过来，女儿已经冲出门下楼了。我赶紧追出去，问怎么回事，结果被丈夫一把拉住。他冲着女儿喊："下楼注意安全，别摔了哈！"说完就拖着我上了阳台。

我们两个站在阳台上，看着车来人往的大马路。这时候，女儿从单元门走了出去，来到了大马路边上。从阳台看下去，女儿的身体很小很小，马路很宽很宽。要想穿过马路到对面的超市，女儿要走两段人行横道，还要在马路中间停顿一下。她怯怯地站在第一段人行横道的起点，看着对面的红灯，等待它变成绿色。

这时，丈夫问我："你说她敢不敢穿过这个马路？你猜她是往前过马路呢，还是回家？"

这时候，有位老太太也走过来等绿灯，停在了她的身边。我们看到女儿扭脸跟那位老太太说话，说得很热闹。

我跟丈夫说："你说，是女儿主动跟老太太说话，还是老太太主动跟女儿说话？"

丈夫紧盯着楼下的女儿，没有搭理我。这时候，人行横道的红灯变成了绿灯，行人可以过马路了。老太太竟然牵起了我女儿的手，两人一起过了马路。

我有点害怕了，赶紧催丈夫说："会不会给骗走？你赶紧下去，孩子丢了跟你算账！"丈夫打开阳台的窗户，趴在窗口，伸出脑袋往下看。我已经着急得不行了，扭头就准备下楼。他头也不回地拉住我说："别急。"

我重新返回阳台，女儿已经跟着老太太过了马路，正在跟她挥手告别。老太太向附近的公交车站走去，女儿进了超市。

大概10分钟的样子，女儿从超市里出来，手里拿着一袋盐。在这10分钟里，我的心都提到了嗓子眼。

有了刚才过人行横道的经验，回来时，女儿充满自信。一过了马路，她便飞奔着进了单元门。她那兴奋的样子，我至今还记得。我打开门，迎接飞奔上楼的女儿。看到我，她兴奋地把盐给我，就冲进去找她爸爸了，嘴里还说着："爸爸，我是不是了不起？"

丈夫抱起女儿，高兴地说："我闺女将来真能当007，了不起。"然后，我就听到他询问刚才的细节："刚才你怎么想到拉着老奶奶的手过马路？"女儿崇拜地看着爸爸说："爸爸，您是怎么知道我拉着老奶奶的手？"丈夫吹牛说："爸爸也是007啊。"我在厨房里听着就笑起来。

这时候女儿说："老奶奶问我怎么没有家长陪着，我说我去超市办一件重要的事情。过马路的时候，她就拉着我的手，怕我被车撞了。"

丈夫问："如果刚才那个老奶奶是坏人，拉着你走了，你的情报就送不出去了，怎么办？"女儿眨巴着眼睛开始想办法。于是丈夫就把怎么记住家里的电话、怎么分辨坏人好人、怎么想办法挣脱坏人、怎么找警察等生活常识告诉了她。

当时我十分感慨，丈夫教育孩子的方式真的跟我有很大的不同。我不希望孩子离开自己半步，以免发生意外；丈夫心比我大，习惯放孩子出去锻炼，再在实践中告诉孩子常识，让她万一面对意外也能从容自如应对。

女儿小的时候，我们居住的小区有个小花园，花园里有各种体育设施。女儿特别喜欢到那里玩，可以荡秋千，可以吊双杠。晚上吃完饭，我刷碗的时候，丈夫会带着女儿到那里玩一会儿。到了冬天的晚上，稍微晚点儿，那儿就没有什么人去了。成群的野猫在那儿出没，无声无息地。周边黑黢黢的，有点瘆人。

有个冬天的晚上，我刷完碗就跑到那儿找他们。快走到时，突然被躲在暗处的丈夫拉住了。我吓了一跳，刚要埋怨他时，他示意我别出声。我也不知道发生了什么，看女儿不在他身边就急了。他看出了我的意思，用手指一指不远处正在荡秋千的女儿，低声说：“咱们藏着别动，看看她一会儿会怎样。”

女儿正在秋千上晃着，挺美的，压根没有注意到爸爸已经不在身边了。这时候，有一只猫从旁边的绿色篱笆里窜了出来，带动树枝响了一下。

女儿有点害怕了，她喊着：“爸爸，野猫！”

爸爸没有回应，也拽着不让我出声。女儿扭脸一看，爸爸早已经没有踪影，周边一片黑暗，连个人影都没有。瘦弱的女儿，站在空无一人的黑暗里，蒙了。之后她放声大哭，嘴里一直喊着：“爸爸，爸爸，你在哪儿？”边喊边朝着家的方向走去。

我实在看不下去了，挣脱丈夫向女儿追去。丈夫在后面笑着骂我：“锻炼孩子的好机会，让你给毁了。”

女儿听到妈妈喊宝贝，立马掉头，一边哭着一边跑着奔向我。我把她搂入怀中，她委屈得直抽噎，狠狠地跟我说：“爸爸是世界上最坏的大坏蛋！”站在我身后的丈夫走到女儿身边，蹲下来，抱着她说：“宝贝，一定要记住：爸爸妈妈也是靠不住的，凡事要靠自己。”

原来他的梗在这里呢！真是早早让孩子对他降低期待啊！的确，作为爸爸，他经常是靠不住的。

女儿小学 1 年级的时候，学校举办运动会。女儿回家跟我们说："明天同学的家长都去参加运动会，我报了两人三足，妈妈您跟我去吧？"

因为第二天单位开会，我无法请假，就跟丈夫说："你上班不用按时打卡，晚去一会儿，跟孩子一起参加完比赛再去行吗？"

丈夫很不情愿地答应了。女儿有点不高兴，心里有点不放心爸爸，但也不敢说不让爸爸去。于是，我就建议他俩在家里绑着腿练习一下。

运动会是第二天的上午 9 点开始，学校要求家长 9 点前到。学生们在这之前还有一堂课要上，我早上 7 点半就把女儿送到了学校。

临上学之前，女儿摇摇爸爸的手，对迷迷糊糊还在睡懒觉的爸爸说："爸爸，你一定要说话算数，千万记得来学校跟我一起参加运动会啊！"

我也趁机叮咛了丈夫一句："差不多了，该起床了。吃完早饭赶紧去学校，别把女儿的事情给耽误了。"

丈夫信誓旦旦地对我们两个说："放心吧，知道了。"

上学路上，女儿担心地说："妈妈，您就不能请假吗？我有点担心爸爸，他万一不来怎么办？"

我安慰女儿说："别担心，一会儿妈妈在单位给他打电话，让他一定去。"

下午下班我去学校接女儿的时候，她蔫头耷脑地出来了，一脸难过的样子。我问："宝贝，你是不是因为和爸爸在运动会上没有赢而伤心啊？"

女儿抬起头来看着我，眼里满是泪水，嘴一撇竟然哭起来了。看着女儿的神情，我赶紧劝："没关系，输了比赛很正常，不要哭。"

女儿哭得更厉害了，哽咽着说："找不到爸爸，老师把我替换下来了，没有参加成运动会。"

我赶紧说："不会吧？我给爸爸打电话了，他说到学校了。"

女儿接着哭诉："他是到学校了，还跟老师打了招呼。临上场的时候，我找不到他了。他说去打个电话，我跟他说要快点，结果就找不到他了！"

女儿越说越委屈："老师批评说，家长什么样，孩子就什么样。全班同学都看着我，好丢脸啊。妈妈，下次您别让他来了。"

我一肚子的怒火，觉得这个男人真是什么都指望不上。在我看来，孩子的事都是大事，怎么能让孩子受这样的委屈呢？

晚上丈夫回家的时候，女儿一直都不跟他说话。我把他拉到另外一个屋子，埋怨他做得不好。他说："当时，有个紧急电话必须回复。没关系，这事我来处理。"

说完丈夫就出门了。我跟女儿说："刚才妈妈批评爸爸了，但每个人都会犯错，你得原谅爸爸。"女儿噘着嘴，扭头写作业去了。

快吃晚饭的时候，丈夫回来了。手里多了一样东西，一大盒乐高积木！我瞄了一眼，正版的。真舍得花钱！看见乐高积木，女儿眼睛一亮，看样子气已经消了一半。我们几乎不给女儿买玩具。我知道这是女儿梦寐以求的，丈夫很会哄她。

丈夫把乐高积木放在桌子上，跟女儿说："宝贝，咱俩拼积木玩啊？"女儿佯装镇定，埋头写作业，还是不理他。

丈夫双手捧起盒子说："哎呀，这可是能建造一个大医院呢！还有救护车。"

女儿的心早已不在作业上了。我赶紧跟她说："写完作业了吗？去跟爸爸玩积木吧？"

女儿跟我说："妈妈，我写完了。您陪我拼积木吧？我不要爸爸陪。"我明白女儿的心，赶紧说："好，咱们三个一起拼积木。"

拼积木的时候，丈夫跟女儿说："今天爸爸的确有个重要电话需要回，但没有想到错过了你的比赛，爸爸下次注意。但是你要知道，以后你越大，爸爸妈妈能帮上你的就越少，你不能为此而伤心失望。"

女儿一边拼积木，一边听着，一边还说着："是的，我今天算是知道了，指不上你们！"

有一次周末，我参加职称考试，把女儿交给丈夫看一天。我考完试回到家的时候，在楼下碰到了爷俩。丈夫在前面走着，空着手。女儿在后面跟着，头发乱七八糟地"炸"着，手里提着一个大塑料袋，里面装着丈夫给他自己新买的鞋子。可能是因为鞋盒太重，女儿提着的塑料袋快要蹭到地了。我跟丈夫说："干吗让孩子给你提着鞋？你一大老爷们儿自己不提？"丈夫得意地跟我说："我这是提前锻炼她照顾我们的能力！"

听那意思，女儿不仅靠不了父母，父母还得靠女儿。

和平是"战争"换来的

我家的住宅楼跟大马路之间有条比较宽的绿化带。绿化带把周边圈了起来，中间是个小街心公园。公园周边围放了几张 3 人的座椅，中间是一个花岗岩铺就的平整开阔的小广场。这个小广场就在我家楼下，站在阳台上甚至能听到下面的人聊天的内容。小区里的老人总是带着孩子在这里玩，他们在座椅上晒着太阳，看着孩子们在那里玩轮滑、打羽毛球。

我女儿跟别人的"战争"就发生在这里。

晚上放学了,小区里的小孩子们会聚在这里玩。我女儿放学后也常在这儿玩,我则上楼去放书包和菜。

邻居里有一个跟女儿同岁的小姑娘,她跟女儿在同一所小学读书。这个小姑娘是个孩子王,总是对小朋友们颐指气使。一群小朋友跳皮筋,她非要给分成两组竞赛,小朋友们不敢不听她的。

有一天,我回家放下书包和菜,便把早晨洗好的几件衣服拿到阳台上去晾。一到阳台,我就听见楼下小广场上女儿的哭声。我赶紧拉开窗户往下看,女儿正坐在地上号啕大哭。那个小姑娘双手叉在腰上,正冲着她喊:"哭什么!你这样跳不对知道吗?就知道哭,讨人厌!"我赶紧放下没晾的衣服往下跑,想看看究竟发生了什么。

等我下去的时候,旁边一个看孩子的奶奶已经把女儿拉了起来,正在拍打她身上的土。看到我来了,女儿跑过来告状:"妈妈,她把我推倒了,我摔得好疼。"小姑娘看我来了,扭头跑回去跟小朋友跳皮筋了。

我跟那位奶奶说:"谢谢您!那个小姑娘的家长呢?"那位奶奶说:"我还真没有见过她家长,每天都是一个老爷子接她。扔到这儿,老爷子就走了,天黑才来接她。"我拉着女儿走到小姑娘跟前说:"不论你们有什么矛盾,都不能把别人推倒在地。"那个小姑娘理都不理我,接着跳皮筋。其他几个小朋友也都不作声。

那位奶奶又跟我说:"这小姑娘可不是一般人,这些孩子都怕她,都被她骂过。"说着,老奶奶指了指那些正在跳皮筋的孩子。

我问奶奶:"就没人管吗?"老奶奶说:"嘻!她家长不在,孩子又浑横,一般都是家长把自己孩子领走完事儿。"

我想想也是，她就是不理你，你教育她她也不听。于是，我拉起女儿的手，说：“走，咱们回家吧！不跟她玩了。”

　　女儿还有点舍不得，独生子女回到家没有兄弟姐妹，很是孤独，好不容易有几个小朋友玩，就舍不得离开。我说：“走吧，还想被推倒一次吗？”于是，女儿就很不情愿地跟着我回家了。我想这件事情就算过去了，孩子们推推打打的，闹个小矛盾也很正常。

　　然而，第二天接女儿回家的时候，女儿跟我说，那个小姑娘课间跑到她们班来骂她。

　　我说：“为什么啊？”

　　女儿回答说：“她就想欺负我。”

　　我问：“她骂你什么了？”

　　女儿说：“鼻涕妞，是我们班同学告诉她的，我们班女同学跟她一起冲我喊：‘鼻涕妞，没人要！’”

　　那时候，女儿因为腺样体肥大，反复感冒。每次课堂上都能听到她吸鼻涕的声音，所以，同学们都笑话她是鼻涕妞。听了这句话，我心里想，一定要找个时间去给孩子看看鼻子。

　　但当时我跟女儿说：“能在一起玩就玩，不能在一起玩就不玩，躲开就好。”

　　晚上到家，女儿又把这事跟丈夫说了一遍。丈夫也没有太在意，总觉得小孩子在学校里闹个矛盾，没有什么大不了的。

　　我们以为这件事情就这样结束了。然而，接下来的一天，这个小姑娘竟然跟另外一个孩子把女儿锁在了厕所隔间里。女儿上厕所的时候，她们从外面把门闩上了。上完厕所的女儿发现自己竟然出不来了，她在厕所里哭了很久，直到学校的清洁工来打扫卫生时才发现她并把她放了出来。

下午接女儿时，看着她哭得红肿的眼睛，我问她："怎么了？"

女儿一肚子委屈："她们把我锁在厕所里了！"

这时，我意识到问题有点大了，赶紧问她："为什么不跟老师说？"

她更委屈了："老师都不喜欢我，找了也没用。我跟您说了好几次这事了，不是也没有用吗？"

我想，我得去学校找找老师，反映一下这个问题，这情况有点不妙。

晚上回到家，我把这事跟丈夫说了，然后就去厨房做饭了。没想到的是，丈夫把女儿叫过去问了具体情况，然后就跟女儿说："明天如果她再惹你，你必须揍她一顿。要拿出气势来，让她永远不敢再欺负你！"

女儿为难地说："爸爸，我从来没有揍过人，也不会。"

丈夫说："来，爸爸教你。"

然后，丈夫就把一个功夫片的电影光碟拿出来，让女儿看。两人不仅看电影里怎样打斗，丈夫还按套式带着女儿练习上了。听着他们在客厅里噼里啪啦地过招，我赶紧从厨房跑出来，对丈夫说："还打出气势来，你以为打球呢？都是小孩儿，下手没轻重的，伤着哪个都不好。"我又扭脸对女儿说："不许打人啊，一个小姑娘打什么人！妈妈明天找老师反映一下这个事情，一定有解决办法。"

第二天去接女儿时，她一脸扬眉吐气的表情出了校门。我说："妈妈去跟老师反映一下昨天的事情。"女儿说："妈妈，不用去反映了。"

我疑惑地看着她，她骄傲地跟我说："我今天把她揍了一顿，当时她就傻了。周围的同学跑到办公室告诉了老师，老师刚批评完我。"

我说："老师怎么没有让请家长呢？"

女儿说："她也还手了啊！老师批评了我们两个，还让我们和好了，说同学之间要友爱，不能打架。我俩握手言和了，就不需要请家长了。"

当晚，她兴奋地在家里给丈夫演示了一遍自己是怎么和同学打架的。丈夫跟她说："打是手段，和好才是目的。先打蒙了再坐下来谈，有时候这个方法能管点用。毕竟，和平是'战争'换来的。"丈夫转头跟我说："打架是不好，但教育一下那个孩子还是对的，得让她知道不是所有人都是好欺负的。她收敛一些对她绝对有好处。"

奇妙的是，女儿后来居然跟那个小姑娘成了特别要好的朋友，至今还互相关心、互相帮助。但我总觉得丈夫这样处理是不对的。他把作为父母该尽到的责任转嫁到了孩子们身上，让她们自行解决。

多少年后，女儿回忆起这件事时会说："当时我也知道打人不对，但其他的解决办法都要依赖你们出面。我当时对你们不太抱有期待，觉得自己解决了也挺好的。可能爸爸是想教我，人不能太懦弱，被生活欺负的时候，要学会还手。"

作为母亲，在这件事情上，我自责了很多年。如果在小姑娘把我女儿推倒当天，我能让她当着我女儿的面说声"对不起"，或者我去找找小姑娘的家长，反映一下这件事情，可能就不会再有后面的打架事件。

生活的繁忙让我的心变得非常"粗糙"。我总以为孩子跟我们一样皮糙肉厚，能做到对伤害熟视无睹，其实不然。我们是经过了社会摔打，尝遍了艰难才放下很多心灵痛苦的。而我们的孩子在面对社会时就是一张白纸，任何身体、心灵、自尊、人格等的伤害都可能在这张白纸上留过痕迹，如果我们不能小心呵护，白纸上很有可能留下无法愈合的创伤。

这个事件对于我女儿来说，是处理人与人关系时的一次非常规性尝试。这也是除了课本知识外，需要女儿学习的非常重要的一课。

我不知道，如果您的女儿遇到了这种事情，您会不会像我丈夫那样告诉她：和平是"战争"换来的？

丈夫出招，"不讲武德"

在教育孩子上，丈夫常常思维清奇，出招"不讲武德"。譬如读书，家长们都希望孩子看好书、读经典，而我丈夫的思路就跟大多数人不一样。

女儿上小学的时候，自己在地摊上买过一本黄色笑话书。那是一本很厚的书，却没有出版社、作者。我估计就是有人把从不知道什么地方搜来的黄色笑话，集结成一本书出售，上面甚至还有很多错别字。

我问女儿："书摊上那么多书，为什么单单买这本？"

她跟我说："因为每篇都很短啊，没有生字，还逗乐。"这就是刚上小学，还不认识太多字的女儿选书的标准。

当她捧着这本书看得咯咯乐的时候，我也拿来看了两则，觉得这本书不适合她看。晚上回家，我跟她爸爸说："该给孩子买点书看了，她都看上黄段子了。这不适合她阅读。"

丈夫一副不屑的样子："能读进去的书就是好书。"

我能理解他的意思：对于一个识字阶段的孩子来说，阅读可以帮她巩固刚刚学完的生字，还能让她理解字词在句子乃至文章中的应用，只要孩子能读进去，愿意读就是好事，即便是读荤笑话也不是很糟糕。

丈夫翻完那本荤笑话书说："闺女啊，你可真有品位，挑这么一本书看。赶明儿爸爸带你去买书。"

随后的日子里，他给孩子买来了大批可阅读的书。像海伦·凯勒的《假如给我三天光明》，竟然让女儿捧着书哭了整整3天，直到把它看完。

根据女儿的阅读经历，我发现一旦她迷上一本书，获得了精神上的愉悦，她就会有欲望去寻找下一本让她喜欢的书。比如看完《假如给我三天光明》，她就开始关注并阅读海伦·凯勒的其他著作了。通常，她寻找书的办法和方式很多，比如阅读同一作者写的其他书，或者是某本她喜欢的书里提到的书，抑或是提到的作家的书。

我丈夫深谙此道，他总是逗引着女儿去阅读。他买来放在女儿案头的书一定是一系列书的第一本，而这本书一定能诱惑女儿继续往下寻找，直到把同系列的书看完。这样，女儿就能够大致了解社会上这类人的想法。

女儿上初中时，在丈夫的书架里翻出一本李银河的《中国人的性爱与婚姻》。这成了女儿的性启蒙读物之一。看完这本书，她认为写得很棒，就想去看李银河的其他作品。循着李银河的作品，又看了王小波的所有作品。继续往上倒腾，她发现李银河的老师是费孝通，又去读费孝通的作品。这还不够，顺着李银河的研究方向，她又读了波伏娃的《第二性》，并深入研究了波伏娃。得，一本书就唤醒了女儿阅读一系列书的兴趣。而且这个系列的边界越来越大，女儿需要看的书越来越多。

在女儿很小的时候，丈夫竟然买来一本《动物农场》送给她，书的作者是乔治·奥威尔。这本书虽然讲的是农场里动物的故事，但它是一本政治讽刺小说。女儿在那个年龄根本就读不懂，但她竟然读完了，就像看动物世界一样，看到了农场里动物们的表演。丈夫的这种引导，在一定程度上增加了女儿阅读的难度和挑战成功的快感，也让女儿得以向更深处探索。

有时他会有针对性地结合女儿的课本内容，向她推荐相关的课外阅读书籍。为了训练女儿的文言文阅读能力，他竟然塞给她一本文言文的《笑林广记》。那意思是，你不是爱看笑话吗？来吧，这里都是笑话，想看里面开心的事情，你得过文言文的关吧？

丈夫从来都是不显山不露水地就把女儿给"鸡"了，比我强制"鸡"娃高明很多倍。他就是用这些"旁门左道"，慢慢将女儿引向了读书之路。

丈夫爱买书，总是一摞一摞地往家抱。一个书架买来不久，就被他摆满了书。家里的书架永远不够用。整理书架上的书就成了丈夫和女儿经常要做的事情，这个时候也是丈夫熏陶女儿的最好时机。他会指导女儿把书分成各种门类摆放，这样用的时候也很好找。摆书的时候，丈夫会讲某本书里的趣事，女儿听完了就想去读。丈夫说这叫"浸染"，用书熏，把女儿熏丰富了，她内心就能生出力量。

他们买回来的有些书甚至没有开封，我常常觉得浪费钱，就跟他们说："买一本读一本，读完再买。"丈夫会说："书到用时方恨少，当时想买这本书是觉得它有用，没有读呢是还没有到用的时候。"女儿则会说："一本书，读一页就没有白买。"听听，父女两个"臭味相投"，买书从不嫌多，从不嫌费钱。

书多，也的确是有好处的。

女儿小的时候，只要没有被送去爷爷奶奶家，她就得被锁在家里。因为爸爸妈妈上班，没有人看护她。她自己待在家里，会把床当成公园里的蹦蹦床一样旋转着跳一会儿。床周边都是书架，那些红、白、黑、绿的书会引诱她，让她停下蹦跳去阅读。遇到好书，看得入迷了，她就忘了时间。等我进家门的时候，她会说："妈妈，您怎么这么早就回来了？"书的确给她的童年带来很多能驱走寂寞的快乐。对于我来说，书则充当了看护孩子的阿姨，让我在上班时能感到安心。

丈夫最喜欢带女儿逛书店，美术馆附近的三联韬奋书店是他们经常光顾的地方。遇到我加班、考试或回老家的日子，就是他们逛书店的美好时光。有时，他们会在那里待上一整天，父女两个坐在书店的楼梯上，各自捧一本书，一天的时光就过去了。

通常情况下，一进到书店，女儿会往门口热闹的畅销书区域走。这个时候丈夫会说："畅销书不经看，热闹是热闹，少有思想的厚重感。你以后买书，得往书店里面走，那些落满灰尘的书架上，经常藏着好书！"女儿才明白，书很多，如何找好书得跟着爸爸学。

丈夫用书给女儿打开了一个新的世界，那个世界能给女儿精神上的慰藉。在那里，丈夫领着年幼的女儿采撷着思想的鲜花，又各自对比着、欣赏着、批评着、调侃着，并一起进步着。

螳螂捕蝉，黄雀在后——女儿圆了父亲的电影梦

女儿三四岁的时候，有一个奇怪的举动。

那是冬天，每到晚上9点，丈夫要去上夜班的时候，她会紧紧抱着丈夫那件红色的羽绒服不放，然后死死拽着他说："爸爸，别去上班！"每天晚上都要这样做，我和丈夫就四目相对，觉得非常奇怪。而每次出门，丈夫哄女儿都要哄上半个小时，她才肯把衣服给他，才肯让他去上班。

但我们就是问不出原因来，为什么不让丈夫去上夜班？并且奇怪的是，丈夫上白班的时候就不会出现这个现象。

但无论怎样，这件事让丈夫非常感动，也特别骄傲。他逢人便

说：“我女儿体贴着呢！养女儿真好，小棉袄暖心。”

找到这个怪异举动的原因是在一个周日晚上，我和女儿坐在沙发上看影碟。这个影碟是她爸爸买回来不久的第一版《超人》，是1978年拍摄的那部。我猜测这部电影是丈夫小时候梦寐以求想看的，他买回来的时候可能也没有考虑给女儿看。但是他看的时候，女儿在旁边玩，顺便也看了。那段时间，女儿特别喜欢看这部片子，反复在VCD机里播放。

那天晚上，看到超人用自己的身体把损毁的火车轨道连接起来的时候，女儿回头跟我说：“妈妈，我有点担心爸爸。”

我说：“爸爸去上夜班了，你担心他什么？”

女儿指着电视屏幕上的超人，用稚嫩的声音问我：“您说，爸爸是不是也去救火车了？救那个漂亮女人去了？”

我当时就乐坏了，说：“啊，敢情你每天不让爸爸去上夜班是怕这个啊？”

女儿奇怪地看着我说：“妈妈，您就不担心爸爸吗？我好担心啊！”

我想，可能在女儿眼里，爸爸高大强壮得像超人一样。超人在报社工作，爸爸也在报社工作。在她的想象中，在报社工作的爸爸就像超人一样，每天晚上要穿上红斗篷，飞出窗外，抓坏人，救好人，干最危险的工作。

我跟女儿说：“宝贝，那是电影。你爸爸不干超人的活，也干不了超人的活。”

那之后她就不再纠结着担心爸爸了。但电影带给她的快乐、伤心、恐惧和担忧，都藏在丈夫给她买回来的影碟里。丈夫送给她的都是最好的正版影碟，像《狮子王》《美女与野兽》《灰姑娘》《千与千寻》等，连我都陪着她看过好几回。

每当我看到女儿坐在沙发上，看着电影哭得稀里哗啦的时候，我便停下手里的活也去看。能够让她如此动情的，一定是好看的电影。即使有时我忙得顾不上看，也会把影片的名字记下来，闲时补上。

我们家除了书多，就是影碟多。女儿小时候，一般是丈夫买。随着女儿长大，女儿也买。我总是抱怨家里的房子太小，装不下这么多文化。

除了买影碟看旧电影，丈夫还带女儿去电影院看新电影。他是电影票房最忠实的贡献者和支持者。只要上新片，无论电影票有多贵，他都会带女儿去看，每次去看电影，还必须要给女儿买爆米花，哪怕女儿一点都不爱吃爆米花，因为这是他观影的仪式感。

在女儿一两岁的时候，丈夫就把电影的种子播到了幼小的女儿的心田。从小女儿就知道，电影跟吃饭一样，要伴随人的一生，不可或缺。

其实，这是丈夫的热爱不自觉地影响了女儿。每次看完精彩的影片，丈夫会一边精心地收好那张影碟，一边自言自语："伟大的导演，太好看了。""当时要是学电影就好了。""拍出这样的电影真是此生无憾。"

说者无意，听者有心。在旁边玩儿积木的女儿，会抬起头来看向丈夫："导演怎么才能当上？"

丈夫回答说："得去电影学院上学。哎！我当初怎么就去了师范大学呢！"

女儿马上回答："爸爸，那等我长大了，就去北京电影学院上学。"

听着父女俩胡侃，我扑哧乐了，心想这就是一对不靠谱的父女。在我看来，电影离我们家很远，我们不过是电影的消费者而已。电影这条路，那是专业人员走的，而且还得是那种有天赋的艺术世家的人才有可能走得通。

　　然而，"一语成谶"。女儿上高二的时候，她竟然真的要报考北京电影学院学电影制作。那时，我才突然醒悟过来。我们三人中，最愚顽不化的那个竟然是我，那个"螳螂捕蝉，黄雀在后"的"黄雀"竟然是丈夫。

　　当时我想，已经把女儿的文化课"鸡"得这样优秀了，丈夫一定会跟我站在一起反对女儿考北京电影学院的，一定会支持我，让孩子考"985""211"大学的。

　　出乎我意料的是，丈夫不仅没有支持我，还跟女儿站在一起来反对我。对电影的热爱把他们捆绑在了一起，在家庭里形成一种强大的势力，让我深感无力。

　　当我跟其他家长抱怨："我女儿非要学电影，真没辙啊！"其他家长不可思议地说："有什么没辙的，父母同心，我们家才不会由着孩子呢！"

　　我一肚子苦水，却毫无办法。因为女儿的背后还坚定地站着一个男人呢！那个男人已经打乱我的"鸡娃"规划，正准备实现他自己的"鸡娃"梦想呢。

　　那时我才知道，在润物细无声的影响下，爸爸的教育有多厉害。这也让我认清楚一个事实：上清北复交是妈妈的梦想，学电影搞创作才是爸爸的梦想。在教育结果的选择上，我和丈夫早已分道扬镳，而我浑然不觉。

话题 11

Topic Eleven

妈妈的少女时代

| # 女儿出生后，我的生活发生了翻天覆地的改变

职场妈妈的母职困境

1995 年，生完孩子，我意识到，我的少女时代彻底结束了。

那年初秋，坐完月子，我搬去跟公婆一起住，在家看了整整一年的孩子。本来公婆的建议是让我在家休息 3 年，3 年后孩子进幼儿园，我再去上班。结果只休息了 1 年，我就惶恐起来。3 年，太长了。我真的不知道 3 年后，我还有没有能力再回去工作。万一单位不要我怎么办？万一，我的晋升受阻怎么办？

思来想去，为了不被竞争激烈的社会抛弃，我决定提前去上班。

保姆小曼就是在这个时候来到我家的。

小曼来的时候只拿了一个行李包，包里装了几件换洗衣服，跟在一个亲戚的后面，腼腆地对我笑。她是丈夫家外地的远房亲戚，管我叫嫂子。她初中毕业就辍学了，那一年刚满 18 岁。

我问她："为什么不读高中？"

她跟我说："我们村子里教学质量不成，读了高中也考不上大

学。我父母说白白浪费 3 年时间，还得交 3 年学费。"

听她这么说，我有点心酸，为她没有继续读书，替她难过。小曼是家里的老大，下面有一弟一妹，他们都在上学。父母务农赚钱很辛苦，如果她能赚点钱帮衬一下家里，父母就能负担小一点。

看到她，我就想到了像她这么大时的自己，有关我的少女时代。九年义务教育结束之后，我考上了高中。读高中是要交学费的，尽管学费不多，但对于有 4 个孩子都在读书的家庭来说，我父母的经济负担并不轻。再加上我妈没有正式工作，偶尔打个临时工，收入微薄。全家的支出主要依靠父亲的工资，生活的艰难可想而知。

因此，每到寒暑假，特别是暑假，我都要去一家酒厂做临时工。我家有个亲戚是那家酒厂的长期临时工。当酒厂忙不过来，要找短期临时工时，亲戚就把我推荐过去。我的主要任务是洗酒瓶子。可能是为了节约成本，那家酒厂卖酒的同时还回收装酒的旧瓶子。那些酒瓶子有的被人塞了烟头，有的被人装过酱油，甚至有的被装过墨水，脏兮兮的，特别难洗。

酒厂的工作条件简陋，我被安排在车间的一个犄角旮旯里，跟几个妇女坐在一起刷瓶子。我的面前放着一个巨大的盆子，里面泡着若干脏酒瓶子。我手里拿把毛刷子，毛刷子中间有根铁丝，铁丝周边是鬃毛。我的工作就是坐在一个小凳上，用手里的毛刷子洗盆子里的脏酒瓶子。每洗一个酒瓶子赚 1 分钱，一天从早到晚拼命洗，我能洗100 多个酒瓶子，能赚个 1 元左右，一个暑假 40 多天能赚 40 多元。当我把钱交到我妈手里的时候，她会露出灿烂的微笑，高兴地跟我说："比你爸还能赚！"那时候，我爸的月工资才 36 元。

洗酒瓶子的时候，我一直在默背课文和数学公式。上厕所的间歇，我会偷偷拿出头天晚上抄写的课文和公式比对，看默背得准不准确。厂房里飘散着酒香，跟我背过的课文和公式一起被我留在了记忆里。

我们洗好的酒瓶子要经过一个 40 多岁的质检员的验收。他听亲戚说我家里经济困难，还在读书，又好学，是为交学费来打工的，就特别照顾我。他经常会分配一些不太脏的酒瓶子让我洗，而且只要是寒暑假需要短期临时工，他就会让亲戚通知我去。

这样，我就有了在寒暑假洗酒瓶子的临时工做，为自己挣出了一部分高中学费。

除了洗酒瓶子，我还跟同学一起在火车站卖过苹果。考上大学的那年暑假，我还在建筑工地足足搬了两个月的砖。上大学期间，我也一直勤工俭学：在饭店做过服务员，给小学生做过家庭教师，跑遍哈尔滨当地的企业去推销打印纸……

那时，我打工是为自己赚学费和生活费，是不想因自己读书而给父母增添太重的经济负担。而小曼打工，则是为家里。她赚的每一分钱都要寄给父母，以减轻父母养育弟妹的经济负担。

看到小曼的经历，我特别感谢父母。我上大学的时候，虽然不用交学费，但也要父母提供对于我家条件来说相对高昂的生活费。原本，我读高中和大学的时间都应该像小曼一样去打工，赚一些钱，替父母分担一些经济压力。但我的父母还是勒紧裤腰带供我读了书，没有过早地牺牲我和我的未来。

感叹之余，我不免对小曼有了怜惜之情，心想，这要是我妹妹，我一定劝她去读书，哪怕考不上大学，也要把高中给读完。

有了这样的共情基础，我和小曼就变得非常亲近。我把她当妹妹，她也不客气地把我当姐姐。

把孩子交给小曼照顾，我心里特别踏实。小曼照顾孩子非常有一套。特别是在孩子的吃穿方面，她想得非常细致。丈夫随手给她一本婴幼儿食谱，她就能比照着做出一桌非常可口的饭菜。18岁的姑娘，能追着蹒跚学步的孩子喂饭，那种天生的母性和照料孩子时的耐心，常常让我惊叹。有时候，她甚至做得比我更好。我们出门去公园时，我都想不到给孩子多带一件衣服，而她不仅会带上衣服，还会带上孩子的一切用品，奶瓶和保温瓶也从不会忘记。她反倒是常教育我："孩子不能缺水，缺水容易感冒。"

那个时候，我就有些恍惚："到底谁才是我女儿的妈妈呀？"

小曼非常疼爱孩子，总是宠惯我女儿。女儿要啥她给啥，想怎样就怎样，只要女儿是安全的、健康的，其他的她都可以让步。有时候我会纳闷，她一个18岁的小姑娘，没有生育过，怎么能这么熟练地照顾孩子？

她会跟我说："我妈忙，弟弟妹妹都是我抱着养大的。嫂子，你知道吗？照顾不好弟弟妹妹，他们就会生病，家里就得花钱给他们看病，我妈就会为钱发愁。所以，只要我用点心，他们就能很健康，我妈就不会发愁。"

我问她："那你来北京这么久了，想不想弟弟妹妹？"

一提到弟弟和妹妹，小曼掉了眼泪："嫂子，怎么能不想啊，抱着他们长大，他们就跟自己的孩子一样。"说完，她埋下头去，用手背抹了一下眼泪，抬头跟我说："不过我不在家，还有我妈呢！"

小曼特别怕我女儿生病，一旦我女儿生病，她就开始无休无止地自责。有一年春天，女儿患了流感，她直跟我道歉："春天流感多，我不该带她到院子里玩，肯定是哪个孩子传染了她。都是我不好，都是我不好。"

我安慰她："别担心，小流感而已。别自责，跟你没有关系。孩子不病长不大。"

那一刻，我能感受到她在童年、少年时期因弟弟妹妹生病而悔恨和自责的心情，就加倍心疼她。

小曼干活麻利，非常不惜力，一进家门便伸手干活，把她能看到的活都给干了，不用吩咐，非常勤快。看到她充满热情地干活，我就禁不住又想到自己的少女时代。

我像小曼这么大时，也是做家务活的主要劳动力。我的上下都是兄弟，没有姐妹。我这个家里唯一的女孩子，从小就掌握了刷碗、洗衣服、打扫卫生等基本家务技能。到了暑假，我要在打临时工之余把家里所有的被褥拆洗一遍；到了寒假，还要为迎接春节的到来把犄角旮旯的卫生统统搞一遍。

现在回想起来，我常常很是纳闷，当时的我是怎么在繁重的家务劳动间隙完成学业的？也许我是把家务劳动时间当作大脑休息时间？抑或是在刷碗时还在构思作文或思考题目？但有一点是肯定的，我干活的麻利程度绝对跟小曼有一拼。只不过，活干麻利了，可能会有些粗糙，我和小曼都有这个缺点。

小曼心直口快，想到什么就说什么，从来不藏着掖着，这一点也跟我非常像。所以，我俩就像亲姐妹一样经常干架，干完架就互相原谅了，还跟从前一样亲密。我从小就希望自己有个姐姐或妹妹，我父母没有给我生，现在小曼来了，我便有了妹妹。

小保姆的北漂奋斗史

小曼一直帮我照顾女儿到 3 岁。女儿一过 3 岁，我就打算把她送到幼儿园了。她跟小曼在家里自由懒散，过得很是舒服，但毕竟需要到集体中锻炼一下。所有的孩子都是要上幼儿园的，我的孩子也不例外。

眼看着我女儿要进幼儿园了，小曼便跟我说："嫂子，我不想回老家了，我想留在北京。"

这一年，小曼 20 岁了。

其实，我也舍不得小曼走。我一直在给小曼想出路，想怎么才能让她在人才济济的北京立住脚，有口饭吃，还能活得好一些。我跟小曼说："嫂子给你想办法，但你别急。孩子送去幼儿园的这段时间，各个方面都不熟悉，你还得帮我再接送半年，半年后咱们再做打算。"

女儿去幼儿园一个月就基本适应了，小曼却闲得五脊六兽。那些天，我正想着给小曼报个技能班让她去学学，寻思着有个技能在北京也好落脚。

这个时候，我一个女友给我打电话，问我能不能给她介绍一个看孩子的人。最近，她家那个给她看孩子的小姑娘要回老家结婚了，她急得像热锅上的蚂蚁，想赶紧找个人顶上。

女友是一家大医院的主治医生，经常倒班，夜班多，白班少。她有个老母亲需要照顾，还有一个幼小的儿子需要接送。

我跟小曼商量：能不能去帮帮女友的忙？小曼看我女儿基本适应了幼儿园的生活，我也能自己接送孩子了，她待在我家里确实没什么意义，就欣然答应了。

临走的头天晚上，小曼有点舍不得我女儿。她跟我女儿说："小姨明天就去看别的小朋友了，你会不会想小姨？"

我女儿疑惑地看看小姨，又看看我，说："我不让小姨看别的小朋友，小姨是我小姨，不是别的小朋友的小姨。"

小曼眼睛里满是眼泪。女儿看小姨哭了，自己一撇嘴也哭了，我心里也很不是滋味。3 年来，我女儿对小曼的依赖，已经比对我还要深了。尽管我心里妒忌得像吃了柠檬，但我依然感到欣慰。有了小曼，我才可以在单位踏实工作，才可以去学习和准备考试，提升自己的职业技能。她分担了我很多母职工作，让我能够轻松度过养育孩子最艰难的头几年。

至今，我都对她感激万分。

小曼离开我们去了女友家，我突然觉得家里空落落的。女儿也不太习惯，一回到家，她就会习惯性地找小姨。我做什么家务事，总想喊："小曼，把剪刀给我拿过来。"

一想到小曼已经不在我家了，我就有些惆怅。同时，我的家务工作量一下子就增加了，这个时候我才发现小曼分担了我那么多的工作。生完孩子，我就觉得自己被一根链条拴住了。链条那头是女儿，无论我去哪儿，都被她紧紧拽着。小曼来了，我有了自由，可以参加同学聚会，可以进修学习，可以加班工作。如今小曼走了，我再一次陷入没有自由的境地。

小曼去了新的环境，又开始了没完没了的家务劳动。女友的儿子叫豆豆，跟我女儿一样大，也上了幼儿园，需要小曼每天早晨送、下午接。白天一整天，小曼除了做家务就是照顾女友年迈的妈妈，经常要陪着她上医院看病。晚上，她要带着豆豆睡觉，因为女友经常在住院部值夜班到凌晨。

小曼刚去的时候，豆豆很抗拒她。因为他刚刚送走一个每晚搂着他睡觉的小阿姨，他还在想念她。突然之间，又来一个陌生的小阿姨，因此，他在感情上很抗拒。城镇里被保姆们带大的小孩，往往都是如此。小小年纪，便要被迫接受一个个亲密家人的离开。小曼也理解豆豆，她决定付出更多的关心和疼爱，让他接受自己。

我有点担心小曼：她在人家家里住得是不是习惯？她那一点就着的火暴脾气，会不会跟人家发生冲突？她干活图快，粗粗拉拉会不会被人嫌弃？……小曼的性格就是竹筒倒豆子，爱憎鲜明、不屈不折的。我知道，改变一个人的性格很难。她直到结束这份工作的那一天，也没有做出改变。只不过，日积月累，她的勤劳、真诚和责任心，最终打动了我女友一家人，她们跟小曼处成了亲人。在后来的生活中，女友给了她很多切实的帮助，在经济上、精神上都十分关心她。

小曼离开女友家是在一年多后，因为女友家原来的小阿姨回来了。我记得，那天我是推着自行车去公交站接小曼的。她提着重重的行李包走下车来的时候，我看到她哭得红肿的眼睛。

我说："这是怎么了？"

这一问，她就又开始哭，哭得我也想跟着哭。我走过去抱抱她说："不哭了，咱们好好商量一下，为你找个留京出路。"

她抱着我哽咽着说："嫂子，我再也不给人看孩子了！我弟弟、我妹妹、咱女儿、豆豆，就像我的孩子一样，看大一个被迫离开一个，能不伤心吗？"

她的话，一下子震动了我。小曼把全身心的爱给了这些孩子，自己都空了，而这些孩子都不是自己的。

我拍拍她说："这4个孩子都在呢，都是你的孩子，想他们就去看，别难过。"

她说："我走的时候，豆豆哭得很厉害。他舍不得我走，说喜欢闻我身上的味道，喜欢让我陪他睡觉。嫂子，豆豆那孩子太可怜了，姐顾不上他，身边照顾他的人总是换来换去，每次换人他都伤心得哭。"

是啊，女人要想工作家庭兼顾，总是很难的。让人分担母职的同时，也得跟人分享母爱，这是必然的。对于孩子来说，不停地换照顾他的人，他一定会在感情上有不安全感，肯定会觉得自己的爱被一个又一个的人带走了，自己被掏空了。

如今小曼回来了，再也不想给别人看孩子了。我得给她想一条留在北京、留在我身边的路。

小曼从女友家回来后，总觉得给我添了麻烦。她很要强，我女儿不需要她照顾了，她便觉得住在我家很是不妥。我建议她去学美容美发，并且给她找了一个培训班。让她参加这个培训班最主要的目的是让她学会美容美发，同时能结交到以后从事美容美发工作的朋友。

当时我跟小曼分析说，咱们初中毕业，去饭店打工呢，现在年轻，人家都愿意要，可岁数大了，就不好找工作了。即使长期能找到工作，也是给别人打工，赚钱少，还受气。但是美容美发就不同，特别是美发，人人都需要。只要技术好，什么时候都有活干。而且有机会还可以自己开个店干，那就有了自己的事业。

小曼说："行！那我就听嫂子的。"

那段日子，她就天天去美容美发学校学习，很快拿到了那张技能证书。这张证书我后来一直帮小曼收藏在我家的柜子里。这是小曼第一张也是唯一一张技能证书，很有纪念意义。这是她赖以生存的技能的证明，也是她进入这个职业领域最早的敲门砖。

但光有证书还远远不够，毕竟美发需要大量实践才能做得好。拿到证书那天，我领她到楼下的高端美容美发院，请求老板给她一个锻炼的机会。老板一看小曼是个生手，答应用她，但工资很少。小曼有点不愿意，但也没有办法。我跟小曼说："权当交学费了！"

从那天起，小曼正式入行，从理发小工做起，向别人学习。小工干的就是上染发剂、烫发上卷、给人洗头这些小活，她很快就学会了。但是，老板不让她干大工的活。因为这样的大店，大工都是男的，顾客更认可男大工。没有一个女的做大工，也不允许女的做大工。

有一段时间，小曼经常回来跟我说："嫂子，这么下去，我一直是个小工，还是学不会理发。要不咱们别在高端美容院上班了，去那些社区小理发店，是不是更有锻炼机会？"

　　我看她主意很正，就鼓励她有空去找找，我也答应帮她找找。有一天，她回来兴奋地跟我说："嫂子，我找到了一个小理发店。店是一家人开的，夫妻加一个孩子，女的理发，男的不会，我大小工都得干。店里还管吃住，我想搬过去。"

　　我也替小曼高兴，她终于有机会在自己的职业技能方面迈上一个台阶了。

　　我还清楚地记得当时送她到这家店的情景。这家店在一片城中村的平房里，店主租了两间房，一间理发，一间住人。理发的那间房子横向又做了个隔断，分出了前后两间，隔断上有门，可以里外走动。住人的那间房子里放一个小单人床，小曼就住在里面。隔断上立着两面理发镜子和柜子，靠近窗户的地方放了一张给顾客洗头的躺椅和一个洗脸盆。门楣边挂着个理发店专用的旋转彩灯。

　　这是一间很简陋的理发店，却有很多人来，是周边一些工地上的建筑工人和附近收入不高的老头老太们。街坊邻里之间说话客气，头发没剪好也不会闹着要退钱。这给了小曼很大的试错空间。

　　理发店的大小事情都是老板娘说了算。老板娘是一个非常精明的女人。那个丈夫看起来木讷老实，他们的女儿憨厚乖巧。我跟老板娘打了招呼，嘱咐人家关照小曼。然后，我又把小曼单独叫出去："这家人看起来还成，你就多注意安全。周边建筑工地多，理发的建筑工人多，尽量不招惹他们。有空常回来看看我们。"

　　小曼这一走，就很少有时间回来了，在那里一干就是几年。眼看着到了婚嫁的年龄，她父母开始催婚。

这期间，我一直在帮她物色合适的结婚对象。有一个女邻居，跟小曼处得不错，也很喜欢小曼的正直和能干。有一天，她跑来跟我说："把你们家小曼介绍给我老公的外甥做媳妇好不好？"

在女邻居的牵线下，两个人见了面。这外甥还正如女邻居说的那样，憨厚实诚，长得也不错。小曼没有直接回绝。女邻居这下更是上心，天天催着外甥追小曼。外甥也听话，一来二去还真就跟小曼到了谈婚论嫁的程度。

小曼是从我家嫁出去的。出嫁的那天，小曼的爸爸、妹妹和弟弟都来了。婚车停在我家楼下，小曼穿着我陪着她去租的红色婚裙，拉着我的手，眼泪汪汪地上了婚车。

婆家租了一间平房做婚房，大概30平方米。屋里放了一些简单的家具和电器后，就没什么地方了。我们几个人挤挤挨挨地在屋里站了一下，我看到了满床的大红被子。

婚后不久，小曼怀孕了，不能去理发店干了，就只能跟公爹在街边给路人理发。那个挺着大肚子，在阳光下晒得黝黑的小曼，一边说笑着，一边还麻利地给顾客剪着头发。直到生产，她一天都没休息，可她从来不抱怨生活。她的剪发技术越来越熟练，回头客也越来越多。

生完孩子后不久，小曼听说附近一家理发店的主人要回老家生活了，想把店盘出去。小曼合计了一下，就做主把店接了过来。那家店在一个大型住宅区里，人很多，生意非常好。从此以后，婆婆负责看孩子，小曼打理理发店，丈夫继续在饭店做后厨。几年下来，两个人竟然攒了一大笔钱。

有一天，小曼跟我说："嫂子，陪我看看房吧，我想在北京买套房子。"

陪小曼看房子的时候，我真高兴啊！这些年她受的所有苦都有了回报。现在，小曼的儿子都上高二了，他们一家三口在北京有了一套80多平方米的两居室。她还在开店理发。丈夫知道小曼能干，便什么事情都依着小曼，每月赚的钱一分不剩地如数上交。夫妻二人勤俭节约，一家人日子过得红红火火的。

小曼还把妹妹也带到了北京，跟她一起打理理发店。后来妹妹也在北京嫁了人。她们的父母经常会来她们这儿住上一阵，看到姐妹两个忙碌而幸福的生活，小曼的父母非常骄傲。

有时，我会想起小曼从前跟我说的话："看到老家农村的女同学结婚后天天在家抱孩子，那日子真难过，我真不想回去嫁人，我想留在北京。"

她留对了，并且有了自己的一份事业。

退休之后，我要逐一尝试我的梦想

小曼的职业生涯是稳健的。她扎扎实实、一步一个脚印地不断让自己强大，这让我很是欣慰和羡慕。跟她相比，我给公司打工相对安逸和轻松一些，没有太多坎坷和跌宕起伏。除了做好本职工作，我的职业生涯，似乎就没有什么可值得回味的发展历程了。

温水煮青蛙的职业生活给了我较多的时间去照顾家庭，去"鸡"娃。但当读高中的娃反过来"鸡"我的时候，我才恍然发现，原来自己一直处于"失去自我"的状态。

回顾我的少女时代，那道在田径赛道上奔跑的身影，那些在教室里发奋苦读的夜晚，那种昂扬勃发的对未来充满无限期待的清纯，似乎就在昨天，可转眼也消失了。

我妈从小给我的职业定位是一名小学教师，而且希望我初中毕业就去考师范学校。她跟我说："女孩子当个老师，简简单单的，还有寒暑假，挺好。"

可是，我初中的班主任却总跟我说："不要读中专师范，要去读高中。高中毕业考上大学，是另外一种境界，千万别走我的路！"

我们那个年代，中专的录取分数线比普通高中高。因为一旦被中专录取，所有学费和生活费就不用家长出了。

我妈当然希望自己的女儿能够考上中专师范学校，这样家里的经济负担就会轻一些。在中专学习 4 年毕业后，国家一分配工作，我就可以给家里赚钱了。然而，我不争气，没有考到中专师范学校的录取分数线，只考上了当地一所还算不错的高中。

做一名小学老师的梦，确切地说是"我妈希望我做小学老师"的梦，破灭了。

高中时期，文理分班。我想学文，想去文科班，幻想着将来考个中文系、历史系都很不错，毕业了分配到报社、杂志社写写文章也挺好。但我不敢，因为怕自己学文科考不上大学。

20 世纪 80 年代，全国理科院校多，招录文科生的院校少，理科生的招生比例远远高于文科生。换言之，如果高考是一次抽奖的话，学理科中奖概率高，学文科中奖概率低。

在我们的小县城里，100 个报考大学的人中能有 10 个人考上就算不错了。我所在的高中一个年级有 8 个班，每个班都有六七十个学生，但 8 个班里只有一个文科班。学校做这样的班级设计，主要也是考虑到文科生的录取比例低。

一个高中班里的同学第一年能考上大学的只有寥寥几个。没考上的同学有的选择就业；有的选择补习，来年再考。当时我的想法是，如果当年没有考上大学，就不再补习了。我中考没有考到中专师范学校的分数，已经让家里又出了 3 年的高中学费，而且父母在吃穿用度上又供养了我 3 年。如果当年我考不上大学，来年再去补习，会给家里带来更重的负担。因此，我必须要保证在当年考上大学，没有退路。那么，选择理科，考上的概率就会高点。无论我怎样热爱文科，也必须从现实出发，选择理科来参加高考。这样一来，我学文的梦想就被现实击碎了。

高考报志愿的时候，翻着那些高考志愿书，我又脑洞大开，想学服装设计专业。青春期的女孩子对美的衣服充满种种幻想。我想，如果能学这个专业，该有多好。可是，我同学告诉我，成为服装设计师需要考从业资格证，而且必须会画画才行。我一想自己从小的美术课作业都是同学帮忙才能完成的，如果真去考，八成要丢人现眼。何况，我甚至不知道怎样去考专业。我也不敢向父母开口，讨要上美术补习班的钱。

学服装设计的梦，连做都没做一下，就被我主动从脑海里抹除了。上大学选择自己热爱的专业，并规划自己的职业方向，这件看似理所应当的事，在我这个小镇女孩身上变成了不可能。

面对高考，我发现自己没有选择专业的权利，大学才有按照高考分数选择我的权利。于是，我想既然没有什么爱好的专业，那不如选个好城市上学去吧！这样想着，我就在地图上开始寻找：可以是白雪皑皑的北国，那最美的应该就是哈尔滨，那里有冰雕、雪雕；也可以是水港小桥多的南方，那最美的应该就是苏州、杭州和上海；也可以是"日照灵岩观胜景，波扬鼓浪和琴声"的厦门……10 来个志愿填报下来，我发现自己已经"占领"了祖国东南西北好几个大城市。那感觉不是要去读大学，倒像是去旅游。至于学什么专业，已经不重要了——不难就好，不讨厌就行。

报好志愿，回家通报父母。我妈瞪着我的志愿表，说："你怎么一个省内的大学都不报？这是要彻底飞了？"那时候我妈一定是在想，这闺女得跟我们有多大的仇啊？是准备一走就不回来了吗？

人生最初始的职业规划，在我这儿就变成了一场游戏，一场随时可能出发的旅行。

最后，我真的就被哈尔滨的一所大学录取了，实现了到白雪皑皑的北国旅游的梦想。直到登上前往东北的列车前，我都不知道我的专业要学些什么。我不讨厌理工专业，也不热爱它。那一刻，我意识到，我是一个没有"爱好"的人。

读大学的时候，我最热衷的事情是看小说。《基督山伯爵》《包法利夫人》《卡拉马佐夫兄弟》……文学带给我的震撼让我欢欣鼓舞。

有时候我会怀疑，文学算不算我的爱好呢？

女儿上初中时要休学写作，我拦住了她。她曾经问我："妈妈，您有爱好吗？"

我当时想都没想就回答她："爱好不能当饭吃。"

我从来没有把爱好当饭吃，但我一直在做与爱好相关的事情：不自觉地嫁给一个学中文的男人，跟在他后面捡书看；在赚钱养家的同时读了北师大的中文专业，甚至拿了文学学士学位；即使是怀孕也每天坚持阅读……

我这个"理工女"，内心对人文学科充满着不自知的热爱，但从来没有把这种热爱发展成自己的职业。在我的误解里，文学和历史会让人的一生变得丰满而立体，却不能作为职业进行规划。

直至我的女儿要把爱好作为自己的职业时，我才发现这有多美好。我羡慕女儿不用太考虑自己的爱好能不能赚到钱，能不能养活自己。而我在少女时代必须要考虑父母的经济压力，做妻子时必须要照顾丈夫的感受，当母亲时必须承担对孩子的经济和教育责任……我不能把自己热爱的事情作为一生的职业选择。我必须学习未来最赚钱的专业，即使是新专业需要从头学起都没有问题，只要能赚钱养家就成。于是，我在业余时间里无所顾虑地爱着自己的所爱，在工作时间拼命让自己的职业技能变得更强。

我的世界被分成了两层，一层飘浮在空中，是我的爱好；一层落在地上，是生活的一地鸡毛。

女儿常常以"何不食肉糜"的语气跟我说："您这都是借口，就是从来没有对自己的职业做过最科学的规划。"

也许吧，生活的压力常常把人囿在一个局里，囿在一个巴掌大的蜘蛛网上。你能够抵达的边界很小，只能在自己的一亩三分地里痛并快乐着。

如今，我的青春已逝，退休生活即将来临。女儿说："有退休工资，没有经济压力了；有闲暇时间，可以自由支配了；我也长大了，无须你再尽抚养责任了……你的借口都将消失，该规划一下自己的退休生活了吧？"

我理解女儿，她"鸡"我，是觉得妈妈为抚养她耽误了前半生，她希望退休后的妈妈能为自己活一回，让自己的老年生活过得更精彩一些。

女儿曾经送给我一个装帧精美的册子，类似退休日志。上面除了有对退休生活的具体事项的指导，还可以让我记录退休后的生活日常、健康状况，甚至可以书写点滴生活体会及感受。拿着这本册子，我会想到她刚出生时，我每天勤奋撰写的那本育儿日志，心里就有了昨日重现的感觉。这两本册子一样装帧精美，一样适用于记录历史，记录者都是我自己。

女儿的成长日志记录了一年便断了，生活的繁忙让我无法持续。对于即将来临的退休生活，我也不知道能不能坚持记录。但我仍然对未来充满期待。

　　我想要在这本册子上记录的第一条，便是我的退休打算。

　　思考这个问题时，我的目光总会落在书架上。我家的书架上摆着女儿买来的作家高阳的整套作品，这些书好多，密密麻麻，一排又一排。我会飘过一阵思绪："什么时候我能把这些作品逐一读完？"

　　有时候站在书架前，我看着那些政治类、历史类的图书就会有去阅读的冲动。那些人物传记、口述实录、小说，都在书架里呼唤着我，让我放心不下。退休了，我有大把的时间可以亲近这些书。我要躺在摇椅里，置身于温暖的阳光中，把感兴趣的书都读完，然后写出一篇篇书评。

　　这样的想法，能不能算我退休后的一部分打算?

　　我上大学的时候，对调查记者这个职业很感兴趣。我老家的一位亲戚曾经被传销组织骗走，多年联系不上。一次偶然的机会，我爸把家里空置的四合院租给了一群看起来刚毕业的孩子。他发现这些孩子懂事、有礼、爱干净，却个个口风很紧、纪律严明。后来警察查到我家，我爸才知道他们居然是一个组织严密的传销团伙。这种巨大的反差，甚至让我产生过潜伏到他们中间写一篇纪实报道的冲动和欲望。如今，老家的县城有很多所谓的老年营养品和保健品营销机构，正在用各种办法给老年人洗脑，把手伸进他们的钱袋子。于是，我又有了跟踪记述老年人生存状态的想法。

　　不知道这个想法能不能在我退休后实现?

　　年轻的时候，我还想去边远地区做一名老师。当全国道德模范张桂梅的事迹被报道后，我感动得热泪盈眶。她为乡村女童教育所做的付出，也曾经是我梦想做到的，而她用一辈子的心血将这件事落到了实处。如果退休后身体条件允许，我也想去做一段时间的教师志愿者。

也许我会像小曼一样搭建一个事业的平台，从无到有，一点一点发展起来。无论是什么样的平台，一定是我喜欢的，也是有益于大众的。我做了几十年房地产工程预算工作，有一定的专业经验，我的事业平台可能会跟我的专业对接。退休后，我能否继续投身于房地产行业，给身边的朋友一些工程造价方面的具体建议和咨询指导？

读书、看电影、旅行，完成我年轻时想要做却没做的事……这些似乎都能成为我开启人生下半场的计划。但具体要选择哪一种退休生活，我还没有确定。有时候，我很羡慕女儿。她才20多岁，就有了自己喜欢的事业，并乐此不疲。而我即将退休，却还处在茫然彷徨之中。

但无论如何，我已经清楚地意识到，退休不是人生事业的终点，而是人生另一阶段的开始。如果不知道梦想是什么，那就把想做的事都逐一尝试一遍。我总能找到一份适合我的，让我乐此不疲的事业。

就像《飘》的女主角斯嘉丽在篇末说的那句话："毕竟，明天又是新的一天！"

话题 12
Topic Twelve

我们"搭档"的那些年

——什么是好的教育？

女儿篇 | 那些我学会和没学会的事

只要敢出题，我就敢考

毋庸置疑，自幼接受的"鸡娃"教育，不论主动还是被动地，它都训练了我的专注力与学习能力。这些能力，让我对一切新知识乐于挑战且充满"我一定能够学会"的自信。经过漫长的训练，我习得了该如何用最准确和便捷的办法检索我需要的信息的能力。我能够分清哪些知识可以从书本习得，而哪些知识则必须请人传授。遇到不懂的问题，我习惯性地去搜寻答案，这是我引以为傲的学养。

我并不是一个天生聪明的孩子，在上小学时，还因成绩不好、难以学会遵守校规等问题被送进行为治疗中心。因此，关乎学习能力的自信对我来说相当重要。它使我在我步入社会后，从未对工作产生过哪怕一次畏难情绪。我对自己的学习能力深信不疑到了近乎盲目的程度。就算是完全不了解的领域，我也认为自己可以立刻学习相关知识并对该领域形成一定程度的认知。去陌生的国家留学？可以适应！转行？不算什么难事！用 3 个月学一种新外语？我有信心！高考？艺考？只要它敢出题，我就敢考……对于学习能力的自信，以及自信为我带来的执行力，不仅在我创业时给予了我许多关键的帮助，让我扩展了眼界，也大大提升了我的成长速度。

除了这些外在的"功效"外，"鸡娃"教育让我真正爱上了学习。由于长时间的训练，我学会了更多的学习技巧。这些技巧帮助我不断从成绩、成就等方面获得正向反馈，这些正向反馈进而激励我继续学习、继续证明自己，形成了良好的循环。在我成年后，学习早已不再是孩童时代的我所厌烦的事情。相反，它竟然成了我的舒适区。毕竟，在工作当中，我们还需要与外界合作。若队友做错了事，或环境发生了不可预测的剧变，就算我们付出很多的努力，也可能会功亏一篑。但学习则与社会性工作不同。学习是我们自己一个人就能完成的事情。学会了就是学会了，证书考下来了就是考下来了，新领域了解了就是了解了。它相对单纯，相对可控。这让我感到非常安全。每当我焦虑不安、怀疑自己时，我就会去学习。从 Python 编程到第二外语，从胶片摄影到国际象棋，从家庭理财到研究一段历史……只要是可以被学习的，都能够成为我的业余爱好。这大大充实了我的生活，让我感到精神上的稳定和富足。

同时，作为一名需要不断吸收信息的创作者来说，学习能力简直是我最宝贵的财富。每当我撰写关于某一新行业或新领域的小说时，我都能很快地掌握这个行业或领域基本的行事逻辑，并据此对我虚构的人物做出合理的想象与安排。学习能力让我直接地在工作方面获得了红利。每当想到这件事，我都会感激儿时妈妈对我的鞭策。

当然，针对考试的"鸡娃"教育，也是我从小到大能够顺利升学的必备工具。进入更好的学校，让我看到了更多的职业可能性，也让我用父母勉强能够负担的学费，获得了实惠的生涯教育。扪心自问，如果当初没能考上北京四中或北京电影学院，我恐怕没有胆魄走上一条在大众看起来有如空中楼阁的艺术创作道路。

是的，我已经不知道该怎么玩耍了

我身边已经为人父母的朋友们特别喜欢问我："你作为一个被'鸡'的娃，这么多年来你妈妈的'鸡娃'教育，你觉得对吗？你认为我应该像你妈妈那样，'鸡'我的孩子吗？"

其实这个问题的前置条件缺乏严谨的逻辑，因为问这个问题的家长往往默认"鸡娃"是唯一的教育方式。

教育方式有很多，特别是家庭内的教育方式可塑性更强，也更灵活。只要"鸡娃"不是你唯一能提供的教育方式，那我认为你就不应该"鸡娃"。

我妈妈是我接受"鸡娃"教育的"监督员"。事到如今，她常为之感到后悔。她告诉我，如果重来一次，她一定不会再"鸡"我考个好成绩。但她说这样的话时，我却十分惶恐。毕竟，身为"局中人"，我无法忽视这一路以来，妈妈为我带来的诸多帮助与鞭策。学习能力、自信心、优质的教育平台……这些都是"鸡娃"教育带给我的不可否认的利好。但是这种利好，与其付出的代价相比，是值得的吗？

很遗憾的是，"鸡娃"教育确实有它的弊端。那就是从小训练出来的过度自律给我造成的长期焦虑。这种焦虑渗透在我日常生活的方方面面，总结成一句话就是——我无法发自真心地娱乐，我已经不知道该怎么玩耍了。

第一次意识到这件事，是在高一那年。

那年冬天，我随北京四中的几名同学一同前往美国南部某州做交换生。我就读的学校是该州名列前茅的女校。坐在飞机上时，我幻想着这个学校的学生们一定很刻苦，每天都会像北京四中的同学一样参加对升学有所助益的社团活动，并刻苦学习、天天向上。然而，入学后我才发现，她们的作业少得可怜，考试也十分简单。身为高一学生的我，甚至经常可以辅导高三的学姐写数学作业。与我同行的另一位北京四中同学，选择旁听美国历史课。身为中国人的她，竟然在美国历史小测试中获得了比美国同学更高的分数。入学不到一周，全体中国交换生被擢拔到了该校的荣誉课程（Honor）和大学预科课程（Advanced Placement）中，其教学难度虽大大提升，但课程容量依旧无法满足我们的学习欲望。

　　然而，在我们做交换生的这个学期里，留在中国的同学们已经得到了飞快的进步。海淀黄庄那昂贵到每个月要"吃掉"一位家长的工资的补习班，让国内的同学们在学习方面"日行千里"，大有一种"黄庄十日顶美国一年"的态势。反而是被交换出去的我们，因学习进度落后，感受到了前所未有的压力和焦虑。

　　为了赶上与中国同学相比落下的进度，我们报名参加了两倍于美国同学的课程。为了锻炼英语口语，我们还和同行的中国老师一起创建了中文教学课程，教美国同学说汉语。有段时间，我在我的美国寄宿家庭中，会学习及帮助老师备课到深夜。

　　我的寄宿家庭的"爸爸妈妈"是一对朴实的美国夫妇。他们经营着一家农场，过着简单而惬意的生活。他们看到世界上竟然有自己主动拼命学习的孩子时，感到十分不可思议。他们非常担心我的身体，怕我长期休息不好会生病。在他们的强烈建议下，他们的女儿（也是与我同一个班的美国同学）爱莎，决定带我好好放松放松，体验一下美国高中生放学后的生活。

"你们那里的高中生休息时会去做什么呀？"爱莎问我。

"去图书馆和博物馆？"我不太确定地回答她。因为在进入北京四中前，我几乎没有休息的时间，每个周末都被用来上补习班了。图书馆、博物馆、美术馆……这些都是我进入北京四中后才有机会去闲逛的地方。

"呃……去图书馆不也算学习吗？"爱莎不解。

"我们还去麦当劳！"我努力想了一个美国同学可能也会去的地方。

"太好了！"爱莎很高兴，以为她找到了共同话题，"我们也去麦当劳！和朋友一起吃汉堡特别开心！我小时候经常收集套餐里的小玩具。我家有一大箱子！"

"我们是去麦当劳写作业的。"

"……"

爱莎沉默了很久。

"所以，"我尴尬地开口，"你们这里的学生，放学后都做些什么呢？"

"周五的晚上家里不设门禁时间，我们可以玩到后半夜。"爱莎滔滔不绝地介绍起来，"我们一般会先回家换掉校服，再去快餐厅吃饭，然后去商场里闲逛。当然了，我零花钱太少，所以我从来不在商场里乱买东西。这边的商场关门比较早，商场关了门以后，我们就去教堂。"

"去教堂？！"我愣住了。

"哦，我们常去的教堂和你想象的不一样。我们的教堂有点像社区活动中心，里面还有篮球场呢！不过我们可不是为了打篮球去的。牧师刚给我们买了一台 Xbox，我们是过去打《使命召唤》的。你周五要一起来吗？牧师说要给我们订比萨吃！"

"呃……去教堂打 Xbox？"我迟疑了几秒，"好？"

到了周五，我跟着爱莎和她的朋友们，严格地度过了一个美国女高中生的周末夜晚。

一整晚，他们看起来都很快乐、很放松。她们仰在麦当劳的塑料椅背上啃汉堡的样子，都特别地舒展、青春。我很羡慕她们，但是我模仿不来。我积极地加入她们的谈话，可心里总惦记着还没写完的代数作业。我安慰自己眼下不算是纯粹的玩耍，要把它当成一种文化学习和生活体验。但当我们坐在教堂的游戏室里打《使命召唤》时，我还是产生了深深的自责和内疚。我的大部分"鸡娃"朋友们是不被家长允许打游戏的，至少，打游戏这个行为是不被鼓励的。我看着我的美国伙伴们高高兴兴地玩耍，感到不可理解。

爱莎见我闷闷不乐，努力地想让我融入她们的快乐。她让我也过去打一局游戏。但我在这之前从来没有玩过 Xbox，我连游戏手柄怎么操作都不知道。

"她不会用手柄，我们换个项目玩吧！"爱莎善解人意地提议道，"咱们去捉迷藏吧。"

其他女孩子表示赞同。我们叼着比萨，关了游戏机，站起来往教堂深处走。

"捉迷藏不是小孩子玩的吗？"我小声问爱莎，"你们不用迁就我的。"

"我们难道不是小孩子吗？"爱莎反问我，"我们经常玩捉迷藏的。一会儿把灯关了玩，很刺激的！"

我们走到管风琴旁边，有个姑娘把头巾解了下来，蒙住了眼睛。她开始倒数，女孩子们咯咯笑着，四散而去。

"……4、3、2、1！我要来抓你们了！"

我们在漆黑的教堂里疯跑。爱莎拉着我躲在一排排长椅后。除了透过马赛克玻璃窗照进来的月光，我什么也看不见。有那么一瞬间，我突然想不起来自己上一次这样玩耍是什么时候了，或许，我根本就没有放肆玩耍过。

我们的游戏进行到深夜才结束。寄宿家庭的妈妈开车来接我们。我坐在车上，看着窗外飞驰而过的树木，清楚地察觉到了自己的情绪变化：我一整晚都没有放松下来，明明做了这么多值得开心的事情，可我却提不起兴致。我意识到，我恐怕已经难以享受单纯的玩耍和娱乐了。那天晚上，我偷偷地坐在汽车后座擦眼泪，为自己感到悲哀。

上了大学后，我开始逼迫自己"学习"如何"玩耍"。但越是刻意，我越是无法乐在其中。有时候，就算刚刚开始和朋友们玩得起兴，我也要担忧地看一眼手机屏幕上的时间，防止玩耍影响自己的工作和学习规划。这样的性格让我只能收获工作上并肩作战的"战友"，却不能结交生活中能时刻与之分享和闲谈的"朋友"。

我曾谈过两任男朋友，但他们都坚持不到一个月就要和我分手。他们接受不了我在餐厅等位时掏出手机背单词；接受不了我看一场电影，要出去打3通工作电话。我掐着表和他们约会，唯恐时间被浪费。他们则质问我："如果你连约会的时间都没有，干嘛要谈恋爱？"更奇怪的是，被分手后，我居然长长地舒了口气，因为我终于可以回家看书、背单词、处理工作了。

我觉得自己很可悲，但多年下来，我也认命了。我安慰自己：有的人就是喜欢从工作和学习中获得快乐，别觉得这是什么不好的事情。只要工作和学习能让自己心情舒畅，那就去做吧。这也是一种对人生的妥协和逻辑自洽。只是，我对自己的苛刻有时会损害身体健康。这便得不偿失了。

一位诗人朋友跟我说："如果人不需要吃饭就好了。那样的话，我就不必去杂志社当记者，浪费时间在赚钱购买食物上。我可以把更多的精力用于写诗。"

我非常理解他的心情，因为我也是这么认为的。只不过比起吃饭，我更厌恶睡觉。我有时会自责自己睡觉时间过长。我很羡慕那些只需要睡四五个小时就能精神百倍地去工作的人，我至少要睡 8 个小时才能保证机体正常运转。这么算下来，我每天有 1/3 的时间都被浪费在睡眠上了。

我想做的事情太多了，做不完就不允许自己睡觉。这是"鸡娃"教育的一大"后遗症"。因为小的时候，我就被训练：作业没写完就不可以休息。

这种残酷的自律根本不是什么值得称道的好习惯。它让我对"休息"产生了一种条件反射般的抗拒，只要休息，我就会产生浓浓的罪恶感。长久如此，我开始失眠。再加上抑郁等情绪因素的困扰，我的作息已经完全失控很多年了。我试过非常多的睡眠方法，什么达·芬奇睡眠法、清醒梦训练法等，但都收效甚微。大概有 10 年的时间，我都认为睡眠是一种懒惰和奢侈。

我感觉我的身体在被快速地掏空。

2020 年，我终于意识到我不能放任自己的睡眠习惯了。我进行了半年左右的心理咨询，才终于勉强"原谅"了自己。

我的心理咨询师与我同龄，毕业于清华大学，和我一样从小就是个追求卓越的"鸡娃"。我们症状相似，同病相怜。她给我推荐了非常多"亲测有效"的办法。例如：拿走卧室和书房里的所有钟表、关闭手机日历的待办事项提醒功能、不在床上做一切与工作和学习有关的事情、出门不要戴手表、强迫自己进行规律的有氧运动、晚饭多吃碳水来提高血糖水平助眠……

"我们要学会允许，"我的心理咨询师说，"允许自己休息、允许自己懒惰、允许自己享有充足的睡眠。允许，是一件很重要的事情。"

虽然我迫切地想要改善作息，但直至本书完稿，我也未能完全纠正这个恶习。每当我因连续几日熬夜而双眼干涩、四肢疼痛，甚至发烧时，我便憎恨为什么我会养成这样的睡眠习惯，甚至憎恨从小到大每一次的挑灯夜读。

在健康面前，一切拼搏都毫无意义。

妈妈篇　｜　如果能重来一次

把孩子架上去，之后呢？

关于"鸡娃"的事情，前面已经写了很多。从女儿3岁开始，她就非常辛苦，一直被我"鸡"着，直到小学毕业。升入初中之后，她就自"鸡"了。"鸡"娃的得失，很容易从女儿成长的历程中窥见。

作为母亲，"鸡"娃多年，个中滋味，难以为外人道也。我得出的最重要的结论是，我们做父母的，一定不要瞄准分数"鸡娃"，要鼓励孩子做一个幸福的普通人。

反观我教育女儿的这十多二十年，这一点，我做得很差。

有一年，我拿着两本书送一起聚会的同学，那是当时正在读高中的女儿写作的书。其中有一位同学十分羡慕，谦虚地问我："怎样才能把孩子培养得这么优秀？"

我还清楚地记得自己当时的回答："把孩子架起来，让她觉得自己不平凡，她自然会向优秀和杰出奋进。"

我当时一脸骄傲地显示着内心的虚荣，现在想来觉得自己很可笑。当我想着把女儿架起来的时候，却从来没有考虑过被架在半空中的孩子，她还能不能下来。结果，我的女儿就在被架在半空中时出了问题。

在我看来，发生在她身上最严重的教育失误，就是她产生了焦虑和抑郁。当女儿被架起来的时候，她发现大多数人是普通人，而她自己也是普通人之一。认识到这个残酷的事实后，她环顾四周，惊讶地发现，那些同样被家长架在半空中的同学也都跟她一样在痛苦着、焦虑着、抑郁着。求功名不得，从半空中走下来归于平凡又不甘，这成了他们痛苦的根源。

然而，到了这个时候，你再对被架在半空的孩子说"人生很长，慢慢来，你慢慢往上爬"，这是很苍白的劝慰。往上爬很难，归于平凡又不甘，还没有太强心理承受能力的孩子，在半空中任凭人生的苦难雨打风吹，一旦遭遇大的风浪，就可能随风而逝。

我女儿就是这样被"鸡"得无所适从的。她在我"鸡"她的十几年里，陷入了一个欲望的漩涡：无法认同自己的平凡，无法给自己幸福。"鸡"到最后，让她成为一个幸福的普通人，竟然变得那么奢侈。

我想女儿在英国留学时，生活环境的不适应和学业上的压力，以及事业上的前途渺茫，让她看不到任何希望。妈妈"鸡"她的这些年，带给她的愿景就像海市蜃楼一样消失了。

从英国留学回来，女儿又像陀螺一样进入对职业成果的追求中，无法停下来。一旦停下来，她就会产生罪恶感，就会对自己不满意，就会不断责怪自己。

她的这些表现让我深深地自责后悔。如果您也是妈妈，不想像我现在这样，最好赶紧停下"鸡娃"的脚步。

家长"鸡"娃的结果就是，自己的孩子"自卷"得痛苦，同时还

"卷"得别人家的孩子受伤。

我朋友的邻居毕业于国内某重点大学，这位邻居经常到朋友家串门闲聊。有一次，我朋友刚上小学1年级的小女儿正在摆围棋棋谱，这位邻居来了。于是，她跟小朋友说："咱俩来一盘啊？"小朋友比较内向，很不情愿但又怕拒绝显得没有礼貌，就勉强跟这个邻居下了一盘。这个邻居，如果懂礼貌的话，应该谦让一下孩子。但是从小"内卷"长大的大学生，向来是好斗的"公鸡"，她愣是没有给孩子留一点余地，把孩子"围"得水泄不通，"杀"得片甲不留。

我朋友跟我说起这事的时候，特别惊讶恐惧地说："你说这个重点大学毕业的学生从小'卷'得还不够吗？走到哪里'卷'到哪里。连1年级的小朋友也不让着点。"

女儿失败后，难过得钻进了妈妈怀里。我朋友说："我女儿的那种挫败感，深深地震撼了我。从此，她再也不学围棋了。我好不容易给孩子培养起来的兴趣，被这个邻居一盘棋给毁了。我真不喜欢这类人，跟他们在一起时总是受到挑衅。被他们击败非常不舒服，一点生活的幸福感都没有。"

后来，我朋友搬了家，远离了那个邻居。从此之后，朋友非常抗拒和这类人交往。

回想起来，在"鸡"女儿的那些年里，我经常看到周边朋友的孩子在文化课成绩"卷"不过别人时那种失落的眼神，透着哀伤和惊恐，柔弱得让人心疼。在女儿身上，我虽然很少看到这种"卷"不过别人时的哀伤，却也看到了女儿如"斗鸡"般的、令人讨厌的惯性竞争行为。

前几天，女儿回家吃饭，我听到她和她的闺蜜打电话。女儿的闺蜜因为工作调动的事情有点纠结，想跟女儿商量一下做个决策。结果女儿不仅给闺蜜分析了工作调动的利弊，还强制性地给了人家建议。那口气，似乎人家不听从她的建议还不行了。那种自己"卷"，还不允许闺蜜躺平的"好斗"真让人恐惧。

如果你的孩子被"鸡"到了一个名校，周边都是这样被"鸡"着长大的娃和"鸡娃"的父母，那样的"内卷"生存环境还有幸福感可言吗？

"鸡娃"和"内卷"到一定程度，不仅没有幸福感，还很有可能让孩子变成不受欢迎的人。

我的一位亲戚，从小学习成绩很好。只要班里有个孩子考得比他好，他回家后就会被妈妈批评。久而久之，他就生出很多想法，会给比他成绩好的同学制造学习麻烦，打扰人家学习，阻拦人家参加考试等等。总之，就是想办法不让别人考得比他好。参加工作以后，他的这种心态也没有发生改变。

有一次回老家，亲戚们聚会，餐桌上他和我聊起我的一个同学，我的同学跟他在同一个单位工作。也可能是当时喝多了酒，酒后吐真言，他竟然跟我说："最近，我和你同学都有可能被领导提拔成主任，但我有办法不让他当上这个主任。"

当时我没有往心里去，毕竟酒后的话不能当真。而且我知道那个同学工作能力很强，为人也很正派，各方面都比这个亲戚强，被提拔的可能性更大。但是出乎我的意料，最后被提拔的竟然是我家亲戚，而不是我那个同学。

后来，同学聚会，那个同学和我说："你那个亲戚真是坏透了，我这辈子算是栽到他手里了。"

我不知道这个亲戚用了什么方法才得到提拔，但我知道他的名声不好，虽然没有做什么违法的事情，但他是那种精致的利己主义者，想尽办法自利，从不利他。当他毫无底线地侵害别人利益的时候，谁会拿他当好人呢？

等我再回过头来，看我"鸡娃"的历程，我常常反思，如果当时这个亲戚的妈妈没有以目标为唯一导向"鸡"她儿子，她儿子也许不会变得像同事们说的那么坏吧？被这么多人定义为坏人，我的亲戚即使得到了晋升等世俗意义上的成功，又能有多少幸福可言？

跟孩子一起，找到专属于 Ta 的人生支点

那么，怎么才能成为一个幸福的普通人？我苦苦思索，也想给别人一点教育娃的浅薄建议。但教育经历是不可复制的，孩子的成长也不是千篇一律的，每个人的受教育路径都不一样。即使你有两个娃，教育第二个娃时也不能完全套用教育第一个娃的经验。

我只能用我的一家之言，抛砖引玉地给大家建立一个讨论的话题。如果能对您教育孩子有所帮助，我将十分欣慰。

我认为，幸福的普通人就是能够找到人生支点的人。这个支点不应该是成绩、分数、工作成就、名声威望等一切可以被量化和横向比较的事物，在找到它的过程中反而要关注个人的满足感，成就感等等。总之，人生的支点应当是因人而异的。

在"鸡"我女儿的这些年里，我习惯性地去摧毁她的幸福。对于我女儿来说，艺术创作就是她的人生支点，我却浑然不觉，不仅不支持她，还屡次扼杀。

艺术的小火苗第一次在她身上燃烧的时候，是在她的童年。她喜爱画画，在去往北京市少年宫学习绘画的自行车上，她是开心快乐的。可惜，我没有察觉到那是一次引领孩子找寻自己人生支点的机会。学

了一年后，我就因路程遥远，强行给她停了课。

快上小学时，她再次跟我提出要学绘画。我答应了，但却漫不经心，权当美术老师是帮我照看孩子的托儿所阿姨。因为孩子画画的时候，我能顺便在隔壁上个健身课。后来，为了让她上个好的初中，我早早地把她赶进了培训班里。她再没有时间去学画画了，自然也要绝望地告别她的绘画老师。那是我第二次剥夺她的所爱。

有时候我会反思，如果她不去上那个不喜欢的培训班，而是一直画下去会怎样？虽然不能假设过去，但我想，至少她的绘画水平会比现在高很多吧？

到了初中，曾经有一段时间，她迷上了写作，模仿着各个作家去写，甚至瞒着我偷偷给一些学生类杂志投稿，还被录用刊登了。怕被我发现后，自己的爱好再一次被剥夺，女儿躲在自己屋里，把写的小说压在作业本下面，以防我突击检查。有时，她会趁在电脑上查资料的工夫完善小说。她把所有的碎片时间都用来写作，洋洋洒洒写出一部长篇。当我知道的时候，她干脆摊牌：我要休学写作。那是她身体里再次燃烧起来的艺术火苗，力量强大。

而我则倍感压力，这个火苗非同寻常，已经到了很难掐灭的地步。但我还是专横地、霸道地、坚决地掐灭了它。有一段日子，女儿情绪低落，心情沮丧。现在想来，那可能是她抑郁症最早的征兆。

回顾女儿当时的失望，我现在心里满是愧疚。如果那时没有逼她去上那些毫无意义的补习班，而是让她尽情地写作，她可能会快乐一些，学业上也未必会差。因为高中 3 年，她有 2 年都是在快乐地发展她的爱好，最后高考成绩依旧很好。

无疑，女儿的高中是快乐的。她学的、干的都是她喜欢和热爱的。尽管那 3 年我很煎熬，担心她考不上大学，但这一点都没有影响她"快乐着她的快乐"。从这个角度讲，我很感谢她的高中母校北京四中，是北京四中满足了她学艺术的心愿，释放了她恣意盎然的青春，让她有了一段很精彩的人生。

在英国留学期间，她痛苦得想跳泰晤士河时，我怎么也想不明白。高中时期的女儿是快乐的，大学所学专业也是她热爱的，英国伦敦大学学院专业也是她满意的，为什么她还会抑郁？

后来我分析，她可能是走到人生的岔路口了，何去何从，无法定夺。大学期间在社会上的打拼已经让她看到了自己的职业前景：在剧组苦熬，等待因一部作品出名，也可能一辈子都拍不出一部好作品。留在英国，意义不大。回国就业，年薪太低，与她预期不符。她和身边的同龄人，多年被"鸡"，学习再好，结果不过如此。芜杂的思绪唤醒了她初中时的抑郁根底，加上年纪轻轻，还没有成熟的心理承受能力，她彻底崩溃了。

当我把造成她抑郁的所有可能性都过了一遍后，突然意识到写作也许是能拯救我女儿的一个可行办法。写作是她热爱的艺术形式，写作可以满足她的倾诉欲，舒缓她抑郁的心情，同时还可能给她带来职业上的成就感。

女儿果然采纳了我的建议，开始写第一部小说。一下子，她便沉浸其中了。书写的快感帮助她走出了抑郁的阴霾，她逐渐快乐起来。书写也让她获得了自己认可的收入，让她没有了经济上的后顾之忧，让她收获了自信。

从英国回来后，她开始专心写作，每天写几千字从来不觉得烦。相反，心情不好的时候，写作还能让她开心起来。她在自己的小说里辗转扮演各种角色，不亦乐乎。

有时候，我会问她："编辑催稿，有没有压力啊？"

她会开心地跟我说："完全没有。"

看她不去上班，待在家里写稿、散步、摄影、会友，日子过得规律而开心。我知道，她找到了自己人生的支点。

兜兜转转，在陪她长大的这些日子里，我欣慰地看到她把自己的爱好变成了一生的事业，并且幸福快乐着。作为母亲，这比什么都更让我开心。

有一位著名的版画家叫徐冰，他的妈妈是北大的图书管理员。他在不认识字的幼年时代就常跟着妈妈去图书馆。妈妈很忙，经常把他放在书库里。虽然不认识字，他却对书上的字充满痴迷。

20世纪80年代，徐冰在中央美术学院一间10多平方米的房间里刻下4000多个自己创造出来的字，这些字不能读，也没有意义。他雕刻这些字时的感觉，就像他儿时看到书本上那些不认识的字一样。当这些字通过雕版印刷并被装订成书，就表现出不同寻常的艺术性，他给这本书起名《天书》。这些图像符号般的文字，颠覆了大众的认知。

因为对文字的痴迷，后来他创作的《新英文书法》和《地书》都与《天书》一样，与文字有关。

在徐冰成长的年代，孩子多，父母顾不过来，对孩子们都是散养，从来不"鸡"。徐冰得以在那样"宽松"的环境中，循着自己的痴迷和热爱找到人生的支点和一生追求的事业，并取得令人羡慕的成就。

我女儿这一代，大多数是独生子女。家长们有了更多的精力、时间和财力"鸡"娃。他们总觉得家里就栽一棵树，唯恐这棵树长歪了。而他们大多不懂教育，就被裹挟着进入"鸡"娃大军中，乱"鸡"一顿。

我就是这样一位家长。一路"鸡娃"的历程让我最终感觉"无为而治"也许是一种最好的教育境界。

培养孩子不应当按照社会标准来确定教育方式。并不是学好语数外，就能走遍天下的。要为孩子提供 Ta 在追寻梦想的道路上的养分和支持，引导 Ta 寻找热爱和喜欢的领域，让 Ta 畅享其中，逐渐深入，不断挖掘。

如果孩子喜欢画画，就多带 Ta 看展，尽可能地为 Ta 提供学习绘画的条件；如果孩子热爱运动，那就鼓励 Ta 多多锻炼；如果孩子痴迷于音乐，那就带 Ta 听听音乐会……

如果只瞄准分数"鸡娃"，这样培养出来的孩子就像流水线上的产品，除了成绩好，没有其他独特之处，这很容易磨掉孩子身上的个性化色彩。

如果家长能够引导和帮助孩子找到他们热爱的领域，在我看来就是帮助孩子们找到了人生的支点，同时也找到了孩子身上的闪光点。那样我们就不会总是盯着别人家的孩子"鸡"自己的娃，我们可以优雅地恭喜别人家孩子取得的成绩，也可以开心地为自己的孩子在某方面取得的成绩而感到骄傲。孩子会幸福地成长，父母也不会因"内卷"而痛苦。

人的一生非常短暂，往往一辈子只够做一件事情。这件事情必须是孩子所热爱的。一旦发现这件事情，就要鼓励和支持孩子勇敢追求，一直向前，绝不动摇。我认为，这才是孩子的人生支点和奋斗意义。

快乐与幸福才是生活的盔甲

奥地利心理学家阿德勒说过这样一句话："幸福的人用童年治愈

一生，而不幸的人则用一生治愈童年。"

我女儿的童年都被浪费在各式各样的培训班里了。是我这个不懂教育的妈妈压榨了女儿所有的童年时光，剥夺了她的童真和快乐。

她做我的女儿真的不容易。

高中期间，女儿去美国做交换生时，她的美国同学爱莎带她到教堂去跟其他同学聚会。这些十七八岁的孩子在聚会时竟然玩起了捉迷藏的游戏。

女儿跟我通电话时说："妈妈，您知道吗？美国孩子十七八岁了还玩儿捉迷藏，听起来好好笑。"

但是那个晚上，女儿真的就跟这些孩子在教堂里玩了3个小时的捉迷藏。女儿跟我说："教堂里没有灯，月光从马赛克玻璃窗里透进来。我们一群人避开月光，在放着两台管风琴的教堂暗处藏来藏去，找来找去，玩得好开心啊！原来偶尔不动脑子的感觉真的好幸福啊！"

疯玩了一个晚上，单纯的快乐和幸福充满了女儿劳累的身体。那天晚上，在回来的路上，佩姬（女儿的另外一个美国女同学）也乘爱莎妈妈的车走。两个人坐在车前排高兴地聊着流行服饰。女儿坐在后座上，头靠着车窗，看着外面的树木，感伤地哭了。她跟我说："那个时候，我突然意识到，自己竟然从小到大没有体会过这种最原始的快乐。您说，我的童年去了哪里？"

听着电话里女儿伤感的诉说，我泪流满面。懊悔占据了我整个身心，我凄然地对孩子说："对不起，你的童年被我剥夺了。"

在教育女儿的问题上，我是短视和功利的。多少年来，我只以考试成绩为导向来"鸡娃"，只要孩子成绩好，其他都选择忽略。我想，如果人生可以重来，我绝对不这样"鸡娃"，一定会把童年的快乐还给孩子，绝对不让她在十六七岁的时候还在治愈自己童年的不快乐。

如果可以重来，也许我会引导她找到一个自己喜欢的体育项目，养成锻炼身体的好习惯。

回顾女儿的成长过程，有两个时期她身体很好。一个时期是她在少年宫学习舞蹈期间。

女儿 3 岁前，小曼将她照料得很好，她几乎不生病。从 3 岁进入幼儿园起，她的身体就一天天变糟。早上我把她送到幼儿园，刚到单位忙起来，幼儿园的阿姨就给我打电话说："您女儿发烧了，赶紧带她去看病吧！别给烧坏了。"撂下电话，我眼巴巴地看着对桌的领导，眼泪都要掉下来了。

领导一看我的可怜样子，打发我道："赶紧去吧！感冒不及时治疗，会引起其他问题的。"

我一边收拾东西，一边说着："谢谢您！"然后冲出办公楼，冲向幼儿园。

那些日子，女儿就像不愿意去幼儿园一样，经常去了就发烧。每次我都是抱着发烧的她，坐在公交车上，不停地喂水。等千里迢迢赶到儿童医院时，烧却退了。

看完病后是女儿最快乐的时候，她会牵着我的手说："妈妈，我们去吃肯德基吧？"儿童医院附近有一家肯德基，里面总是放着欢快的歌。每次带女儿去看病，我们都会去那儿报到一次。她就安静地坐在那儿，吃鸡腿、薯条，很是开心幸福的样子。

到了 4 岁，别人家的孩子都去上各种培训班了，我也给她安排了舞蹈课。当时让她学舞蹈是瞄准考级去的，只为了让她多一个特长，将来进入好学校时能够用到。让我意外的是，学舞蹈的这一年多里，女儿变得非常健康，很少生病。那段日子，我去接她，她蹦蹦跳跳地从幼儿园大门出来时，脸庞白里透红的模样，看着都让人高兴。的确，那时候女儿真是开心快乐的。

上了小学，为了赶上学习进度，我把她的舞蹈课停了。女儿的身体又开始变差。前几天，我偶遇了女儿小时候教她学画画的老师，老师已经 70 多岁了。我问他："您还记得我女儿吗？她上过您的绘画培训班？"他说："当然记得呢，您女儿小时候，有鼻炎，总拖着一条小鼻涕。"我笑着跟老师说："谢谢您还记得，那个鼻涕妞就是我女儿。"

小学阶段，女儿因反复感冒，刺激腺样体肥大，经常堵塞鼻子，同学们都叫她"鼻涕妞"。后来做了手术，割了腺样体，她就开始发胖。从小学 4 年级到初中 2 年级，她一直是个胖姑娘。即使那样，我也没有意识到要引导孩子去运动。

女儿身体好的第二个时期，是她读初二时。为了中考分数，体育老师请我去学校，要求我督促女儿锻炼身体。那之后一直到高中，女儿的身体都非常好，她也从一个胖姑娘变成了苗条的小美女。

上了大学，女儿经常泡在剧组里，吃不好，睡不足，身体又开始出现问题，一直到现在都不是很好。身体不好，精神状态就会很差，生活中的一点点风吹草动都能引起她的抑郁和焦虑。

每当这个时候，我就很后悔，要是能在她小时候引导她喜欢上一项运动项目，也许会让她在"体魄"上终身受益。尽管我现在也在尝试着鼓励她，让她多锻炼身体，但收效甚微。童年没能培养起运动爱好，成年后就更难了。

除了没有培养起她对某个运动项目的热爱，我还掐断了她所有尝试获得快乐的欲望。

当幼小的女儿兴致勃勃地想把小兔子带回家养的时候，我会告诉她："养小兔子很臭、很脏，妈妈从小就喂鸡、喂狗、喂猫，真心挺脏的，别养了。”

女儿噘着嘴表现出一脸的失望和不快。

我则跟自己说：“没关系，明天她就会好。”

当孩子想去游乐园玩，我则说：“那个挺危险的，万一掉下来就会死人的。”结果，到现在她都对环球影城、迪士尼乐园心存恐惧。

当孩子想买两盆正开得艳丽的花回家，我会告诉她：“外面的花都是用药物催开的，买回家养不了两天就谢了，买它干嘛？”

我用各种说辞掐灭了孩子无数次尝试获得快乐的欲望。我做这一切只有一个目的，不能让她分心，要让她全心全意地去读书、去考出好成绩。

每当我看到她在楼下跟一群孩子疯玩的时候，我就会莫名其妙地升起一股怒火，觉得她就知道傻玩，一点也不用功，不知努力，也不知上进。我会在怒火的牵引下，把她从小朋友堆里叫回来，狠狠地骂上一顿，强迫她坐在书桌前读书。

有一次我下班，看到她组织一群小朋友在我家甩扑克，在桌子底下钻来钻去，我的脸耷拉下来，训了她一顿。小朋友们不欢而散。他们怯怯地说：“阿姨，我们走了。”如今想起来，孩子们表现出的教养让我这个大人深感惭愧。在那之后，他们再也没来过，我女儿也失去了跟小朋友在一起玩耍时的纯真和快乐。

女儿有个特别好的小伙伴，两个小姑娘玩得非常开心，常常你来我往。但这个孩子不爱学习，这点让我非常不满意。我跟女儿说：“你减少跟她来往的次数，太耽误时间了。她不喜欢学习，爱玩，有大把时间玩。你必须好好学习，不能跟她一样把时间都用来玩了。”后来女儿把我的话告诉了那个小女孩，两个人还眼泪兮兮地做了告别。现在，每次看到那个小姑娘，我都满怀歉疚。

就这样，女儿成了被小朋友们隔离的"孤家寡人"。曾经有一次，我看到女儿站在楼道里从窗户往下眺望，院子里一群小朋友正玩儿得开心，热闹的喊闹声和跑动声在院子里沸腾。我从女儿落寞的神情中，看到了她的怅然。她是那样渴望融入他们，但她不能下去玩，也不敢下去玩，她怕被妈妈训。窗外的那个童趣世界，就在她眼里，却离她很远。那一刻，我也心疼，觉得孩子可怜。但那一刻，我也心狠和凉薄，觉得自己都是为了孩子的未来好。

　　如果再来一次，我一定会把童年还给女儿。我会带她到游乐园玩，让她尝试一下直到现在她都不敢坐的过山车。我会买点种子回家，让她观察植物从发芽到长大的过程。我会允许她养宠物，而不再把宠物当成浪费她学习时间的敌人……只要是她感兴趣的事，我就都支持，即使这个兴趣可能会半途而废。仅仅是爱好开始的过程，就能给她很多的快乐和幸福。这还不够吗？

　　如果再来一次，我会让她去跟小朋友尽情地玩各种游戏，跳皮筋、捉迷藏、砍沙包、踢毽子……只要她开心就好。我曾经有过的童年，她也有权利拥有。

　　如果再来一次，我会在她伸手帮我择菜做饭的时候，教教她做饭的方法，让她也体会一下做出一道美味菜肴的快乐，而不是说："不要在这儿浪费时间了，快读书去。"当她的小手伸进满是肥皂泡的洗衣盆里张罗着帮我洗衣服的时候，我会让她体会肥皂泡在她手间带给她的快乐，而不是冲着她喊："捣什么乱，你能洗吗？那你洗吧！"不要让女儿只能带着惊恐的眼神看看妈妈恼怒的脸色，快速地收回双手，悻悻地走开。

　　如果再来一次，我会在她把自己兜里全部的钱送给那些可怜的乞丐时，跟她说："孩子，你真有爱心。你懂得爱别人，这很可贵。"

而不是打击她，跟她说："人都有不同层次的贫穷，乞丐穷，我们也不富裕。"我一定会在她送给好朋友礼物时送上自己的赞扬，一定会在她用自己微薄的力量同情和帮助别人时，为她鼓掌。

如果再来一次，我要放手让女儿去找寻快乐，让她变得大方和豁达，保持追求快乐的个性，让快乐陪伴她终身。

如果再来一次，我会带着她到处去旅游。

女儿总是记得她小学时，妈妈和她有过的唯一一次说走就走的旅行。那是个炎热的夏天，我看到报纸的夹缝中有一则广告，是一家不大的旅游公司发布的周末短期旅游信息。那个周五，我突发奇想地报了那个旅游团，下了班，接了孩子，简单收拾了行李，就跟着旅游团大巴车去了坝上草原。

那是女儿第一次见到草原，第一次在草原上骑马。我觉得那就是一次普普通通的旅游，没想到女儿总是跟我提起那次一起旅游的情景。

她会说："妈妈，那次之后我知道骑马是很有意思的事情。"

有时候她还会说："妈妈，那是我第一次发现，住的房子里竟然有爬虫。"

当时，旅游团安排我们住的是民宿。20 世纪 90 年代末，民宿条件不是很好，能有洗澡的地方就不错了。她在洗澡间里看到那个爬虫时，吓坏了，紧紧地抱着我的双腿。我低头看下去，她很小，个子刚刚到我大腿根部。回忆她惊恐的样子成了我们母女俩调侃的话题。

在那里，我们和旅游团的一群人围着火堆吃烤全羊，手拉着手跳舞，数草原上夜空中的星星……所有的快乐都深植在女儿童年的记忆里。

那次旅游带给女儿的快乐，到如今都能让她有幸福感。这件事情也让我深刻认识到，童年的快乐和幸福真的能治愈人的一生。

可惜我女儿童年的快乐和幸福太少了，她到现在还在治愈她并不快乐和幸福的童年。

长大后，女儿去很多地方做志愿者，去很多地方旅游，在我看来都是在弥补自己从小本应该在周末、节假日去旅行的缺憾。

她去蛋糕店学烘焙，烤动物小饼干和蛋糕，还用糖霜给她的饼干小熊画上三角裤和文胸，打包送给她的好朋友们。我就想，这是二十几岁的女孩子干的事情吗？这应该是小朋友干的事情。

我想，她是在找寻自己童年的快乐和幸福呢，这常常让我内心升起一阵悲凉和自责。

我昨天在楼下偶遇在加拿大生活的邻居，她跟我说："你们母女俩写的'鸡娃'文章在我们加拿大华人妈妈朋友圈里传疯了，写得真好。我现在就不强求两个孩子了，我女儿说，她喜欢做蛋糕，以后要去学烘焙，开个蛋糕店。我跟她说完全没有问题，她只要快乐就好。"

她真的是个好妈妈。她在孩子的童年时代播种的是快乐和幸福，教给他们的是寻找快乐和幸福的能力，那将是孩子一生勇敢生活的力量源泉，也是孩子一生最坚固的盔甲。那样长大的孩子，无论将来会经历怎样的坎坷和磨难，都能从生活中寻找到快乐，用快乐和幸福去面对未来的一切。